Resistencia Total

MAJOR H. VON DACH

GUÍA DEL EJÉRCITO SUIZO DE LA GUERRA DE GUERRILLA Y OPERACIONES CLANDESTINAS

INTRODUCCIÓN POR COL. WENDELL FERTIG, USA, RET
EDITADO POR COL. R.K. BROWN, USAR

RESISTENCIA TOTAL

por
Major H. von Dach, Ejército Suizo

Traducido (al inglés):
  Hans Lienhard
  Centro de Lenguaje de Guerra Especial
  Centro de Guerra Especial John F. Kennedy
  Ft. Bragg, Carolina del Norte

Traducido (al español):
  To Lobsol (Shugyosha & Guerrillero)

Editado por:
  Coronel Robert K. Brown, USAR

Introducción por:
  Colonel Wendell W. Fertig, USA-Ret.

Resistencia Total:Guía del Ejército Suizo de la Guerra de Guerrilla y Operaciones Clandestinas de Maj. H. Von Dach

Visita nuestro sitio Web en **www.stanfordpub.com**

Nota: Por razones de conveniencia en la elaboración del libro, en la versión española, no se ha mantenido exactamente la maquetación del libro original, aunque si se ha respetado la numeración de páginas y capítulos y los contenidos del mismo están en su integridad.

stanfordpub.com

CONTENIDOS

I PARTE. ORGANIZACIÓN Y DIRECCIÓN DE LA GUERRA DE GUERRILLA

II PARTE. ORGANIZACIÓN Y OPERACIÓN DEL MOVIMIENTO DE RESISTENCIA CIVIL

AGRADECIMIENTOS

Deseo aprovechar esta oportunidad para agradecer a aquellas personas que me han asistido en la preparación de este libro para su publicación. Un agradecimiento especial para nuestro lingüista, Hans Lienhard quien actualmente está destinado en las Instalaciones de Lenguaje de Guerra Especial, Centro de Guerra Especial, Fort Bragg, Carolina del Norte. William y Mary Jones, Vicepresidente y Asistente Editorial respectivamente de PUBLICACIONES PANTERA (PANTHER PUBLICATIONS) los cuales nos proporcionaron ánimo y consejo sobre la edición de la traducción, y como dirigir el asunto mientras estaba en servicio activo. Al Dr. Louis Soens, actualmente impartiendo clases de Literatura Inglesa en Notre Dame y al Dr. Walter O'Donnell, mimbro del departamento de Inglés de la Universidad de Colorado, quienes nos ayudaron enormemente en la lectura de corrección de la traducción editada y nos proporcionaron comentarios editoriales.

R.K.B.

Resistencia Hasta el Fin

Asumamos lo siguiente: Suiza ha llegado a ser un campo de batalla. Fuerzas enemigas superiores han invadido el país. Aquí y allí nuestras tropas han sido desbordadas. Sin embargo, muchos han tenido éxito en evadir al enemigo. Todavía están en posesión de sus armas y equipo. Quieren combatir, resistir hasta el fin. ¿Pero como?.

O: El enemigo ha ocupado una ciudad. La población está bajo sus órdenes. ¿Qué hará el obrero, el empleado, el autónomo en tal caso? ¿Qué hará el profesor, el editor de periódicos y el funcionario? ¿Qué hay de las amas de casa, los empleados del ferrocarril, de correos y la policía?.

¿Qué harán los soldados? ¿Qué harán los civiles?.

¿Abandonarán algunos sus armas dado que creen que continuar la resistencia es inútil?.

¿Aguardarán otros al futuro, poniendo su fe en Dios, o cooperarán con el enemigo?.

Tantas preguntas pero, ¿dónde están las respuestas?.

Una cosa es cierta. El enemigo no mostrará clemencia. El enemigo aplastará una vida, docenas, cientos o miles sin ningún escrúpulo si eso sirve para cumplir sus objetivos. El soldado capturado tendrá que hacer frente a la deportación, trabajos forzados o la muerte. Pero lo mismo le espera al obrero, empleado, autónomo y al ama de casa.

El enemigo no hará ninguna distinción entre soldados y civiles. Las experiencias del pasado reciente han demostrado que se debe esperar la aniquilación de los conquistados antes o después. A veces, este proceso simplemente se retrasará.

El oficial, el suboficial, el profesor, el editor – cualquier individuo, que en un momento u otro, haya hecho cualquier comentario despectivo de la ideología del enemigo, quienes, antes de la guerra, defiendan la democracia y la libertad y se opongan con sus palabras a la dictadura y el despotismo – todos encabezarán las lista de la deportación y la aniquilación. ¡Esto debe ser comprendido!.

¿Qué se debe hacer cuando el enemigo está en el país? ¿Qué se debe hacer a la vista de la certeza de que el peligro y la muerte amenazarán a cada ciudadano, hombre o mujer, sin importar si quieren jugar un papel activo o pasivo?.

Creemos que es mejor resistir hasta el fin. Creemos que cada mujer y hombre suizo deben resistir.

Creemos que no se debe permitir al enemigo ni un minuto de reposo en territorio conquistado. Creemos que debemos de infligirle daños, ¡combatirlos cuando y donde se tenga ocasión! Al expresarnos de esta forma clara y explícitamente indicamos el propósito de este libro.

En caso de guerra, la resistencia provendrá principalmente del ejército. Es nuestra labor asegurarnos con nuestras fuerzas que el ejército está y permanece listo para la guerra. Queremos que este punto quede muy claro.

Sin embargo, queremos mostrar a nuestro pueblo una forma de resistir en caso de que partes del ejército sean dispersadas, divididas o cercadas. En este caso los prisioneros tendrán éxito en evadirse o partes de la población civil caerán bajo el dominio del enemigo. Queremos demostrar que en la peor situación de resistencia, esta no es en vano, sino una tarea primordial.

Creemos que este libro hará esta resistencia eficaz, que evitará el derramamiento de sangre y pérdidas de vidas por culpa de la carencia del conocimiento del como hacer y de la habilidad necesaria.

Quizás se pueda afirmar que es erróneo e imprudente discutir estos temas abiertamente, el escribir sobre ellos e informar a un potencial enemigo de nuestras intenciones si somos atacados. No creemos tal cosa.

Al contrario, creemos que, dada nuestra voluntad abiertamente expresada de resistir hasta el fin, el enemigo tendrá que considerar otro factor más cuando evalúe los "pros" y los "contras" de la planeada "Operación Suiza".

Publicamos este libro con esto en mente y esperamos que encuentre miles de lectores.

El Comité Central de la Asociación de Suboficiales Suizos.

INTRODUCCIÓN POR WENDELL W. FERTIG, CORONEL EEUU - RET.

(El Coronel Fertig organizó y dirigió las fuerzas de guerrilla Filipino-Americanas de Mindanao tras la caída de Filipinas. Durante tres años de ocupación japonesa las desarrolló hasta hacer ellas una fuerza altamente entrenada y eficaz de cerca de 35.000. Sus esfuerzos contribuyeron en gran medida el posibilitar el regreso de las fuerzas americanas a Mindanao en 1945. Tras la guerra, Fertig sirvió como Asesor de Guerrilla y Asuntos Financieros del Alto Comisionado de EEUU McXutt. En 1951 fue asignado a la División de Fuerzas Especiales, Oficina de Guerra Psicológica en el Pentágono donde desempeñó un papel importante en establecer el Centro Fuerzas Especiales en Fort Bragg, N.C. En 1953, pasó varios meses estudiando operaciones contra guerrilla contra los Huks en Filipinas; después con los franceses en Indo-China y con las fuerzas del general Templar en Malasia. El coronel Fertig se retiró en 1956 pero ha continuado como asesor de guerra de guerrilla y contrainsurgencia al servicio del gobierno y da clases sobre el tema en la Universidad del Aire y la Academia de las Fuerzas Aéreas. Recientemente el coronel Fertig se unió al Departamento de Consejo de Publicaciones Panther como asesor.)

Comentar este libro es difícil a menos que se le considere un libro de texto o Manual de Campaña dedicado al problema concreto de la Resistencia Civil y su solución. Las ilustraciones son magníficas y el texto explícito. Es un manual de cómo hacer sobre una parcela que ha sido muy descuidada; por ejemplo, que tipos de acciones están al alcance de los civiles que residen en una zona ocupada por un agresor extranjero. En caso de ocupación enemiga, se suele asumir que los civiles resistirán. Como debe ser puesta en practica tal resistencia o sostenida se deja al individuo quien usualmente tiene un desconocimiento total de que hacer. Con la publicación de RESISTENCIA TOTAL esto ya no ocurre, dado que este libro deletrea el cuando, donde y como desarrollar y organizar bandas de guerrilla, un movimiento de resistencia civil y uno clandestino.

Los comentarios específicos parecen seguir un orden cronológico dado que no se proporciona una historia para revisar. El primero de estos comentarios toca un lugar sensible de mi corazón. Entre todos los esfuerzos de resistencia famosos de la tabla, la guerra de guerrillas en Filipinas no se menciona. Aunque esta fue una resistencia que surgió del pueblo y se llevó a cabo durante 5 meses tras las líneas japonesas antes de recibir reconocimiento o ayuda de los Aliados. A partir de esta experiencia surgieron las bases del concepto y política de las Fuerzas Especiales de EEUU.

Una resistencia que pueda ser organizada y sostenida al principio de una ocupación tiene la mejor oportunidad de sobrevivir. Debe ser organizada antes de que el enemigo pueda instituir el sistema de control de manzanas en ciudades, y mientras se posible algún movimiento sin restricciones en las zonas del campo. Es más se debe recordar que los movimientos de guerrilla más exitosos han estado siempre establecidos en zonas que están aisladas por el terreno, con malas carreteras y mal tiempo. Las operaciones en el interior de las ciudades son difíciles. El alzamiento de Varsovia fue una excepción y este fue posible dada las condiciones del gueto que no se encuentran en otras ciudades. Incluso así, la eficacia real del alzamiento fue destrozada cuando fueron engañados con ataques prematuros a los alemanes, mientras que los rusos esperaron a la mutua destrucción de ambos adversarios.

El secreto es imperativo. Es casi imposible de conseguir pero a menudo puede lograrse mejor mediante el uso de rumores falsos que a través de una seguridad estricta. Para proporcionar al enemigo con varias historias, todas requieren interpretación y decisión, proporcionarán a menudo el tiempo necesario para llevar a cabo una operación.

En mi mando en Filipinas, descubrí que la única forma de llevar a cabo una acción de emboscada era proporcionando al personal indígena munición limitada. Una guerrilla con los fusiles descargados se retirará fácilmente, mientras que una con el suministro adecuado de munición tiende a permanecer en el sitio demasiado tiempo con el riesgo de ser capturada.

Las medicinas suelen ser el mejor medio de financiar cualquier tipo de resistencia. Los artículos individuales son fácilmente transportables. Como ejemplo, 30 tabletas de atabrina llevarán un correo mucho más rápido que 30.000 pesos japoneses de ocupación, y con mucho menos riesgo de ser descubierto. Para poder elaborar tu propia moneda, el adecuado suministro de papel y tinta es muy importante. El enemigo intentará controlar los suministros de estos artículos, y con ello negar la posibilidad de proporcionar un sistema de moneda alternativo. Una necesidad que es de la mayor importancia y la cual se menciona pero no se enfatiza, es la necesidad de una organización interna de los Prisioneros de Guerra o de los Campos de Concentración. La organización básica debería ser dispuesta antes de que tenga lugar la rendición. La carencia de estos planes fue responsable de incontables muertes en campos de prisioneros en Filipinas. La norma divide y vencerás empleada por el enemigo da lugar a la ruptura de toda la cadena de mando y los prisioneros estaban a merced de los guardias japoneses.

En Singapur, las tropas australianas entraron en el campo de prisioneros con un esquema de organización y mando. Fueron capaces de presentar un frente unido hacia sus captores e hicieron su estancia más soportable que los prisioneros americanos que carecían de tal organización.

Este comentario no mengua el impacto de este excelente manual que se publica por primera vez que no solo describe las prácticas los comunistas, sino que ofrece métodos para oponerse a su dominio opresor. Es interesante observar que la Asociación de Suboficiales Suizos es capaz de apuntar donde se encuentran los peligros y como deben abordarse.

Con todo esto, es adecuado repetir los seis principios básicos que deben estar presentes en un movimiento de resistencia para tener éxito y lograr una eventual victoria. Estos son:

1. Un pueblo leal que apoyará el esfuerzo con gran riesgo de si mismo.

2. Terreno favorable y organización adecuada a las necesidades particulares del terreno. Un posible santuario refugio.

3. Una fuente de finanzas adecuada.

4. Buenas comunicaciones (radio, teléfono, etc.)

5. Un suministro adecuado de alimentos para apoyar a las unidades.

6. Apoyo desde una potencia extranjera (de la máxima importancia).

El párrafo final del libro debe reproducirse aquí. "Si dos enemigos se enfrentan hasta el fin – y este suele ser el caso donde se implican las ideologías (la religión es parte de ellas) la guerra de guerrilla y la resistencia civil inevitablemente se manifestarán en la fase final de la guerra.

Los expertos militares que infravaloran o incluso desprecian la guerra de guerrillas cometen un error dado que no tienen en cuenta la fortaleza del corazón.

La última, y reconocida, batalla más cruel será la emprendida por los civiles. Esta será efectuada bajo el miedo de la deportación, de la ejecución y los campos de concentración.

Debemos y ganaremos esta batalla dado que cada hombre y mujer suizos en concreto creen en lo más hondo de sus corazones – incluso si son demasiado tímidos y sobrios en su vida cotidiana de admitir o incluso hablar de ellos – en el viejo, y todavía actual dicho:

¡Muerte antes que Esclavitud!

Wendell W. Fertig Coronel EEUU - Ret.

Introducción

El autor es totalmente consciente del hecho de que ha tocado un tema difícil y desagradable. No obstante, en la época de la guerra total, donde no solo factores materiales sino también ideológicos están en juego, es imperativo discutir estos problemas.

Se puede asumir que en caso de guerra, grandes zonas – sino todo nuestro territorio será temporalmente perdido frente al enemigo. El ejército puede ser neutralizado en su mayor parte, incluso aunque unidades de tamaño considerable deberían continuar la lucha durante un período prolongado en las regiones Alpinas.

Sin embargo, la mayoría de los soldados, así como las masas de la población civil sobrevivirán a la campaña. Ahora viene la cuestión – ¿deberían estos supervivientes llegar a ser súbditos leales de los nuevos dirigentes, esperando la salvación y la liberación desde el exterior, o la lucha debería continuar de una nueva forma con todos los medios disponibles?

Se puede asumir que con el harto conocido amor por la libertad de la población, por una parte, y la probada crueldad del enemigo potencial, por la otra, el enfrentamiento entre las fuerzas de ocupación y los conquistados será un hecho antes o después. Por ello puede que no sea totalmente inútil escribir sobre la atmósfera, tácticas y técnicas de la guerra de guerrillas, en cuanto que esta puede ser reconstruida a partir de experiencias de las guerras del pasado, de las guerrillas españolas luchando contra Napoleón al Maquis francés de la 2ª GM.

El Autor.

Las Acciones de Guerrilla Más Importantes del Pasado y Presente

Las acciones en la Vendée durante la Revolución Francesa

Las guerrillas españolas luchando contra Napoleón

El alzamiento en el Tirol contra Napoleón

Operaciones de guerrilla en Alemania Central contra Napoleón (grupos de incursión)

Operaciones de liberación de los griegos contra los turcos

Operaciones de guerrilla durante la guerra Franco-Prusiana de 1870-71

Operaciones de pacificación austriacas en Bosnia

Actividades de los insurgentes belgas en 1914

Incursiones de caballería alemana tras las líneas francesas en 1914

Operaciones de insurgencia serbia durante la 1ª GM

Operaciones del desierto de Lawrence contra los turcos durante la 1ª GM

Actividades de los combatientes de la resistencia en la zona ocupada del Rurh tras la 1ª GM (Schlageter)

Operaciones anti-bolcheviques en los Países Bálticos tras la 1ª GM

Disturbios civiles (acciones de cuerpos de voluntarios) en Alemania tras la 1ª GM

Acciones de partisanos "Blancos" y "Rojos" durante la revolución rusa (especialmente las campañas en Siberia: Koltchak)

Guerra del Matorral en el Gran-Chaco

Operaciones de guerrilla Abisinia durante la guerra Italo-Abisinia

Operaciones de guerrilla republicana durante la Guerra Civil Española

Operaciones de guerrilla china comunista contra el gobierno central y contra los japoneses

Operaciones de la organización checa en el exilio durante la 2ª GM

Actividades del movimiento de la resistencia francesa durante la 2ª GM (Maquis, alzamiento de las Fuerzas Francesas del Interior y las Guerrillas y Partisanos)

Operaciones de los movimientos de resistencia holandesa, belga y noruega durante la 2ª GM

Actividades del movimiento clandestino polaco durante la 2ª GM
(Alzamiento de Varsovia dirigido por el General Bor)

Operaciones de partisanos soviéticos y yugoeslavos durante la 2ª GM

Operaciones de guerrilla británica en la 2ª GM tras las líneas japonesas

Operaciones partisanas italianas contra los alemanes y neo-fascistas

Inicio de operaciones "Werwolf" en Alemania

Insurrección del ELAS comunista en Grecia tras la 2ª GM

Operaciones del Ejército Republicano Irlandés ilegal (IRA)

Operaciones del movimiento de resistencia argelino y tunecino contra los franceses

Operaciones de Mau-Mau en Kenia contra los británicos

Acciones partisanas de Corea del Norte contra las tropas de las Naciones Unidas

Movimiento de resistencia contra los británicos en Malasia

Operaciones del Viet-minh contra los franceses (especialmente durante las fases iniciales)

Disturbios anti-comunistas en Berlín Este

Revolución anti-comunista en Hungría

Disturbios anti-comunistas en Polonia

Movimiento EOK en Chipre

Parte 1
Organización y Dirección de la Guerra de Guerrillas

I. Propósito de la Guerra de Guerrillas

A. General

El propósito de la guerra de guerrillas es continuar la resistencia en aquellas partes del país ocupadas por el enemigo, o continuar la lucha tras la derrota del ejército regular.

Los destacamentos de guerrilla provocan miedo y confusión tras las líneas enemigas; obligan al enemigo a iniciar complicadas medidas de seguridad y de esa forma desperdiciando su fuerza; e inflingiendo perdidas personales y materiales.

Todo el territorio ocupado debe ser sometido a un estado de constante desasosiego de forma que ningún invasor pueda moverse en solitario y desarmado.

Las tropas de servicio y ocupación del enemigo tendrán que tener medidas extra de seguridad además de sus otras múltiples tareas.

La fase final será una insurrección general, abierta cuyo objetivo será forzar al enemigo a salir del país.

B. Objetivos Específicos:
1. Vías de transporte (carreteras y líneas de ferrocarril)
2. Red de comunicaciones (líneas telefónicas aéreas y subterráneas, centrales telefónicas y emisoras de radio)
3. Red energía (eléctrica)
4. Plantas industriales vitales
5. Talleres de reparación y depósitos
6. Cuarteles Generales
7. Convoyes de transporte
8. Correos, mensajeros y oficiales de enlace

C. Características de la Guerra de Guerrilla

Las fuerzas oponentes durante la guerra convencional están suministradas por las fábricas, almacenes y depósitos de suministros; las unidades de guerrilla, sin embargo, viven de la guerra.

Cada comandante de unidad de guerra de guerrilla tiene una cantidad de independencia y libertad de acción incomparablemente superior de la que podría tener al mismo nivel de mando durante una guerra convencional.

II. Organización de la Guerra de Guerrilla

1. Formación de las Unidades de Guerrilla

Las unidades de guerrilla requieren un núcleo de tropas experimentadas que servirán como instructores y líderes. Las tácticas del enemigo de "saltar por encima" del frente ejecutada por las unidades aeromóviles o de "sobrepasar" el frente ejecutada por unidades acorazadas dejarán indudablemente muchas unidades del ejército suizo intactas. Estas, a su vez, nos proporcionarán un núcleo de combatientes entrenados y experimentados para las unidades de guerrilla.

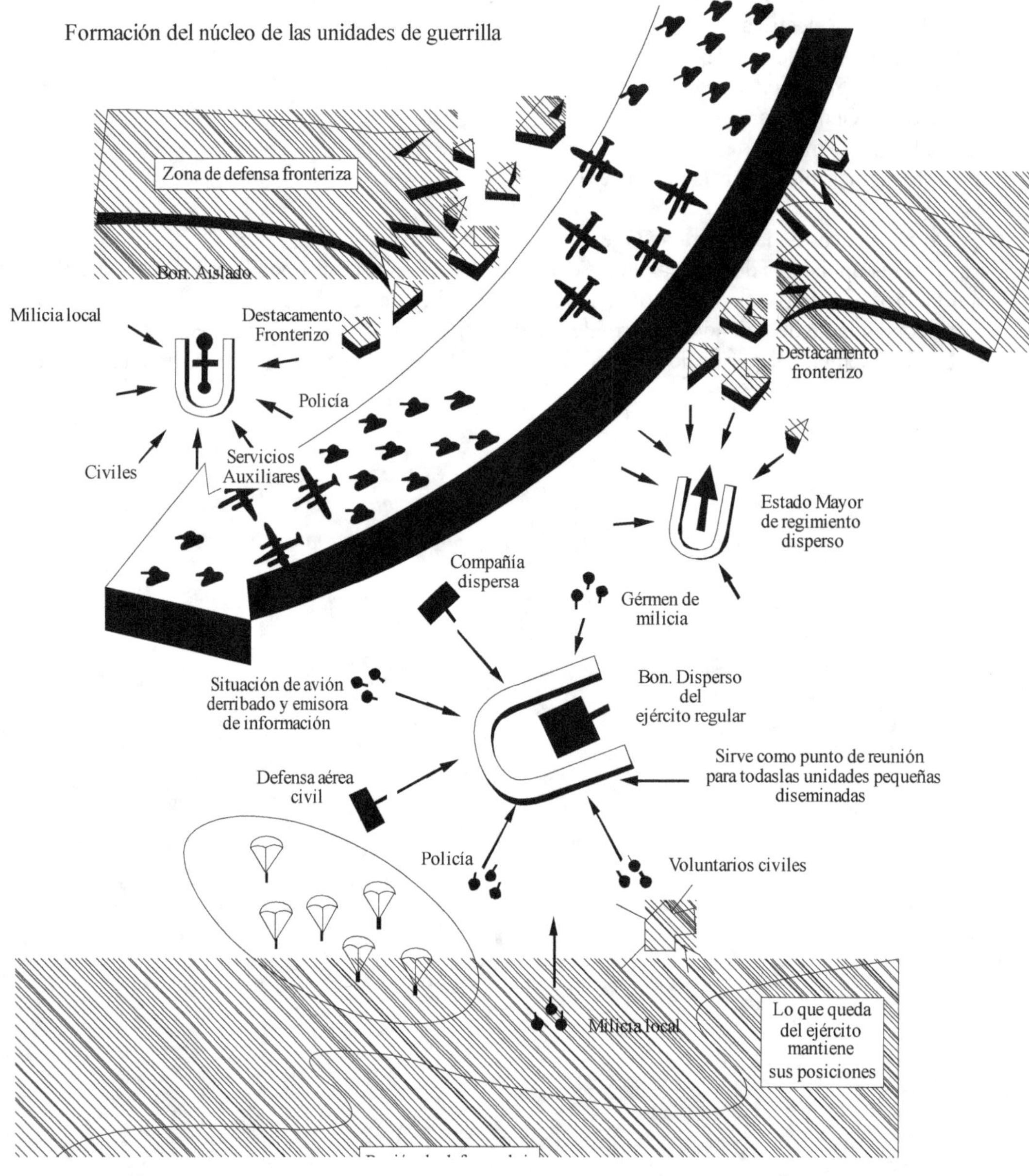

o meses, hasta que el enemigo haya concentrado suficientes tropas para iniciar operaciones contra-guerrilla a gran escala.

Esto implica continuas operaciones a pequeña escala dirigidas por elementos locales del movimiento de resistencia civil, que diseminarán las

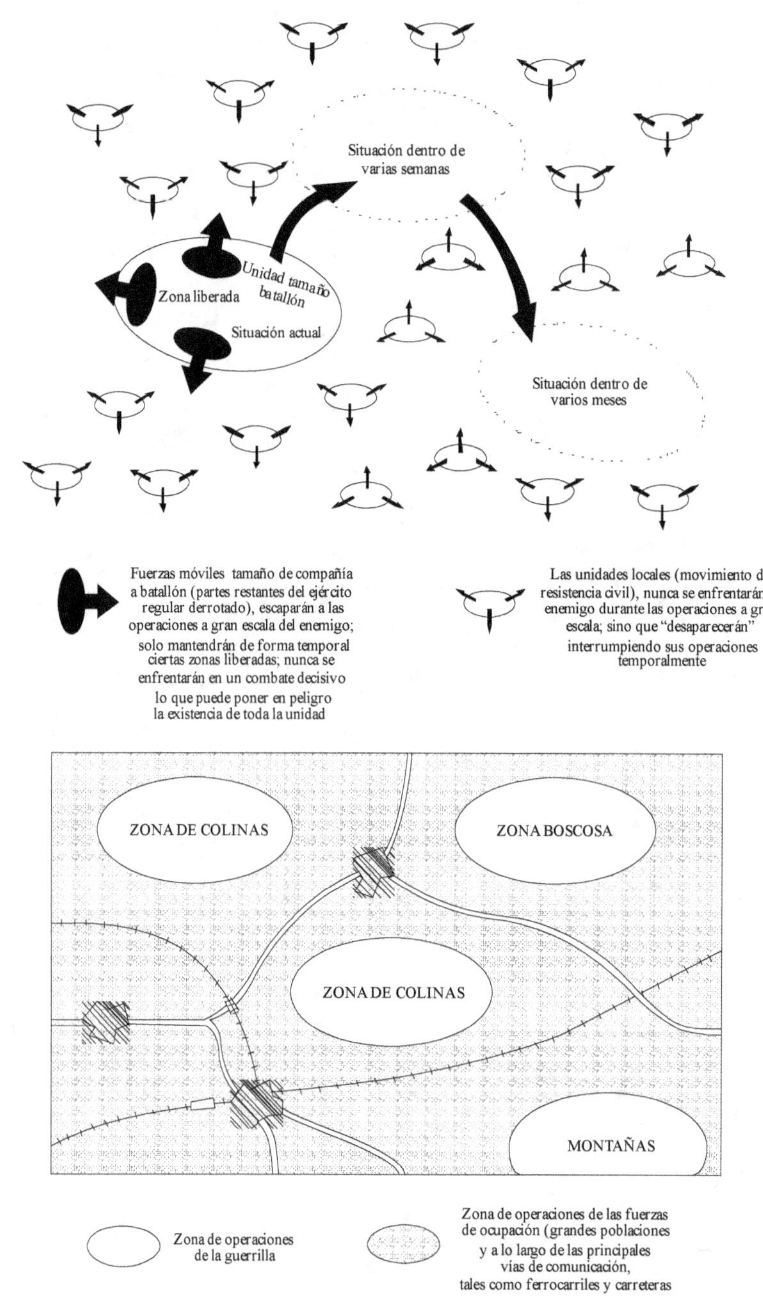

fuerzas enemigas, retendrás la iniciativa y protegerás la organización y desarrollo de las unidades de guerrilla móviles. Si estás en posición de formar unidades de guerrilla relativamente grandes, de aproximadamente tamaño batallón con armas pesadas, el enemigo será incapaz de ocupar firmemente la mayoría del país, pero tendrá

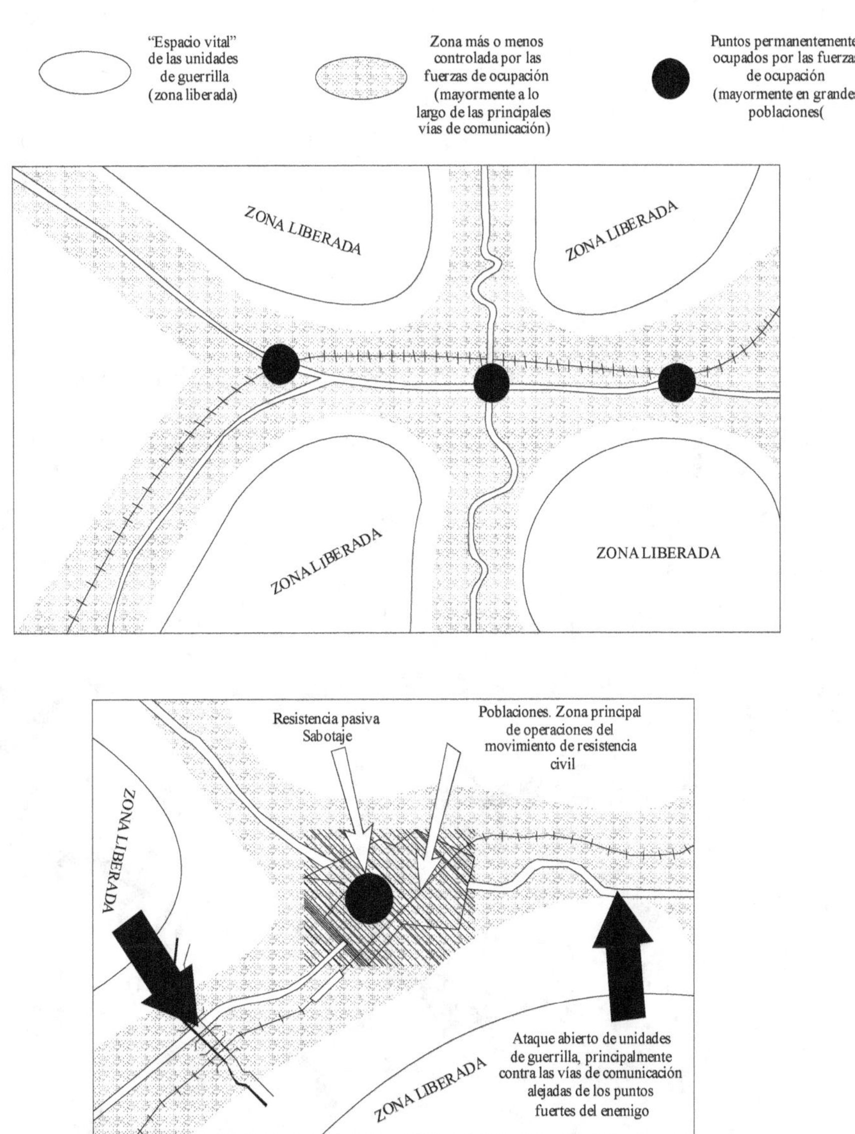

que contentarse con controlar instalaciones claves y los puntos más importantes, rutas principales de transporte y comunicación.

Las ciudades en ruinas por bombardeos proporcionarán escondites magníficos. La devastación provocada por las armas atómicas proporcionará lugares excelentes donde ocultarse.

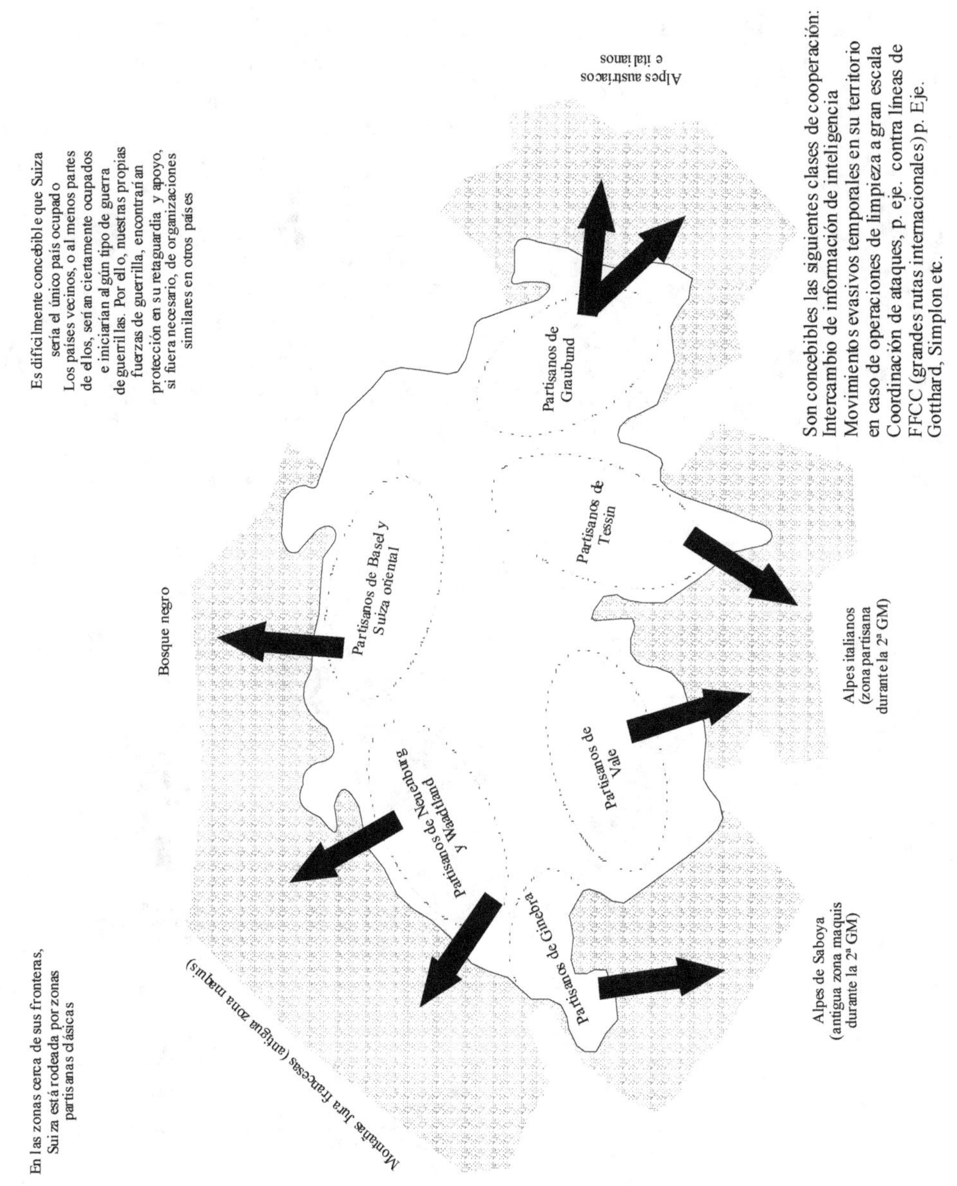

2. Fuerza de las Unidades de Guerrilla

El principal problema, es establecer una proporción bien equilibrada de la fuerza entre las unidades de guerrilla. Cuando solo operan pequeñas unidades de guerrilla, el enemigo es capaz de controlar el territorio ocupado mediante pequeños y numerosos puestos que albergan una escuadra o pelotón. También formará una reserva central fuerte e instalará una elaborada red de espías, agente e informadores. Su red de control llegará a ser relativamente eficiente; como consecuencia, la unidad de guerrilla tiene poca libertad de movimientos.

Sin embargo, si aumentas el tamaño de tus unidades de guerrilla a nivel de compañía ó batallón con armas pesadas, el enemigo se verá forzado a crear guarniciones fuertes. Como resultado, tendrá que conformarse con proteger instalaciones clave y rutas de comunicación. Si es obligado, sin embargo, a retirar todos los puestos pequeños en las áreas intermedias y solo puede mantener unos pocos puntos fuertes con batallones reforzados, le resultará difícil mantener fuerzas de reserva suficientes. Además, los agentes e informadores serán incapaces de encontrar ningún apoyo en estas áreas y así pueden ser eliminados más fácilmente. La red de control del enemigo llega a ser débil y tu libertad de movimientos aumenta.

Las unidades de guerrilla de tamaño regimental y superiores son demasiado engorrosas y fácilmente sucumben a la tentación de operar abiertamente de forma convencional. Si lo hacen, serán fácilmente destruidas por la superioridad enemiga. De acuerdo a esto, las unidades tamaño batallón con algunas armas pesadas de infantería (ametralladoras, morteros) son las más apropiadas.

Las unidades tamaño batallón son lo bastante fuertes para atacar con éxito puestos enemigos más grandes (puntos con fuerzas tamaño compañía), aún así, son demasiado débiles como para verse tentadas a olvidar las reglas básicas de la guerra de guerrillas que son su protección.

De finales del otoño a la primavera, cuando no se puedan establecer vivaques, se reducirá el tamaño de las unidades licenciando personal. En verano, este personal volverá a ser reclutado. El mismo procedimiento se debe seguir cuando escasee el suministro de alimentos.

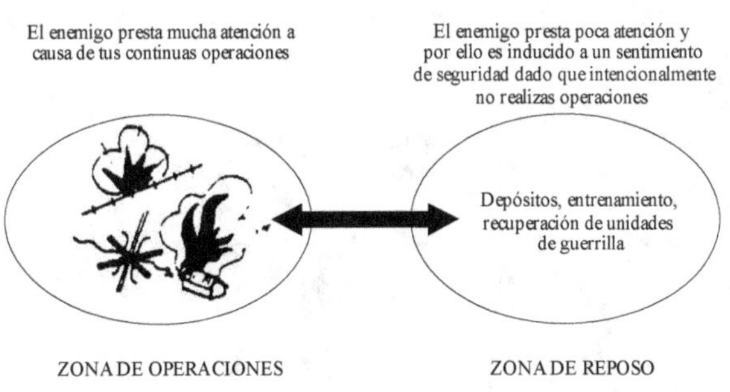

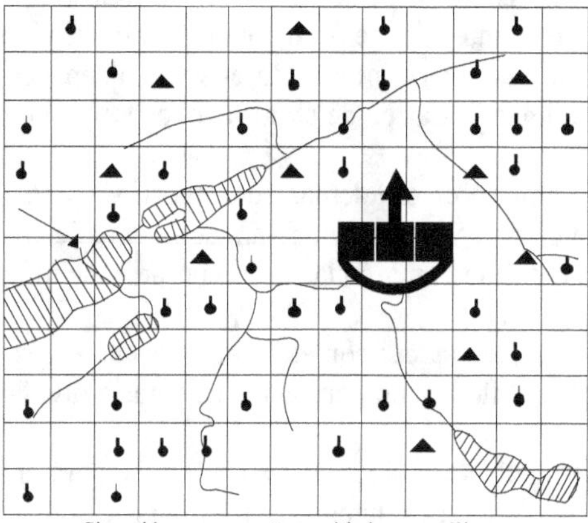

Unidades pequeñas de guerrilla permitirán que el enemigo empleé pequeños destacamentos. Los pequeños destacamentos de ocupación permitirán el establecimiento de muchos puestos individuales. El establecimiento de muchos tendrá como resultado una densa red de control y observación. Dicha red, restringirá las operaciones de nuestra unidad de guerrilla. Agentes e informadores encontrarán ayuda y apoyo en cualquier parte de la zona intermedia. El enemigo será capaz de establecer una fuerza de reserva central fuerte.

Situación con pequeñas unidades guerrilleras
(escuadras y pelotones)

Significado:

- Puesto de Policía tamaño escuadra hasta máximo tamaño pelotón
- Punto fuerte, tamaño compañía como máximo
- Reserva Central (regimientos de policía mecanizada) usada como "reserva de contra-ataque" contra disturbios locales e insubordinación
- Red eficaz de agentes ye informadores

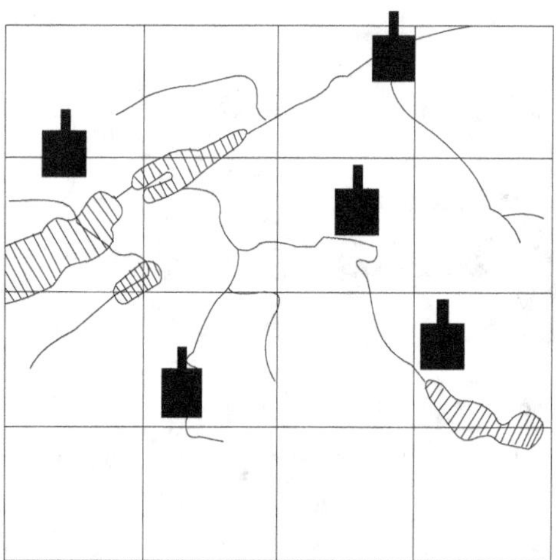

Situación con unidades guerrilleras fuertes
(destacamentos y batallones)

Significado:

 Grandes puntos fuertes - Tamaño batallón

El enemigo debe retirarse de todos los puestos pequeños de la zona intermedia o estos serán fácilmente destruidos por las unidades de guerrilla.

3. Reemplazos para los Cuarteles Generales de la Guerrilla

Para poder iniciar una guerra de guerrillas eficaz, las unidades de los cuarteles generales necesitarán una variedad de personal entrenado. Si es necesario, este personal puede ser reclutado entre la población civil.
Los empleados postales, telefónicos y telegráficos así como los del ferrocarril y técnicos electricistas pueden proporcionar asesoramiento técnico para operaciones de sabotaje.
Los técnicos de radio pueden organizar redes de comunicación entre unidades de guerrilla y lo que quede del ejército que permanezca en zonas de retaguardia, el movimiento de resistencia civil y los países extranjeros amigos (si nuestro propio Cuartel General del Ejército ya no existe).
Los oficiales de ingenieros servirán como especialistas en demoliciones.
Los políticos destacados, editores de periódicos, etc., pueden servir como personal de enlace entre las unidades de guerrilla y la población local y el movimiento de resistencia civil.
Los editores y otro personal de periódicos manejarán las prensas controladas por la guerrilla en cooperación con el movimiento de resistencia civil.
Una lista de los técnicos arriba mencionados será mantenida por la sección de personal en los cuarteles generales.

4. Fase Organizativa

El enemigo dejará ciertas zonas sin ocupar dada su carencia de importancia. Será incapaz de ocupar otras zonas a causa de la insuficiencia de personal.
Tienes que moverte en todas estas zonas.
Reúne pequeños grupos de personas en estas zonas. Permanece inactivo hasta que tu grupo esté bien organizado.
No debes provocar al enemigo haciéndole tomar contramedidas contra ti durante tu momento de mayor vulnerabilidad, por ejemplo, durante las fases de organización y puesta en marcha inicial. Nunca, ni incluso en las situaciones más críticas cuando seas perseguido o incluso cercado, será tu unidad tan vulnerable y estará en tanto peligro de desintegración como durante esta fase inicial.
La escasez de personal entrenado o de técnicos puede ser compensada mediante el reclutamiento de personal adecuado entre la población civil. Mediante el mismo procedimiento, podrás más adelante reemplazar las perdidas de personal.
Cada civil que se te una, queda permanentemente fuera del alcance de las acciones terroristas del enemigo – arresto de familias enteras, deportación, ejecución de rehenes, etc.

Tareas Organizativas:

Jefe de la Futura Unidad de Guerrilla

Población	Unidad de Guerrilla
Averiguar quien es por lo general fiable. Averiguar quien desea colaborar pasivamente, p. ej., suministrando alimentos, proporcionando información de inteligencia etc. Averiguar quien desea colaborar activamente, p. ej., tendiendo minas, sirviendo como guía, ocultando y cuidando heridos y enfermos. Averiguar quien está colaborando pasivamente con el enemigo, p. ej., seguidores, oportunistas. Determinar quien está colaborando activamente con el enemigo.	Organizar unidades de combate (escuadras, pelotones). Obtener municiones. Obtener alimentos. Obtener equipo (ropa, calzado, mochilas, etc.). Almacenar armas. Entrenar al personal con armas capturadas. Convertir personal de artillería en servidores de mortero. Convertir personal auxiliar, policía, personal de la defensa aérea civil, miembros de unidades de suministros y postales en "personal de infantería" improvisado.

Incluso con soldados experimentados todavía será necesario llevar a cabo un breve período de entrenamiento. Esto sirve para:
a. Familiarizar a los líderes con su nuevo personal;
b. Permitir al personal conocerse unos a otros.
El entrenamiento también familiariza al personal con las tácticas y técnicas básicas de la guerra de guerrillas tales como la marcha, seguridad, enlace, comunicaciones, reconocimiento, técnicas de sabotaje y demolición: con el empleo de armas y munición capturadas tales como granadas de mano, minas, explosivos, etc.
Este entrenamiento se prolongará uno o dos meses, dependiendo de si ya estás siendo perseguido o todavía te estás organizando sin ser molestado o cuando las operaciones tengan que llevarse a cabo inmediatamente.
Cuanto más larga sea la fase de organización, mayores son las probabilidades de éxito, dado que habrá menos bajas durante los enfrentamientos futuros. Esto a su vez aumentará la auto-confianza.
El reconocimiento de objetivos futuros y la observación sistemática del enemigo puede ser llevado a cabo al mismo tiempo que la organización y el entrenamiento.
Los miembros de las unidades de ingenieros y demoliciones, así como el personal de infantería y expertos en patrullas de combate serán incorporados en tu unidad guerrillera. Sin embargo, dado que estos solo representarán un pequeño porcentaje de tu personal, será necesario entrenar a otros individuos en estos campos.

El personal de artillería se convertirá en servidores de morteros.

Los miembros de las unidades motorizadas ligeras; dotaciones de carros, conductores; pilotos, personal de tierra; personal antiaéreo, personal de la defensa aérea; personal postal y de suministros; policía, milicia local, personal del servicio auxiliar serán empleados como infantería.

Los voluntarios civiles serán escogidos de las siguientes fuentes:

a. Individuos de corta edad - cadetes, exploradores, los que han recibido entrenamiento pre-militar y miembros de clubes de tiro.

b. Individuos que hayan completo su servicio militar obligatorio.

c. Individuos anteriormente clasificados como no útiles para el servicio militar o aquellos exentos por razones médicas.

d. Individuos exentos del servicio que trabajaban en instituciones esenciales para el esfuerzo bélico pero que ahora están bajo control del enemigo tales como empleados ferroviarios y postales, etc.

Reclutar radioaficionados para reemplazar a los operadores de radio. Si es necesario, obtenerlos a través del movimiento de resistencia civil.

Asignar capellanes y curas civiles a la sección sanitaria. Son adecuados como personal de enlace con la población, especialmente en el campo. Pueden mantener contacto con los guerrilleros heridos que has dejado con la población para ser cuidados de forma "clandestina".

Emplea a los armeros y quizás a mecánicos civiles como instructores de armamento capturado. Dado que estos aprenderán rápidamente el manejo de las armas extranjeras a causa de sus conocimientos técnicos, pueden instruir al resto del personal en su manejo.

5. Liderazgo

Elegir a los líderes cuidadosamente. El personal de la guerrilla debe respetar y aceptar a sus líderes. Una vez tras la líneas enemigas, ningún policía militar, ninguna corte marcial, ningún poder del estado ayudarán al líder de la guerrilla a mantener la disciplina y el espíritu de lucha. Los rangos militares solo tendrán un papel secundario.

Un individuo que dirige con "fanfarronadas" no es apto. Puede ser capaz de mantener su posición en una unidad convencional durante algún tiempo por la cadena de mando y disciplina, pero nunca en una unidad guerrilla.

Solo los auténticos "líderes de tropa" que saben como manejar a la gente pueden mantener su puesto.

El líder también debe poseer algunos conocimientos técnicos dado que en la guerra de guerrilla es menos importante el realizar grandes acciones de liderazgo

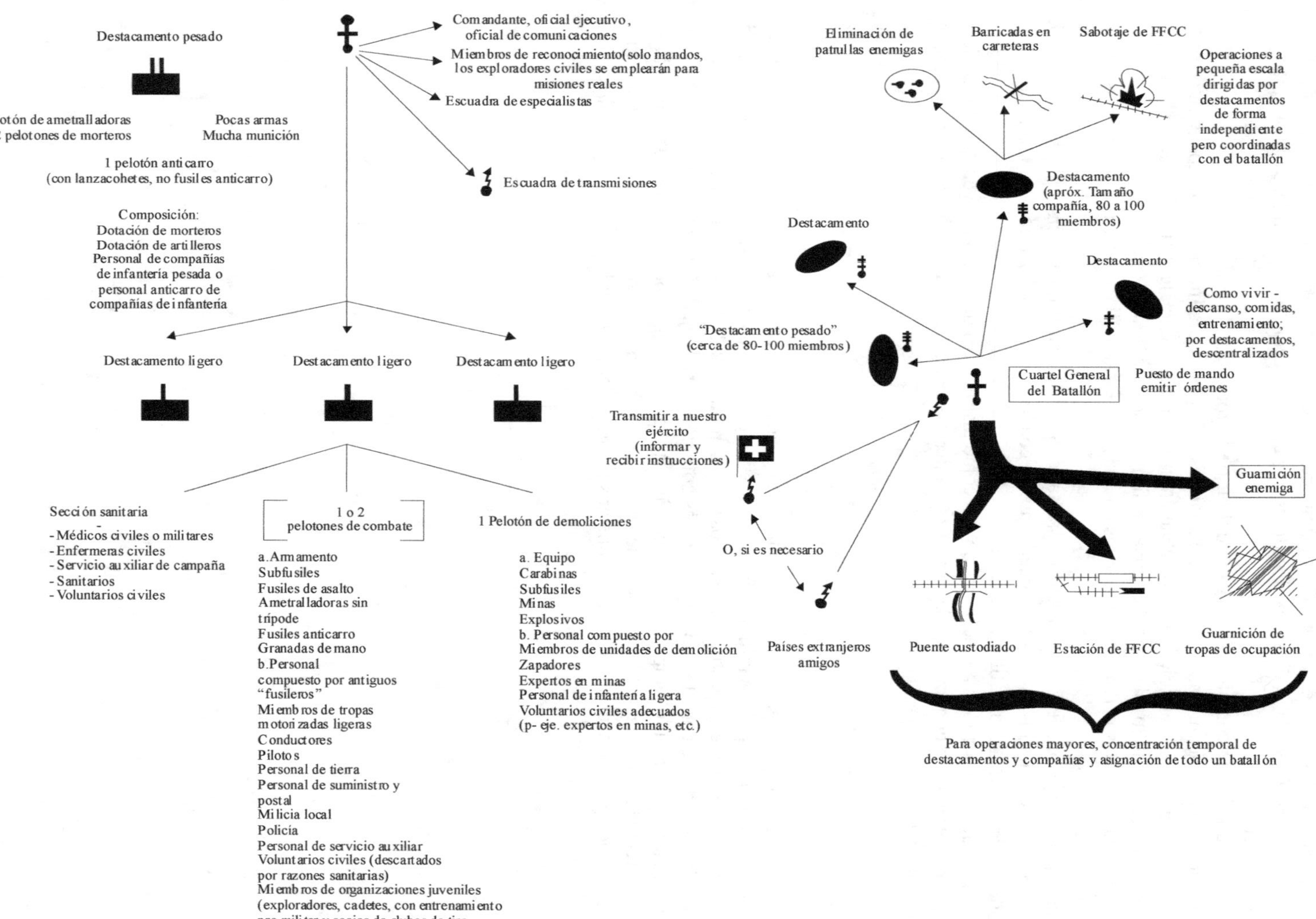

Destacamento pesado

Comandante, oficial ejecutivo, oficial de comunicaciones
Miembros de reconocimiento(solo mandos, los exploradores civiles se emplearán para misiones reales
Escuadra de especialistas
Escuadra de transmisiones

1 pelotón de ametralladoras
1 o 2 pelotones de morteros
Pocas armas
Mucha munición

1 pelotón anticarro
(con lanzacohetes, no fusiles anticarro)

Composición:
Dotación de morteros
Dotación de artilleros
Personal de compañias de infantería pesada o personal anticarro de compañias de infantería

Destacamento ligero
Destacamento ligero
Destacamento ligero

Sección sanitaria
- Médicos civiles o militares
- Enfermeras civiles
- Servicio auxiliar de campaña
- Sanitarios
- Voluntarios civiles

1 o 2 pelotones de combate

a. Armamento
Subfusiles
Fusiles de asalto
Ametralladoras sin trípode
Fusiles anticarro
Granadas de mano
b. Personal compuesto por antiguos "fusileros"
Miembros de tropas motorizadas ligeras
Conductores
Pilotos
Personal de tierra
Personal de suministro y postal
Milicia local
Policía
Personal de servicio auxiliar
Voluntarios civiles (descartados por razones sanitarias)
Miembros de organizaciones juveniles
(exploradores, cadetes, con entrenamiento pre militar y socios de clubes de tiro

1 Pelotón de demoliciones
a. Equipo
Carabinas
Subfusiles
Minas
Explosivos
b. Personal compuesto por
Miembros de unidades de demolición
Zapadores
Expertos en minas
Personal de infantería ligera
Voluntarios civiles adecuados
(p- eje. expertos en minas, etc.)

Transmitir a nuestro ejército
(informar y recibir instrucciones)

O, si es necesario

Eliminación de patrullas enemigas
Barricadas en carreteras
Sabotaje de FFCC

Operaciones a pequeña escala dirigidas por destacamentos de forma independiente pero coordinadas con el batallón

Destacamento
Destacamento
(apróx. Tamaño compañia, 80 a 100 miembros)
Destacamento

Como vivir - descanso, comidas, entrenamiento; por destacamentos, descentralizados

"Destacamento pesado"
(cerca de 80-100 miembros)

Cuartel General del Batallón
Puesto de mando emitir órdenes

Guarnición enemiga

Países extranjeros amigos
Puente custodiado
Estación de FFCC
Guarnición de tropas de ocupación

Para operaciones mayores, concentración temporal de destacamentos y compañias y asignación de todo un batallón

que dirigir con eficacia algunas operaciones relativamente sencillas con astucia. Debería estar bien versado en tácticas de pequeñas unidades así como en técnicas de minado y demoliciones.

6. Equipo

Dado que un porcentaje considerable de tu personal consistirá en personal del servicio auxiliar, milicia local, milicia de fábricas, policía y voluntarios civiles, carecerás de muchos artículos de ropa individual, desde ponchos y calzado adecuado a cantimploras y termos.

Obtener alguna clase de "uniformes de campaña", p. ej., ropa de abrigo, monos, trajes de ski o cazadoras, anti-vientos, etc.

Los artículos de equipo personal, tales como cuchillo, tenedor y cuchara, marmita para el rancho, pequeños hornillos, linternas, mochilas, etc., pueden conseguirse despojando a los muertos del enemigo, o solicitándolos a la población, de tiendas de grandes ciudades solicitados por miembros del movimiento de resistencia civil.

Adquiere tiendas de campaña a partir de comercios de deportes civiles o de excursionistas que conozcan tus hombres. La guerrilla vestida con ropa civil puede recoger estos artículos, o conseguirlos para ti los miembros del movimiento de resistencia.

Haz preparativos para el invierno lo antes posible. Estos incluyen la adquisición de mantas, buen calzado, y ropa de protección tal como capotes, anti-vientos, chaquetas de ski, y ropa interior cálida. Mujeres de confianza pueden confeccionar trajes de nieve improvisados hechos con sábanas.

Adquirir dos emisoras por destacamento – una de conexión a la red eléctrica para su uso estacionario y una portátil con baterías para recepción en regiones solitarias donde no se dispone de red eléctrica (montañas, bosques).

Establece un suministro de baterías para tus emisoras portátiles con la ayuda del movimiento de resistencia. Asegura y oculta estas lo antes posible dado que el enemigo pronto requisará todas las radios y accesorios de entre la población.

Ten tus "radioaficionados" para manejar tus emisoras y radios. Tienen preparación técnica y pueden realizar reparaciones con medios limitados.

Con estos equipos serás capaz de escuchar las emisiones del enemigo así como las de los países extranjeros amigos y de tu propio gobierno en el exilio.

Equipando cada destacamento de guerrilla y cada equipo de radio del movimiento de resistencia civil con radios ordinarias, será posible para tus propios cuarteles generales en la zona segura, tu gobierno en exilio del extranjero comunicarse contigo. Ellos pueden comunicarse

a largas distancias proporcionado consejo y asesoramiento técnico para las operaciones de la guerrilla o indicando
objetivos específicos que debes atacar. Es más, tú moral y capacidad de resistir se incrementará dado que te sentirás
menos solo y perdido.

7. Suministros de Armas

Usualmente será más fácil conseguir armas que munición. Las armas servidas por dotaciones - subfusiles,
ametralladoras ligeras, ametralladoras pesadas, lanzacohetes, morteros – provendrán de elementos dispersos del ejército
regular. Estos elementos proporcionarán el núcleo de la potencia de fuego de tu batallón.
El personal del servicio auxiliar, milicia local y policía serán, por norma, son capaces de aportar sus armas individuales
- pistolas, carabinas, subfusiles.
El suministrar armas a los voluntarios civiles supondrá el mayor problema. Debajo se listan varias formas de solventar
este problema:
a. Recoge armas de campos de batalla poco vigilados. Retira las armas utilizables de carros de combate destruidos,
   fortificaciones y aviones derribados.
b. Retira las armas de los enemigos muertos.
c. En prácticamente todas las familias suizas, encontrarás un arma pero utilizable, (fusil ó carabina).
d. Recoge armas privadas de cazadores y tiradores. Los propietarios donarán sus armas de buen grado dado el riesgo de
   ser ejecutados si las armas ocultadas llegan a ser encontradas por el enemigo.
e. Requisa las armas de armerías civiles o comisarías de policía, quienes antes o después deberán entregar las armas al
   enemigo.

8. Suministro de Municiones y Explosivos

a. Fuentes básicas de suministro:
    (1) Munición que tenga en su poder las unidades dispersas del ejército.
    (2) Munición suministrada desde polvorines escondidos establecidos de acuerdo a un plan por el ejército en
    retirada.
    (3) Munición sistemáticamente requisada de cada baja enemiga.
    (4) Municiones recogidas en incursiones contra transportes y arsenales del enemigo.

(5) Munición recogida de campos de batalla poco vigilados – de carros de combate destruidos, fortificaciones de campaña, aviones derribados, etc..

(6) Explosivos recobrados de minas de campos de minas intactos o parcialmente limpiados.

b. Posibles fuentes de suministro
(1) Lanzamientos aéreos de un puesto fuerte de retaguardia.

(2) Lanzamientos aéreos sistemáticos desde países extranjeros amigos.

Recoger armas y municiones de grupos privados tales como cazadores, tiradores, comisarías de policía, clubes civiles de tiro. Requisar explosivos y detonadores de compañías constructoras y canteras civiles, granjeros y madereros.
Requisar todas las carabinas de aire y munición de los granjeros. Tales armas son especialmente adecuadas para "operaciones especiales", tales como atacar individuos sin hacer ruido. Si es posible conseguir dos o tres carabinas y pistolas de aire por destacamento.
Construir un depósito de munición camuflado. La humedad es el mayor enemigo de la munición; por ello el depósito debe ser construido cuidadosamente. Hacer una rejilla usando tableros y troncos, de forma que los paquetes no reposen directamente en el terreno.

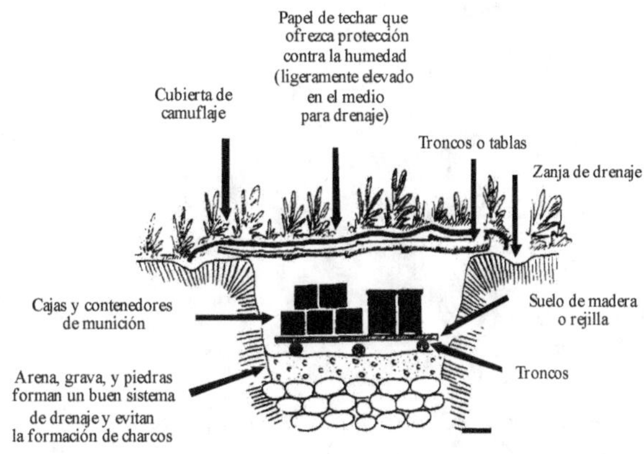

Dejar un intervalo de ancho mínimo de una mano entre cajas y contenedores para permitir la circulación del aire. Introducir rastreles de techar entre las filas para proporcionar la circulación del aire. Airear el depósito retirando la cubierta de papel tan amenudo como sea posible.

Granadas Caseras

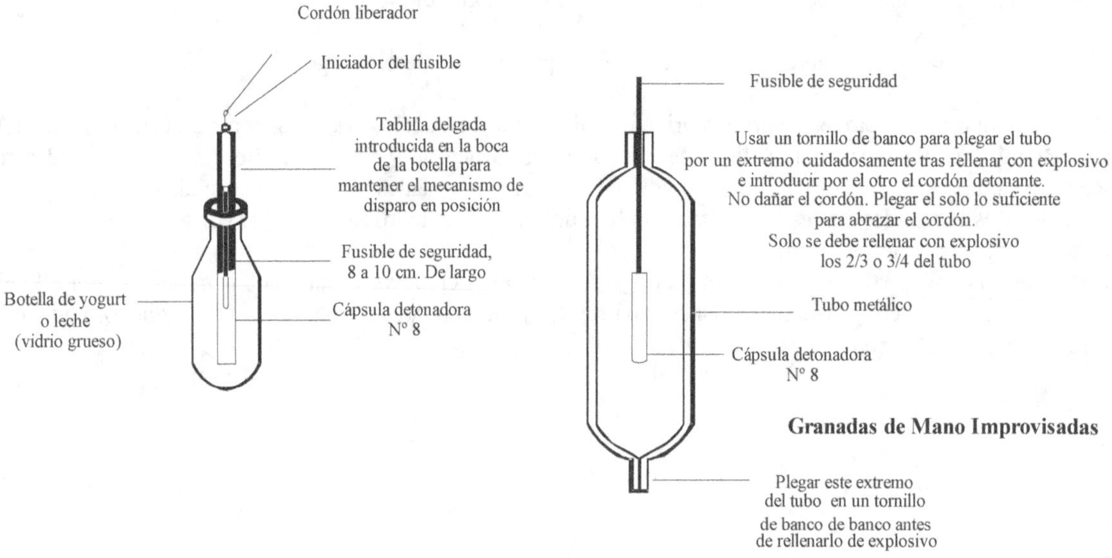

Granadas de Mano Improvisadas

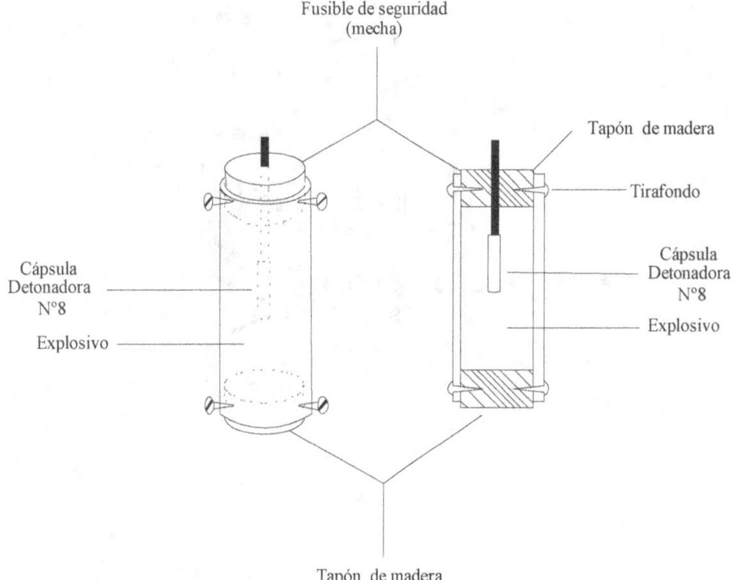

Se pueden emplear cargas concentradas improvisadas para destruir objetos inmóviles (raíles de ferrocarril, postes de tendido eléctrico, transformadores, etc.).

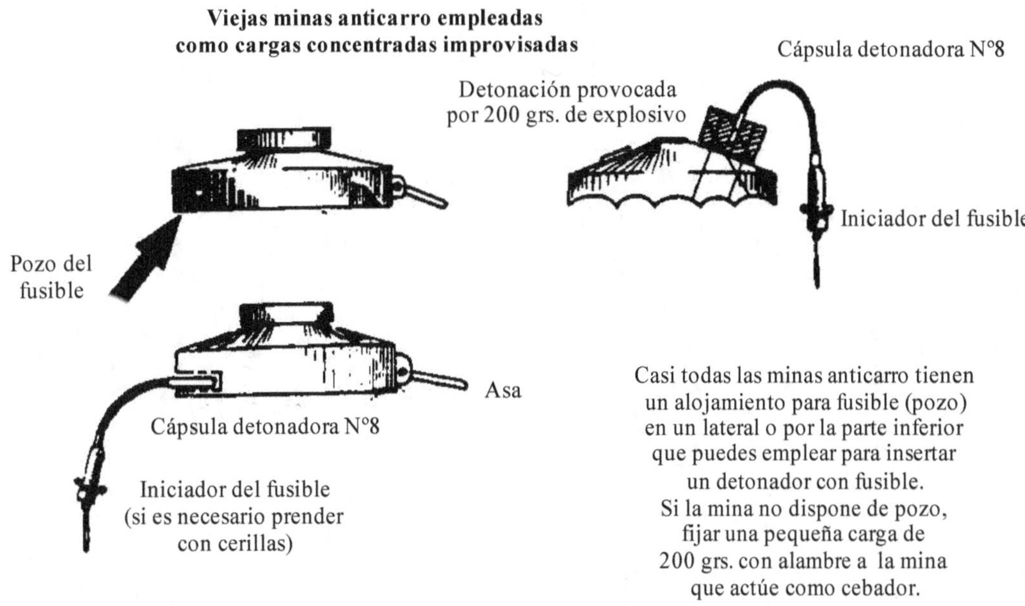

Las minas anticarro sirven como cargas concentradas improvisadas excelentes. El explosivo contenido es siempre de unos 3 o 4 Kg.
Los obuses de artillería, granadas de mortero y bombas aéreas se pueden emplear como cargas concentradas improvisadas para destruir objetivos difíciles.
Es mejor sujetar el proyectil a un tablero con alambre. Como iniciador, usar una carga pequeña que estará fijada siempre cerca de la espoleta-detonador del proyectil.

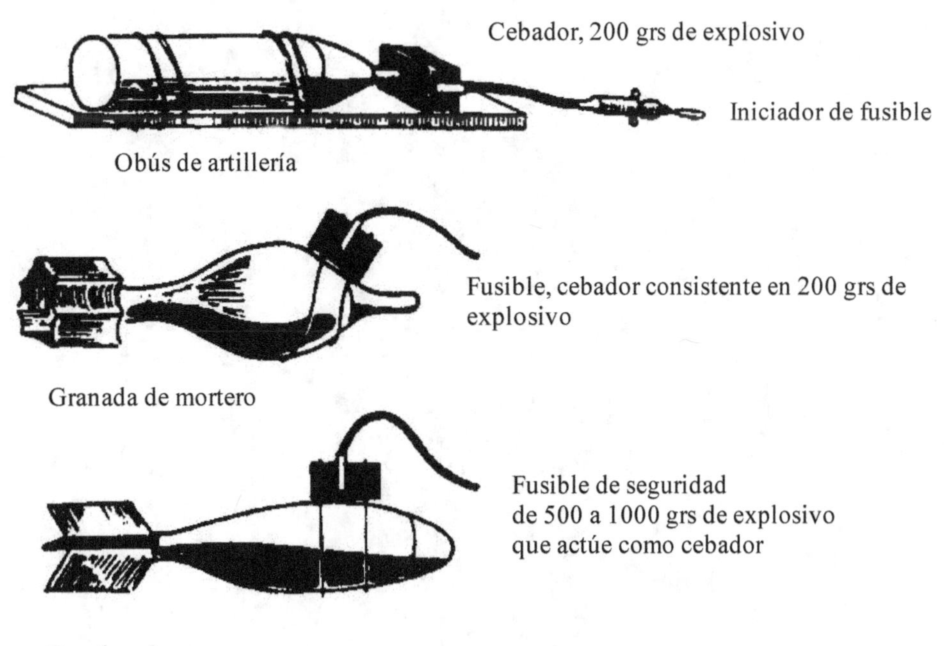

Granadas de mano improvisadas hechas de vasos de yogurt (200-300 grs de explosivo.) Radio eficaz: 4 a 5 m.
El cristal no se romperá tras impactar excepto en carreteras de hormigón.

Carga improvisada en lata (1 a 1´5 kg. de explosivo). Radio eficaz: 15 a 20 m.

A la izq., iniciar con Cerilla o cigarrillo

A la dch. iniciar con inciador de fusible

Iniciar con cerilla, cigarrillo o iniciador de fusible. (en la foto se emplea un iniciador).

Incrementar el efecto de la fragmentación añadiendo piedras y trozos de chatarra o clavos

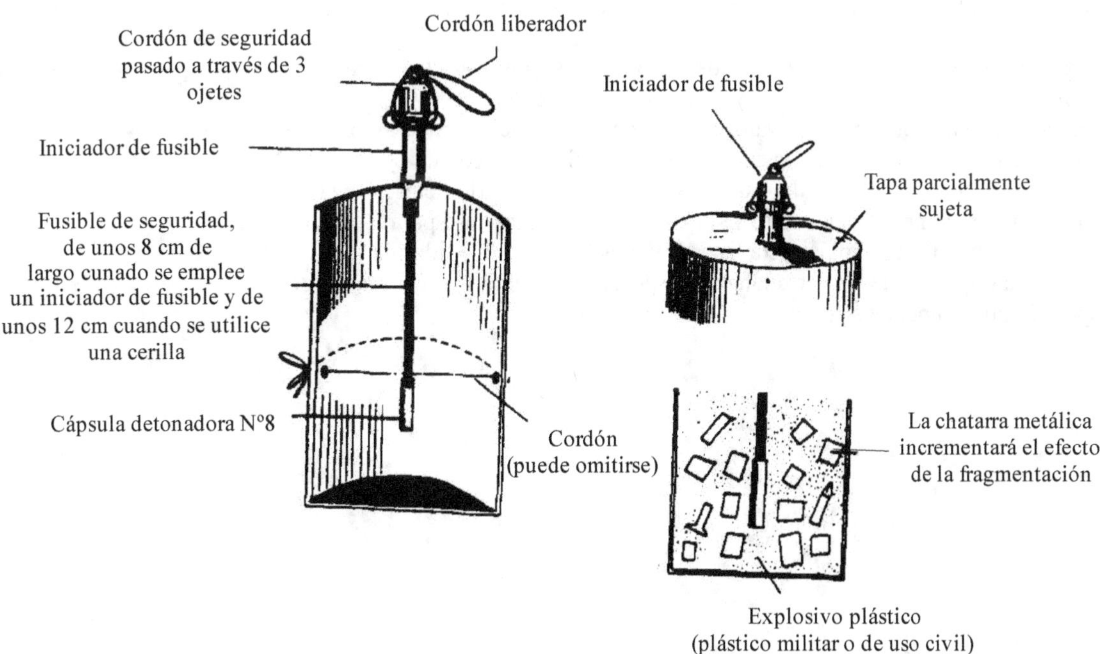

**Granadas antipersonal –
lanzar contra columnas en marcha,
acuartelamientos, oficinas, etc**

9. Organización de Instalaciones de Mantenimiento

Hay que distinguir entre talleres de reparación sitos en "zonas liberadas" y los ubicados "zonas ocupadas". Instalar talleres de armería en negocios civiles tales como cerrajerías, herrerías y talleres del automóvil.
Tu personal de mantenimiento vestido con ropa civil, puede realizar en estos talleres reparaciones que no puedan ser llevadas a cabo sobre el terreno.

10. Organización del Suministro de Alimentos

Las unidades de guerrilla ordinariamente viven de la tierra así como del material tomado del enemigo. Ocasionalmente establecen depósitos en "áreas liberadas" p. ej., en aquellas áreas donde la guerrilla tenga el control de forma temporal, los suministros de alimentos son solicitados de granjeros, molinos, tiendas y quizás almacenes. Es obvio que en tales situaciones es muy fácil que surjan fricciones entre la población y las unidades de guerrilla. En este caso, el "hombre de enlace" entre la población (ver reemplazos para los cuarteles generales de la guerrilla) tiene que actuar con el comandante del destacamento para reducir la posibilidad de expropiar a la población. (Ver sección de "Relaciones con la población".)
La cuestión del suministro de alimentos, una de difícil resolución, tiene una relación considerable con las tácticas de las unidades guerrilleras.
Como resultado, los destacamentos (apróximadamente una compañía) viven aisladas y los batallones solo se agrupan para operaciones mayores. Es más fácil alimentar destacamentos dispersos de 80 a 100 hombres con los recursos de la tierra que sería hacerlo a un batallón de 400 hombres.
Si dispones de suministros de alimentos de calidad y no perecederos o los has capturado, guárdalos para los tiempos difíciles del invierno. Los alimentos de calidad son: leche enlatada, chocolate, "Ovomaltina" (producto lácteo con chocolate y malta), galletas, artículos enlatados que contengan grandes cantidades de aceite y grasa, carne ahumada, bacón y embutidos secos. Es aconsejable almacenar estos artículos en depósitos bien ocultos.

Sugerencias de suministro de alimentos: Cuando seas suministrado por la población, ten cuidado de no exponerte por más tiempo del necesario. En verano, envía a tu personal de avanzada para que la población tenga preparados los alimentos. Después recógelos mediante un "equipo de recogida" y consúmelos al aire libre cuando estés a salvo en vez de hacerlo dentro de un pueblo. En invierno, espera oculto y solo introdúcete en las casa para comer abrigado cuando la comida ya esté lista. Obviamente, estas medidas de seguridad estrictas pueden ser relajadas –especialmente en invierno- cuando se opera en zonas liberadas.

11. Organización del Servicio Sanitario y Obtención de Suministros Sanitarios

No establecer un servicio sanitario elaborado. El funcionamiento de hospitales de campaña será imposible, dado que las unidades estarán en constante movimiento en una zona liberada y a menudo se mueven de una zona liberada a otra.
Proporcionar solo primeros auxilios. Dejar a los heridos y enfermos con personas de confianza entre la población quienes los ocultarán y les darán cuidados.
Los médicos y sanitarios con suministros médicos y equipo son indispensables para las unidades de guerrilla y deben ser reclutados entre la población civil.

      Suministros Médicos.
      a. Fuentes:
      (1) Suministros todavía en posesión de las unidades dispersas del
          Ejército.
      (2) Suministros cogidos del enemigo
      b. Obtención – con asistencia del movimiento de resistencia civil – de:
      (1) Médicos civiles
      (2) Farmacias civiles y droguerías
      (3) Hospitales civiles
      (4) Botiquines de grandes fábricas
      (5) Hogares privados (limosnear sistemáticamente pequeñas cantidades)
      (6) Industrias farmacéuticas (repartidos clandestinamente por el
          movimiento de resistencia civil)

12. Relaciones con la Población

La población es tu mejor amiga. Sin su simpatía y apoyo activo serás incapaz de existir largos períodos de tiempo. Como resultado, no puedes permitirte enemistarte con ella empleando una conducta brutal o carente de disciplina.
Tales provocaciones no deben ocurrir jamás. Puede llegar ocurrir que las unidades guerrilleras pueden ser un mal aún mayor que las fuerzas de ocupación.
Si tienes que requisar algo, no lo hagas a punta de subfusil, sino que apela al objetivo común y al patriotismo.
No olvides que las leyes de la guerra convencional se podrán aplicar en raras ocasiones; cada viejo, cada mujer y cada niño te pueden provocar graves daños si lo desean. Para bien o para mal, prácticamente dependes de la buena voluntad de la población. También dependes de sus constantes respuestas: "no sé, no he oído ni visto nada", a los interrogadores enemigos, incluso cuando esta actitud pueda implicar su deportación y la muerte.

Inicialmente, la población estará intimidada y sin valor. Sin embargo, esto cambiará cuando la guerra más sea a gran escala y con la ocupación.
Una población consciente e incitada te puede apoyar de muchas formas.

    Apoyo pasivo:
    a. Observar al enemigo de forma sistemática y continua
    b. Establecer una red de seguridad discreta para las unidades guerrilleras
    c. Obtener suministros
    d. Ocultar y cuidar a los heridos y enfermos
    e. Ocultar material y munición
    f. Servir como guías para las unidades guerrilleras
    g. Identificar colaboradores

    Apoyo activo:
    a. Suministrar técnicos para las unidades guerrilleras
    b. Reemplazar heridos y muertos
    c. Tender minas
    d. Sabotear las comunicaciones alámbricas

Incluso si la población actua solo parcialmente en tu beneficio, siempre encontrarás algunas personas deseosas de ayudarte como observadores, exploradores y mensajeros.
Como jefe de un destacamento de guerrilla, debes ser extremadamente cauteloso en los contactos con elementos del movimiento de resistencia civil, incluso en las áreas liberadas. No olvides que tienes que cambiar tus posiciones rápidamente. Sin embargo, los miembros del movimiento de resistencia civil están restringidos localmente y tienen que continuar las operaciones según tus directivas. En consecuencia, no debes exponer su "cobertura" solo para lograr ventajas temporales, o de otra forma serán capturados y eliminados por el enemigo tras tu marcha.

III. Tácticas de las Unidades Guerrilleras

1. Tu Primera Operación Guerrillera

Para tu primera operación, elige objetivos sencillos que puedas lograr sin grandes dificultades tales como la demolición de postes de tendido eléctrico de alta tensión, o el tendido de minas en carreteras.
Solo tras haber conseguido un cierto "esprit de corps" en tu unidad y tras lograr haber aumentado la auto-confianza de tus hombres a consecuencia de unas cuantas operaciones exitosas, estarás en posición de llevar a cabo operaciones más grandes – operaciones contra estaciones de ferrocarril, puentes; emboscadas de columnas en marcha, etc.

Necesariamente sufrirás perdidas y contratiempos. Sin embargo, tu unidad habrá
llegado a ser lo suficientemente firme mientras tanto, para ser capaz de resistir los
reveses sin desfallecer.
Como líder, debes acostumbrarte al hecho de que durante la guerra de guerrillas,
en mucha mayor medida, y a veces de forma totalmente diferente, es que los
factores psicológicos deben ser tenidos en cuenta más que en el ejército regular.
En este, siempre estarás apoyado – quizás sin que te des cuenta – por la
omnipresente fuerza del estado (leyes, juzgados, policía) para mantener las
disciplina.

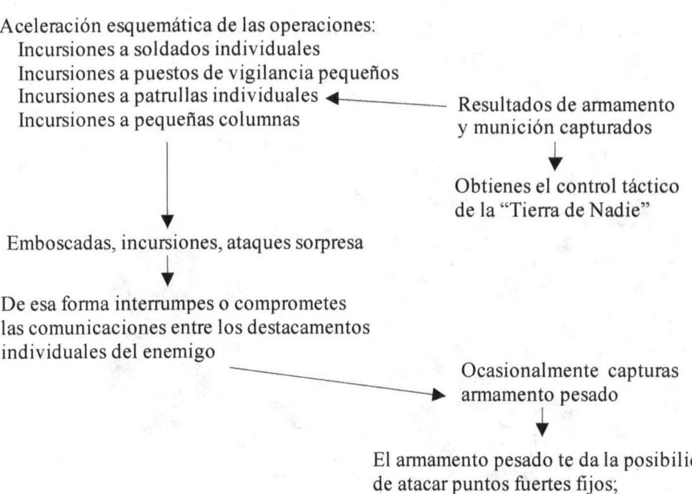

2. (Operacional) Seguridad de las Unidades de Guerrilla

La seguridad de las unidades de guerrilla dependerá generalmente del movimiento de resistencia civil mediante:
a. Espionaje
(1) Sistemáticamente sondear al personal de ocupación
(2) Informar de comentarios descuidados
(3) Escuchar conversaciones de radio y teléfono
(4) Sobornar a funcionarios de las fuerzas de ocupación
(5) Chantajear a funcionarios de las fuerzas de ocupación

b. Observación
(1) Observar constantemente carreteras, ferrocarriles, estaciones de ferrocarril y aeropuertos, con el fin de detectar la puesta en marcha de unidades aerotransportadas o de helicópteros así como la aproximación de columnas motorizadas y transportes ferroviarios.
(2) El movimiento de resistencia civil puede informar de los resultados de las misiones de reconocimiento por radio, mensajeros o mediante palomas mensajeras. Cualquier miembro del movimiento de resistencia o, preferentemente, el personal de enlace de las unidades de guerrilla adscritas a los cuarteles generales del movimiento de resistencia local pueden servir como mensajeros.

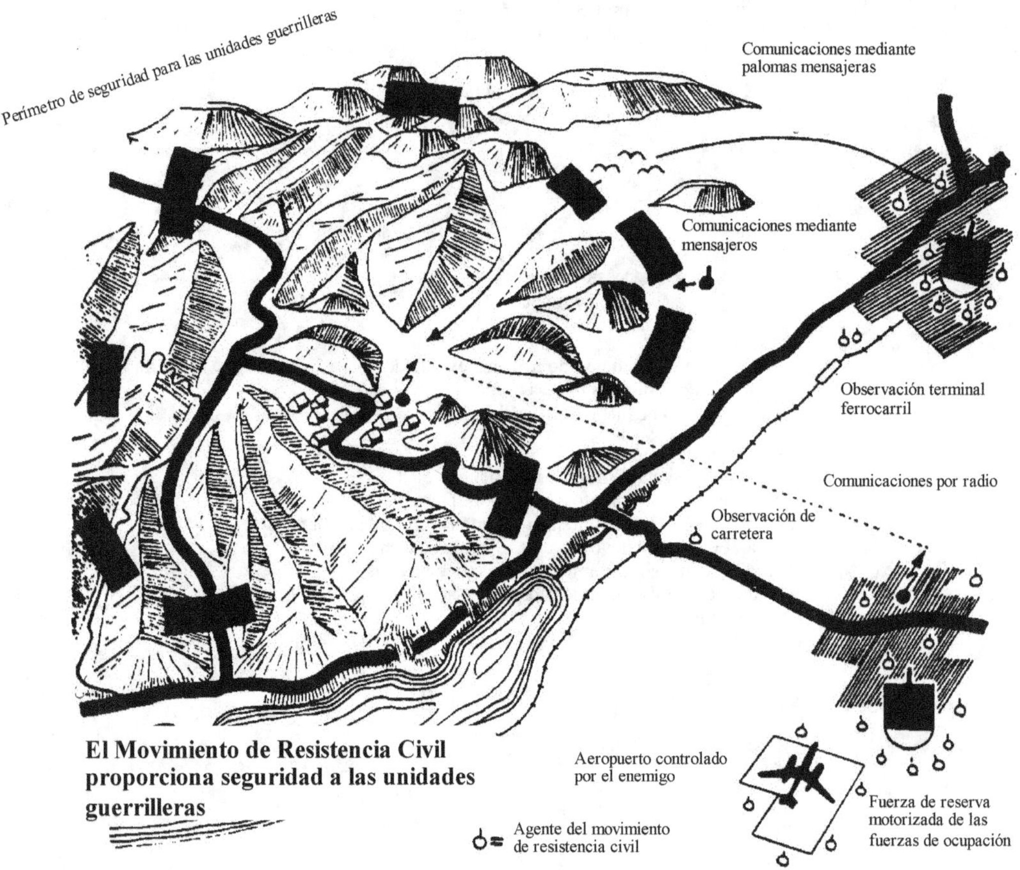

3. Comportamiento General

> a. Proceder con sigilo, cuidado y astucia – incluso con malicia.
> b. Emplea solo la fuerza cuando puedas congregar fuerzas superiores.
> c. Evitar cualquier combate que pueda arriesgar la existencia de tu unidad.
> d. La cosa más importante para tu seguridad es mantener el secreto.
> e. Las emboscadas e incursiones son tus principales armas.
> f. Nunca te enfrentes a un enemigo poderoso y nunca aceptes un combate abierto.
> g. Cuando te encuentres a un enemigo superior debes dividirte en pequeños grupos, evitar al enemigo y reagruparse posteriormente en puntos de encuentro preacordados.

Si no puedes evitar el combate con las tropas perseguidoras, no te enzarces en un combate decisivo bajo ninguna circunstancia. En su lugar adopta acciones de diversión y rompe el contacto con el enemigo tan rápidamente como sea posible – desde luego no más tarde de esa noche, la cual ocultará tus movimientos.

Una vez que las tropas de ocupación han conseguido un respiro mediante un ataque exitoso y hayan vuelto a sus puntos fuertes, hostígalos de nuevo. Las unidades de guerrilla deberían reaparecer desde sus escondites una vez que las columnas enemigas hayan desaparecido.

4. Marcha

Tras una operación larga con éxito debes desplazarte a una nueva área de operaciones. Antes de desplazarte, establece contacto con personas fiables en la nueva área. Envía uno o dos suboficiales de avanzada para reconocer el área a fondo.

Tu – como comandante, deberías a grandes rasgos, definir la ruta a seguir sobre el mapa y después cambiarás los puntos sin ser detectado por enemigo.

Evita las carreteras y los pueblos durante la marcha.

No se deber dar indicios de cambios inminentes, mediante largos preparativos u ordenes de preparativos. Debes mantener tu decisión para ti mismo hasta el momento de la partida.

Si haces grandes preparativos (p. ej. trasladando suministros de munición y alimentos o reconocimientos a gran escala), intenta idear una tapadera haciendo circular un rumor sobre un falso plan que sea creíble y no levante sospechas.

Para poder interceptar individuos que puedan informar al enemigo de tus planes, envía varias patrullas unas pocas horas antes de la partida con el fin de tender emboscadas bien adelantadas en calles y carreteras. Estas capturarán a todas las personas que las crucen y las detendrán durante el período crítico. Si es necesario, también corta las comunicaciones telefónicas.

Cuando te encuentres en terreno desconocido, consigue exploradores familiarizados con el mismo. Sin embargo, libéralos solo cuando no puedan comprometer tus operaciones.

Nadie debería saber de donde vienes o adonde vas. Tu próxima área operacional debe ser mantenida en secreto a todos.

Engaña a la población acerca de tu fuerza. Da siempre la impresión de ser más fuerte de lo que en realidad eres (p. ej., el comentario " ... solo somos la vanguardia de una unidad mayor que nos sigue desde allí").

Si es posible, viaja solo durante la noche con el fin de minimizar la posibilidad de que tu posición sea comprometida.

Dado que has evitado las carreteras, los métodos de desplazamiento serán usualmente a pie. Obviamente, tendrás que caminar mucho. Sin embargo, eso no requiere marchas forzadas innecesarias. Mantén a tus hombres frescos y reserva sus fuerzas de forma que estarán en forma para cualquier operación o desplazamiento.

Si es posible, marchar siempre en formación cerrada. Cuando todo el mundo marcha unido, se puede tomar y ejecutar decisiones rápidas.

Proporciona seguridad en vanguardia y retaguardia enviando de 3 a 4 hombres separados de la formación varios cientos de metros.

5. Descanso

Desplazarse de noche y descansar en los bosques durante el día.

Elegir los bosques para acampar. Cuando te veas obligado acampar en abierto, utiliza puntos elevados que proporcionen buena observación.

Los elementos de seguridad situados demasiado por delante solo te comprometerán aún más.

Mientras descanses, es mejor establecer la seguridad poniendo guardias en la

inmediata proximidad del campo. También, alista civiles para este fin dado que pueden observar al enemigo de forma discreta.

Coloca observadores aéreos durante el día en tus lugares de descanso. De noche, sitúa equipos de emboscadas de dos hombres en cada acceso posible.
Si vivaqueas tras el anochecer, mantén el destacamento agrupado y coloca varios puestos de guardia de dos hombre a unos 50 o como máximo 100 metros del destacamento. Al incrementar la visibilidad tras el amanecer debes aumentar la seguridad.
Para prevenir ser sorprendido por unidades aeromóviles, que son tus mayores enemigos, asegúrate de designar guardias para escudriñar el cielo.

No usar nunca el mismo campo dos noches seguidas, a menos que estés en un "área liberada". Nunca pases la noche en el mismo lugar donde hayas descansado de día.
Emite nuevas instrucciones de alerta cada día, de forma que todos sepan que hacer en caso de incursión. Al mismo tiempo designa un punto de reunión para los rezagados.
El personal destacado en otras partes (individuos o unidades enteras) debe estar informados sobre la localización de los puntos de reunión donde se te puedan unir posteriormente o saber a donde ha donde tiene que desplazarse el destacamento.

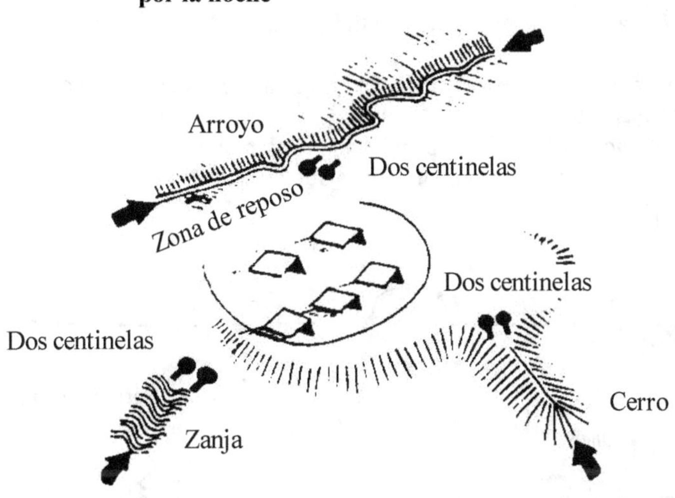

Recuerda: durante la noche se tiene
la tendencia de seguir las características
naturales del terreno al aproximarse.
Es aquí donde debes apostar a tu
equipo de centinelas.

6. Transmisión de Mensajes Sencillos con Medios de Comunicación Primitivos

a. De vez en cuando tendrás que entrar en ciertos pueblos para:

(1) Reponer los suministros de alimentos
(2) Dejar heridos y enfermos con civiles de confianza
(3) Usar el teléfono civil o el servicio postal (ver sección sobre " Uso del teléfono y servicio postal").

b. Los mensajes sencillos pueden serte transmitidos por civiles
   (principalmente miembros del movimiento de resistencia civil) mediante:
(1) Abriendo o cerrando ventanas o contraventanas pre-acordadas
(2) Tendiendo ropa
(3) Mostrando u ocultando vehículos, etc.
Las señales de humo y luminosas, así como las señas con telas son demasiado obvias y peligrosas para el transmisor. Es mejor evitar tales formas de señales.
Con estos primitivos, y todavía discretos medios, solo se pueden emitir mensajes muy sencillos, tales como:
¡"Atención, peligro! ¡Enemigo en el pueblo!" o
"¡No hay peligro, pueblo libre de enemigos!"
Usar las señales arriba descritas de tal forma que puedan se reconocidas mediante prismáticos desde el límite de bosques cercanos.

7. Construcción de Barricadas en Carreteras

Los árboles talados o demolidos son lo mejor para hacer barricas en carreteras.
No abatas árboles enormes con la esperanza de que provoquen al enemigo más trabajo.
Solo desperdiciarás tiempo y explosivos.
Si no dispones de medios para instalar trampas explosivas en tu barricada, al menos simúlalas. Debajo se muestran algunos ejemplos:
Coloca cables separados, semi escondidos que se dirijan desde las ramas de los árboles al suelo, los cuales simularán cables trampa de las cargas ocultas.
Trozos sueltos y solo parcialmente cubiertos de hierba próximos a la carretera.
(El enemigo puede asumir que se han enterrado minas sin demasiado cuidado).

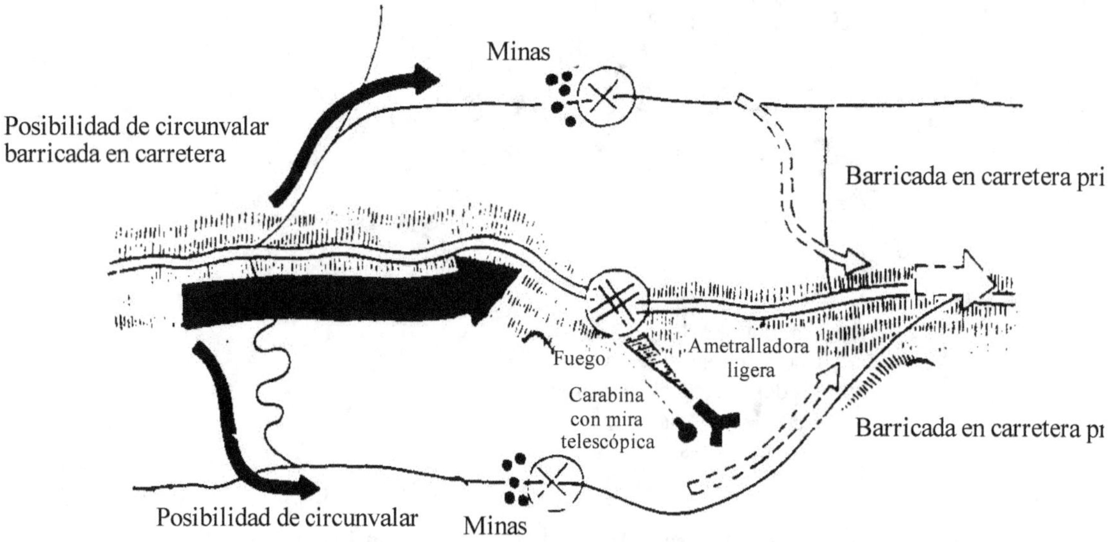

Barricada en carretera secundaria, hace imposible
el circunvalar la carretera principal

Barricada en carretera principal

Batir las barricadas de carretera con fue
Usar armas en barricadas de carreteras p
Sustituir el fuego por minas en barricad
carreteras secundarias.

En la guerra de guerrillas debes instalar barricadas en carreteras que estén abiertas, donde el enemigo deba exponerse al fuego mientras las elimina. Esto, por supuesto, es contrario a todo lo que has aprendido sobre la construcción de barricadas en carreteras en una guerra convencional. Sin embargo, debes aprender a pensar de forma diferente para la guerra de guerrilla. Con árboles más pequeños necesitarás poco explosivo o te expondrás poco tiempo a las patrullas enemigas mientras los talas.

Las trampas explosivas en barricadas de carretera improvisadas son lo más importante y no los árboles en si. El enemigo no retirará los árboles a mano sino que los arrastrará con vehículos. Sin embargo, cuando haya instaladas trampas explosivas, necesitará un vehículo blindado, bien sea un carro de combate o un transporte de tropas acorazado, con el fin de ser capaz de limpiar la barricada inmediatamente y sin preocuparse por las posibles explosiones, o tiene que conseguir especialistas (ingenieros) para buscar las trampas explosivas y desarmarlas. En este caso, esto provocará una gran perdida de tiempo.

Si el enemigo es tan bárbaro que las pérdidas personales provocadas por las minas no le importan y envía a cualquiera -incluso a personal no entrenado- para retirar las trampas explosivas, el enemigo sufrirá bajas y habrás conseguido tu objetivo.

El sabotaje a carreteras es menos eficaz que el sabotaje al ferrocarril dado que cada barricada de carretera puede ser fácilmente circunvalada desviando el tráfico.

Durante la guerra convencional,
derribar tantos árboles como sea posible
en el espacio más pequeño de forma
que la barricada de carretera llegue a
ser muy eficaz.
Una barricada de carretera cubierta
por fuego puede retardar al
enemigo muy eficazmente.

Durante la guerra de guerrillas,
no construir ninguna barricada
de carretera "fuerte" dado
que solo supondrán una perdida
de tiempo y explosivos.
La limpieza de barricadas de carretas
no cubiertas por fuego es solo
cuestión de tiempo. El enemigo
pierde más tiempo si tiene que limpiar
muchas barricadas pequeñas en lugar
de unas pocas muy grandes,
dado que el trabajo tiene que volver a
comenzar en cada barricada.

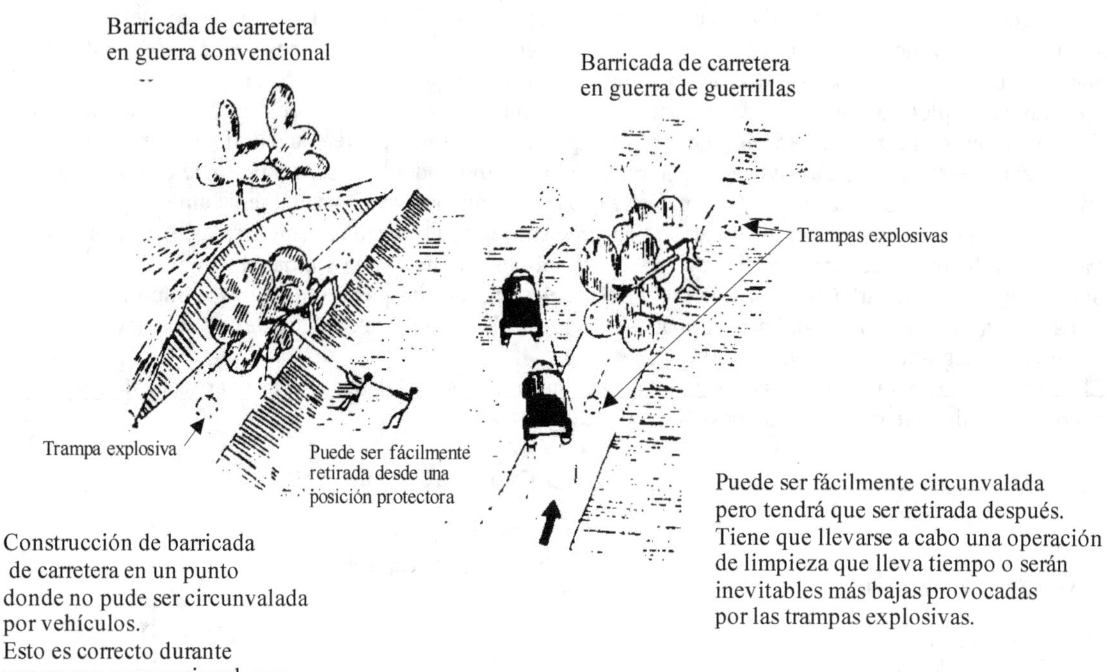

Construcción de barricada
de carretera en un punto
donde no pude ser circunvalada
por vehículos.
Esto es correcto durante
una guerra convencional, pero
erróneo durante la guerra
de guerrillas, dado que las
barricadas de carretera, como
norma, no está batida por fuego
y solo puede ser eficaz mediante
una hábil colocación de trampas
explosivas.

Puede ser fácilmente circunvalada
pero tendrá que ser retirada despúes.
Tiene que llevarse a cabo una operación
de limpieza que lleva tiempo o serán
inevitables más bajas provocadas
por las trampas explosivas.

8. Minado de Carreteras

Con minas estaca Ventaja: Rapidez de colocación.
Desventaja: Peligrosas para tu propia población dado que se requiere poca tensión para activarlas.

Mina incontrolada 49 Ventaja: No hay peligro para la población dado que solo puede ser detonada por vehículos pesados camiones, carros de combate, etc.

Desventaja: Se requiere mucho tiempo para su tendido. Su colocación lleva unos 10 minutos por mina con lo que puedes ser sorprendido por patrullas enemigas.

Mina incontrolada 37 Desventaja: Requiere tanto tiempo como la mina 49; además, es peligrosa para la población y puede ser activada con poca presión.

9. Sabotaje de la Red de Carreteras

Destruir, cambiar o quitar las señales de carreteras.
Poner clavos en la calzada. Solo es eficaz cuando se emplean grandes cantidades. Se debería emplear a la población en esta clase de operaciones. El enemigo será forzado a dedicarse a una operación de limpieza sistemática

(pueden presionar a la población local para ayudarlos). En cualquier caso, las operaciones de sabotaje de esta clase provocarán una gran perdida de tiempo al enemigo. La coordinación de esta clase de sabotaje con las operaciones del frente son indispensables, dado que estos sabotajes solo tienen valor cuando el enemigo tiene que usar las carreteras continuamente.

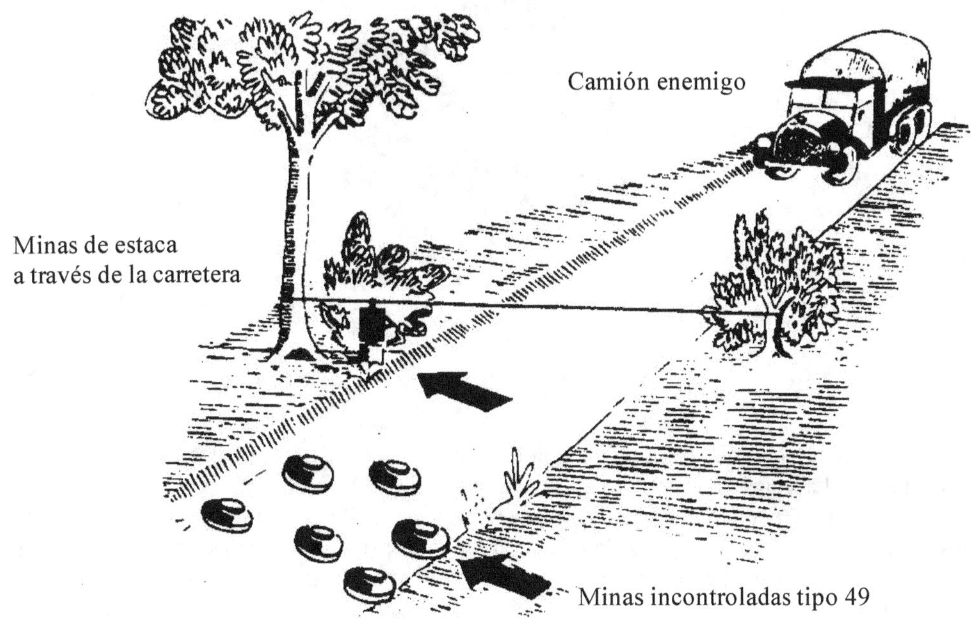

Sabotaje de Vehículos

¿Cómo puedes sabotear un vehículo de motor de tal forma que la avería no sea detectada inmediatamente pero necesite repuestos costosos y mucho tiempo de reparación?

    a. Azúcar en el depósito de combustible
    b. Agua en el depósito de combustible
    c. Aflojar el tornillo de vaciado del cárter de aceite del motor para que este se vierta poco a poco
    d. Aflojar el tornillo del filtro de aceite
    e. Aflojar la correa de la bomba del aceite

¿Cómo puedes maltratar un vehículo de motor de forma que quede rápidamente inservible sin mostrar que se ha cometido un sabotaje?
    a. Llenar la batería con agua corriente (destruye la batería)
    b. Engrasar a medias o en absoluto (estropear los cojinetes)
    c. No poner la cantidad de aceite necesaria (se quemarán los cojinetes)
    d. Apretar en exceso la correa del ventilador lo que provocará su desgaste prematuro
    e. Conducir con los neumático inflados a baja presión
    f. Conducir en las curvas en marchas largas para gastar prematuramente los neumáticos
    g. "Machacar" el embrague para aumentar su desgaste
    h. No llenar el radiador completamente
    i. Aumentar el consumo de combustible conduciendo continuamente en marchas cortas

j. Desgastar las pastillas de freno mediante el uso constante de los frenos en vez de emplear marchas
cortas
k. Desgastar el motor conduciendo constantemente en marchas largas o conduciendo a gran velocidad en
marchas cortas.
¿Cómo se puede incendiar rápidamente un vehículo de motor?
a. Quemando periódicos en su interior
b. Empapar trapos en combustible o aceite, prenderles fuego y meterlos dentro

Izquierda: Abrojo de metal (comparar su tamaño con la cerilla y la caja de cerillas)
Derecha: Colocación del abrojo
Fabricación: Coger un trozo pequeño de acero de unos 12 a 15 cm. de largo y de 5 a 8 mm. de diámetro.
Limar ambos extremos en forma de punta afilada. Cortar ambos extremos con una sierra unos 3 a 5 cm.
Las cuatro partes (solo se unen en el medio unos 5 cm.) se doblan hacia afuera. Aunque el abrojo caiga
en cualquier posición, una punta siempre apuntará hacia arriba. La resistencia del abrojo y la longitud de
cada punta son suficientes para penetrar incluso el neumático de camión más grueso.

Uso:

    a. Esparcir en calles (especialmente de noche)

    b. Poner inmediatamente delante de los neumáticos de vehículos aparcados
(ocultar el abrojo empujándolo bajo el neumático).

10. Emboscando Vehículos Individuales

Disparar al conductor y al acompañante con una carabina neumática. Con esta clase de arma el disparo es
casi inaudible. Sin embargo, la fuerza del proyectil es lo suficientemente grande como para herirlos de
forma que puedas deshacerte de ellos después con una bayoneta.
Minimizando el ruido ganas tiempo y puedes retirar el material

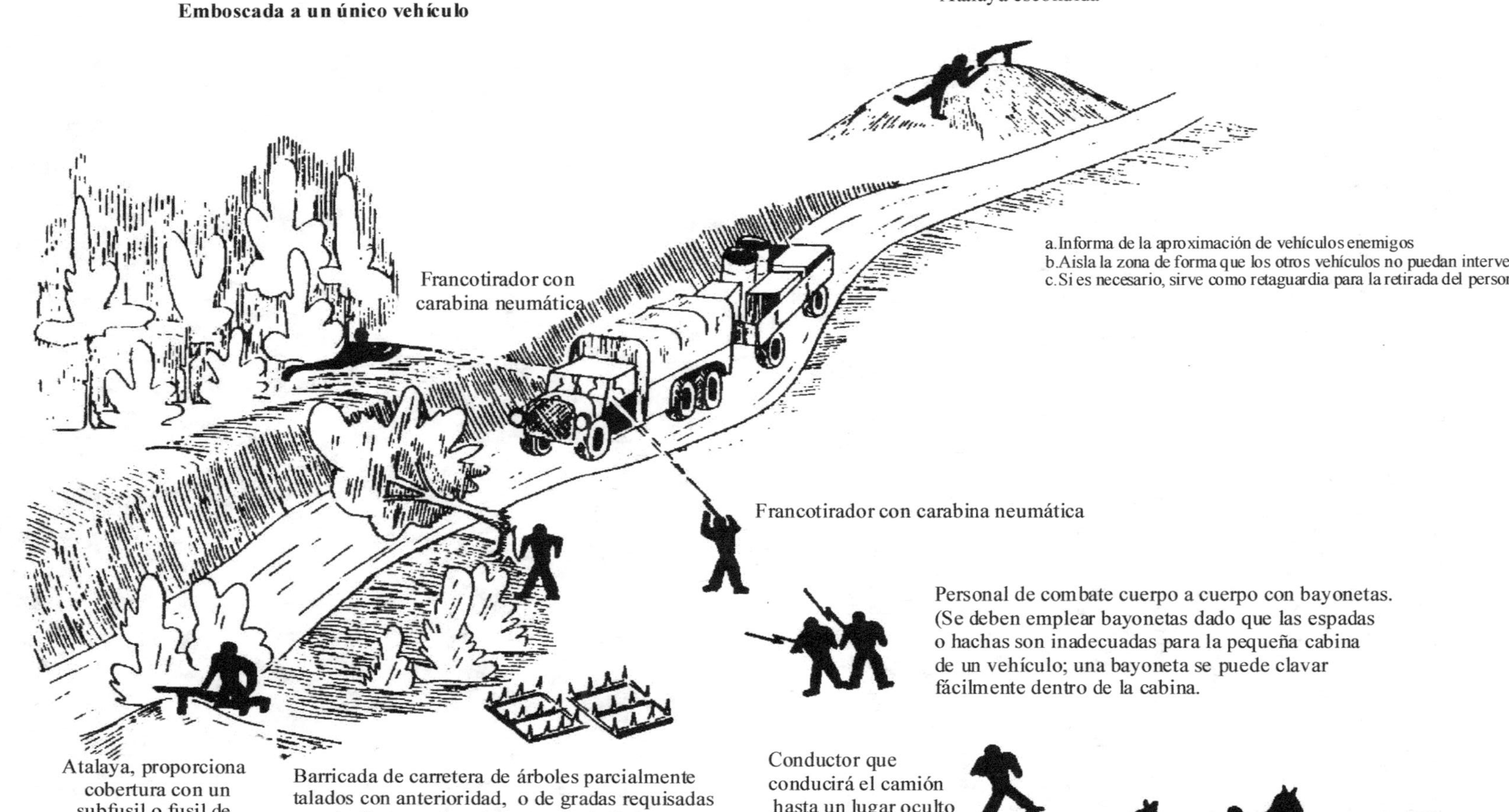

Emboscada a un único vehículo
Atalaya escondida
a.Informa de la aproximación de vehículos enemigos
b.Aísla la zona de forma que los otros vehículos no puedan intervenir
c.Si es necesario, sirve como retaguardia para la retirada del personal
Francotirador con carabina neumática
Francotirador con carabina neumática
Personal de combate cuerpo a cuerpo con bayonetas.
(Se deben emplear bayonetas dado que las espadas
o hachas son inadecuadas para la pequeña cabina
de un vehículo; una bayoneta se puede clavar
fácilmente dentro de la cabina.
Conductor que
conducirá el camión
hasta un lugar oculto
si es posible
Atalaya, proporciona
cobertura con un
subfusil o fusil de
asalto
Barricada de carretera de árboles parcialmente
talados con anterioridad, o de gradas requisadas
a agricultores, colocadas a través de la carretera
(Puestas con las puntas boca arriba).
Destacamento de transporte con caballos y carro
para trasladar, si es necesario, todo el botín útil.
Dado que estás empleando carabinas neumáticas puedes apostar
tiradores a ambos la dos de la carretera. Con armas convencionales
nunca debes hacer esto para no poner en peligro a tu personal.

desde el camión menos apresuradamente. Si es factible, haz que el camión sea llevado a un punto oculto
(bosque, etc.) por uno de tus conductores para poder examinar el botín.
El personal enemigo caído debe ser llevado y enterrado. Una sección de recogida debe seguir
inmediatamente al elemento de asalto. Esta sección retira todos los artículo utilizables y los lleva
rápidamente a puntos de reunión pre-acordados, a menudo antes de la lucha esté terminada por completo.
De esta forma la retirada de esta sección queda cubierta por el fuego del combate.

11. Incursión a Columnas Enemigas

Normalmente el enemigo quedará paralizado por tu incursión. No obstante, tienes que tener en cuenta que
puede reaccionar atacándote a la desesperada o por tener un líder especialmente enérgico.
En consecuencia, debes tener una ruta segura de retirada, bien sea mediante el empleo de las
características naturales del terreno que hagan difícil la persecución de enemigo, o empleando minas.
En nuestro terreno montañoso, las incursiones con ametralladoras ligeras, ametralladoras, y morteros a
columnas de transporte en carreteras, columnas de marcha y trenes prometen ser exitosas, incluso desde
gran distancia.
Como comandante, debes aclarar los siguientes puntos antes de la incursión:
a. Momento de comenzar el fuego
(1) Bajo tus ordenes
(2) Abriendo fuego con un arma concreta (después todas las demás comenzarán a disparar)
(3) Automáticamente, cuando la cabeza de la columna haya alcanzado un cierto punto en el terreno

b. Detener el vehículo en cabeza:
(1) Derribando un árbol
(2) Minas
(3) Disparando sobre el

c. Distribuir tu fuego por toda la columna:
(1) Determina quien dispara a la porción de cabeza de la columna
(2) Determina quien dispara al centro de la columna
(3) Determina quien dispara al final de la columna

(Cuando se emplean morteros, haz que disparen solo cuando toda la columna se haya detenido).

d. Señal para detener el tiroteo:
(1) Toques de Corneta
(2) Bengalas

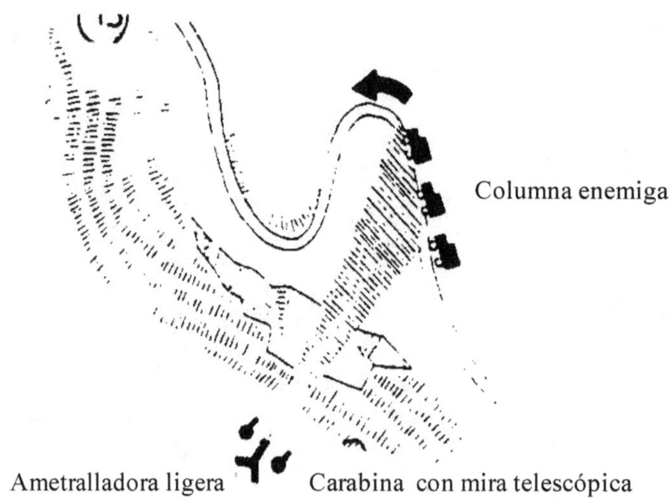

Elementos guerrilleros durante la incursión

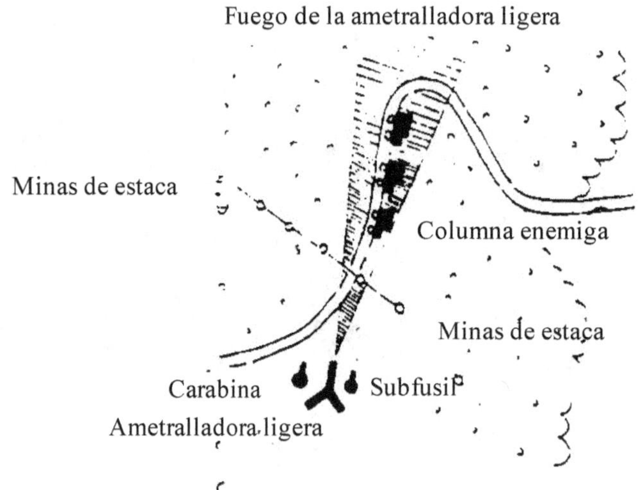

Elementos guerrilleros durante la incursión

(3) Retirada de acuerdo al tiempo (por ejemplo, 5 minutos tras comenzar el fuego)

e. Tras detener el fuego, el personal regresará por separado, usando senderos distintos, hasta puntos de reunión predesignados.

12. Ataques Sorpresa

A. General
    a. Reconocimiento por el comandante del destacamento de guerrilla:
    (1) Observación con prismáticos
    (2) Evaluar fotos, dibujos del objetivo

(3) Obtener información de trabajadores empleados en las instalaciones para seleccionar los objetivos críticos, para obtener la información necesaria para calcular las cargas de demolición y determinar las mejores posiciones de fuego.
b. Reunión informativa con los comandantes de destacamento del área en cuestión (posibilidades)
    (1) Habiendo observado la instalación a distancia con prismáticos,

(2) Infórmales con fotos o croquis,

(3) Pasea por las cercanías de la instalación simulando ser un inofensivo " civil dando un paseo" (ciclista o conductor de vehículo de motor reparando algo, agricultores segando, cavando, etc.).

C. Plan Operacional
(1) El plan de los destacamentos debe ser tan sencillo como sea posible.
(2) Usualmente operarán en tres grupos:
(a) Grupo de Incursión (elimina los guardias o al menos los pone fuera de combate) ;
(b) Grupo Técnico (responsable de las demoliciones) ;
(c) Reserva (aisla el escenario de la incursión, dispara contra los elementos de socorro desde posiciones ocultas bien dispuestas).

d. Puesta en Marcha de la Operación
(1) Mantén el plan en secreto a tu propia gente hasta poco antes de la operación. Confía solo en aquellos

Eliminación de guardias sin ningún ruido

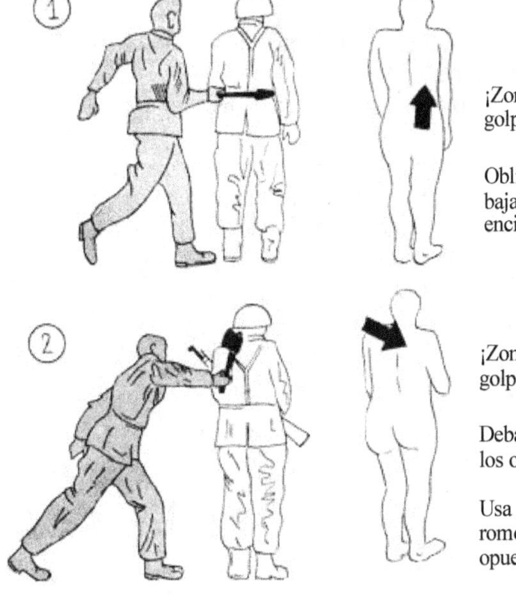

personas cuya asistencia es indispensable para los preparativos (suboficiales).
(2) Aproximarse al objetivo rápidamente durante la noche, evitando las carreteras.
(3) Ocupar una posición bien cubierta cerca del objetivo desde donde esperarás a la siguiente
noche (ataque). En ese momento, informa brevemente a todo el destacamento acerca del
plan.
(4) Tiempo favorable para iniciar la operación: Poco después de caer la noche. Por ello puedes
informar brevemente a tu personal sobre el terreno durante el ocaso. La operación será
efectuada bajo la cobertura de la oscuridad. Entonces se dispondrá de la mayor parte de la
noche para la retirada.

B. Reconocimiento del sistema de seguridad enemiga
a. Determinar la localización del puesto de guardia. Informar a cualquier guardia
con un pase inadecuado o inventar algún otro pretexto que haga que te conduzcan
al puesto de guardia para aclarar el asunto. Si mantienes los ojos abiertos, serás
capaz no solo de describir la localización, sino también sacar conclusiones de
la cantidad de guardias y el estado de alerta del enemigo.
b. Determinar cuando hay cambios de guardia. Observar el cambio de guardia
durante el día desde la distancia con prismáticos; de noche desde cerca (p. ej.,
un apartamento frente de las instalación).
c. Determinar el emplazamiento de las armas de los guardias. Si están tan bien
camufladas que no puedes descubrirlas con prismáticos, imagina donde podrán
estar emplazadas estudiando las características del terreno que rodea la instalación.

C. Eliminación de los guardias
Estudiar los hábitos del personal del servicio de guardia. Especialmente los momentos de descanso,
puestos de guardia y rutas y peculiaridades de su comportamiento.
El clima desfavorable (frío extremo, calor sofocante, calor punzante, lluvia intensa) facilitará tus planes
reduciendo la alerta general del personal de guardia.
La forma más sencilla y segura de eliminar a los guardias de forma silenciosa es matarlos con un hacha.
No emplear el filo sino el extremo opuesto de la cabeza. Golpea al guardia de forma oblicua con toda tu
fuerza entre la parte baja de la espalda y las caderas o entre los omóplatos bajo el cuello. Incluso en la
oscuridad serás capaz de impactar en la zona fácilmente sin equivocarte.

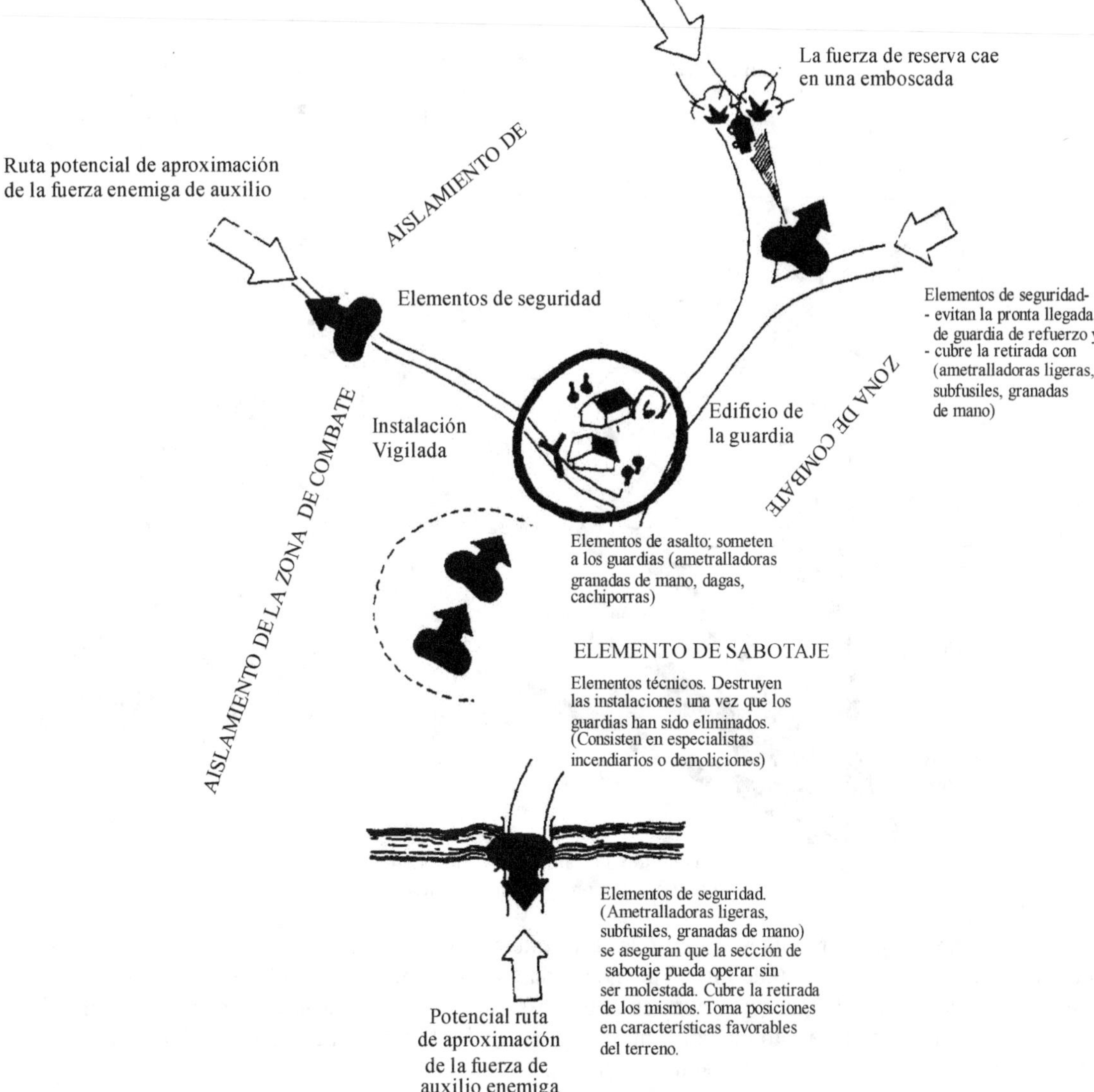

14. Ataque Sorpresa a un Puesto Pequeño

Divide tu unidad en:
a. Elementos de combate:
     (1) Elementos de fuego de apoyo
     (2) Elementos de asalto
     (3) Secciones técnicas (p. ej., secciones de corta alambradas, secciones de
     demolición de obstáculos, secciones de limpieza de minas)
b. Sección de demoliciones:
     Demolición, incendio
c. Sección de recogida de botín:
     (1) Vehículos de motor ligeros
     (2) Animales de carga, carros de caballos
     (3) Se pueden emplear civiles temporalmente para transportar artículos

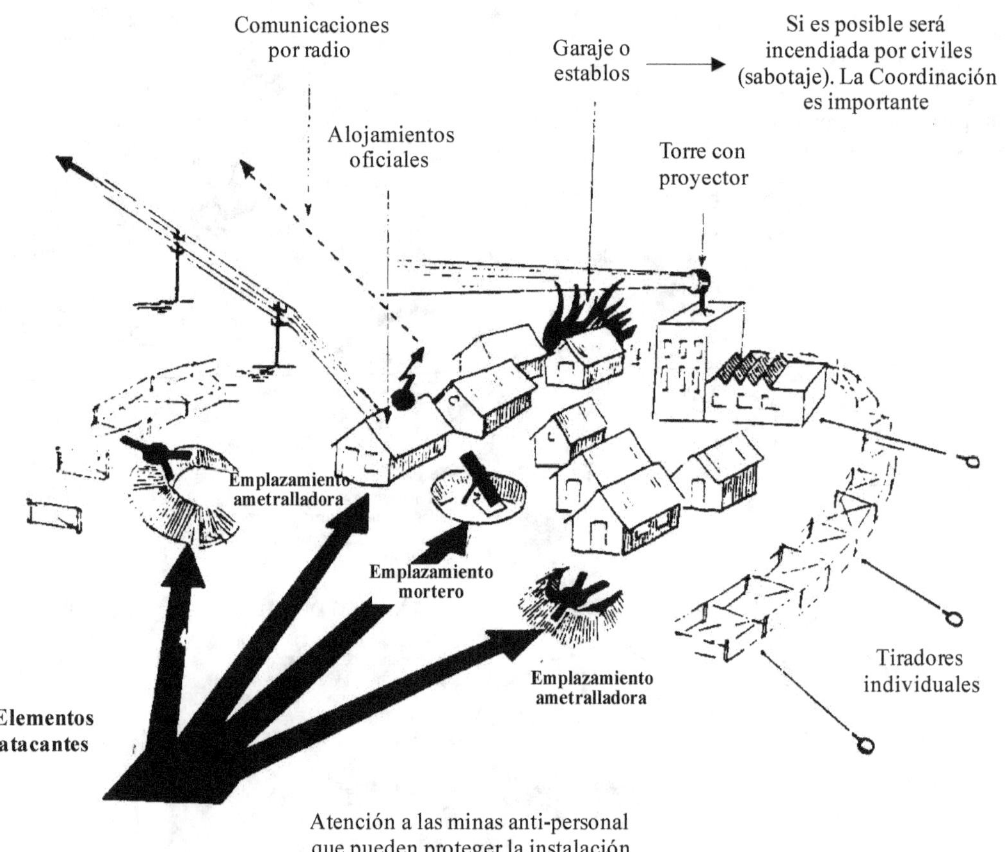

Tras el inicio del ataque debes interrumpir todas las comunicaciones del enenmigo con las instalaciones próximas (guarniciones vecinas) de forma que no puedan pedir ayuda. Cortar todos los cables telefónicos que salgan de la instalación o provoca cortocircuitos. No puedes interrumpir la comunicaciones por radio. Por ello, envía un grupo de asalto inmediatamente para silenciar la emisora de radio. La determinación de su ubicación es parte de un reconocimiento cuidadoso.

15. Ataque a la Red de Comunicaciones

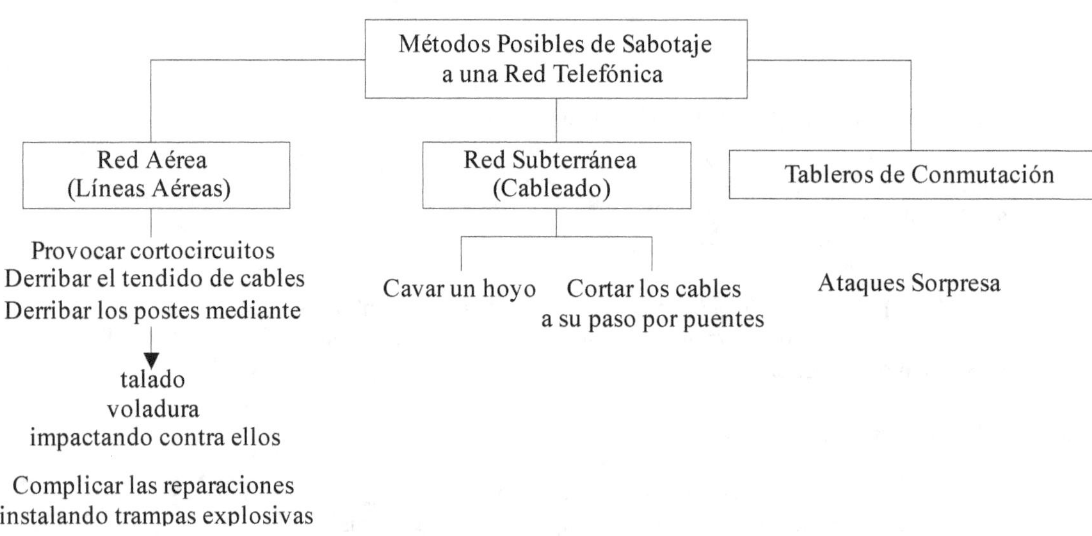

Interrupción cables subterráneos

Los cables subterráneos consisten en varios hilos que están aislados entre sí y del terreno (cubierta del cable).

En algunos lugares, los cables van introducidos en tubos de hierro o en zanjas de cemento para ofrecer protección adicional.

La destrucción de cables subterráneos es complicada y peligrosa dado que hay que cavar un agujero y dado que los cables suelen discurrir a lo largo de calles transitadas.

Para poder conseguir resultados duraderos durante algún tiempo, hacer lo siguiente:

En el pilar del puente, el cable sale del suelo, cruza por encima del agua a lo largo del puente y vuelve a entrar dentro del suelo en la orilla opuesta.

a. Procedimiento completo - cavar hasta alcanzar el cable que suele estar enterrado a una profundidad de unos 80 centímetros. Eliminar la cubierta aislante y cortar el cable en dos. Volver a colocar la cubierta aislante, llenar el agujero y eliminar cualquier resto de la excavación.

b. Procedimiento rápido - cavar hasta el cable y cortarlo. Antes de rellenar el agujero tender los extremos del cable de forma (si es necesario, sujetarlo con piedras) que no se hagan conexión entre sí. Tapar el agujero y camuflar los indicios de la excavación. De media, tal interrupción será de unos 3 o 4 días.

Técnicamente hablando, los mejores puntos de sabotaje son donde los cables cruzan un río. Suelen estar montados de forma paralela o por debajo de un puente y pueden ser fácilmente cortados. La desventaja es, que de hecho esos puentes suelen estar vigilados.

Para dañar la red telefónica aérea, cortar o demoler postes de tal forma que al caer rompan los cables.
Cortar o demoler árboles de forma que estos al caer dañen los cables. Instala una o dos minas de estaca
así como unas cuantas minas antipersonal que harán que la limpieza y reparación sea más difícil.

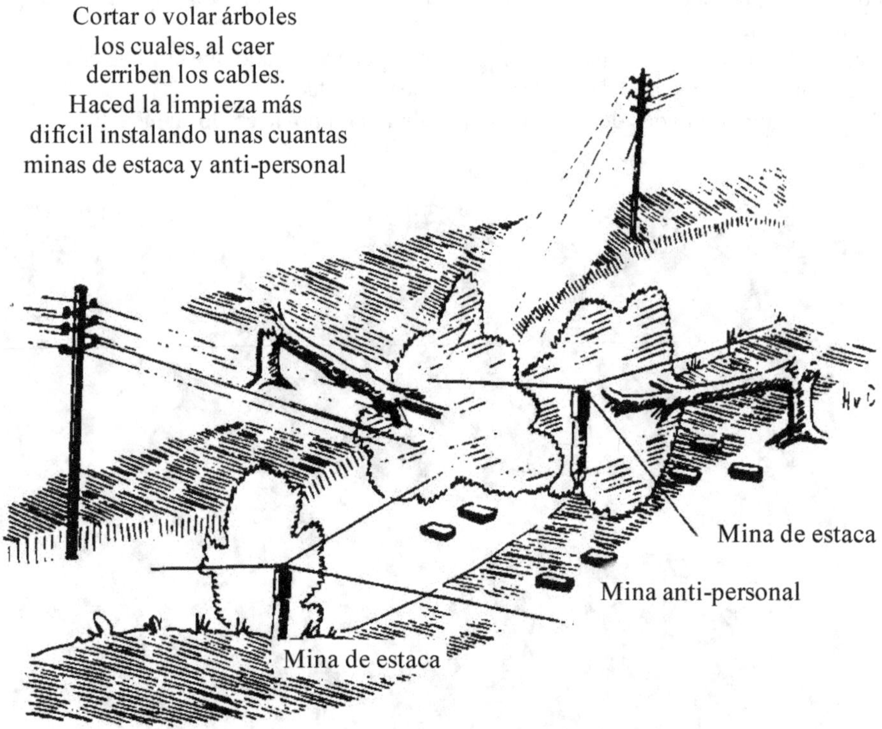

Cable

Asegúrate de destruir aquellos cables que se dirijan a los Cuarteles Generales importantes (Estado Mayor, etc.). Puedes hacer esto mediante cortocircuitos, derribando o cortando los cables, cortando y quitando trozos largos de cable.
Un método sencillo de dañar los cables telefónicos es sujetando un trozo corto de metal o una piedra a una cuerda fuerte y larga y lanzarlo

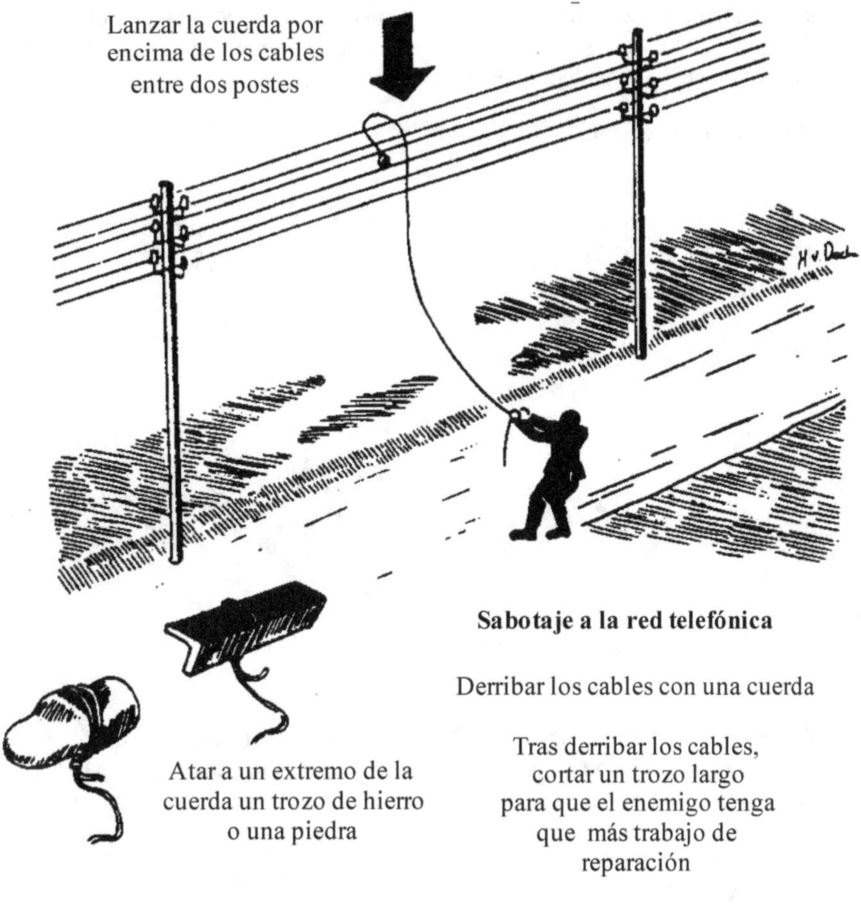

Sabotaje a la red telefónica

Derribar los cables con una cuerda

Tras derribar los cables, cortar un trozo largo para que el enemigo tenga que más trabajo de reparación

1 Cable   2 Tuberías de agua o gas

sobre los cables. La cuerda se enrollará alrededor de los cables y podrás tirar de ellos para romperlos. Es mejor hacer esto por su parte central, entre dos postes, dado que será más fácil de romper por ahí.

Red Eléctrica
Para dañar los cables de alta tensión, simplemente hacer contacto a tierra (puente), si no dispones de explosivos suficientes para destruir las torretas.
Necesitarás un cable, a uno de sus extremos sujetarás una piedra o trozo de acero. El otro extremo será introducido en el suelo, humedecido a ser posible. Entonces lanzarás el extremo lastrado sobre la línea. ¡Cuidado! Soltar el cable inmediatamente tras el lanzamiento.

Sabotaje en cables de alta tensión

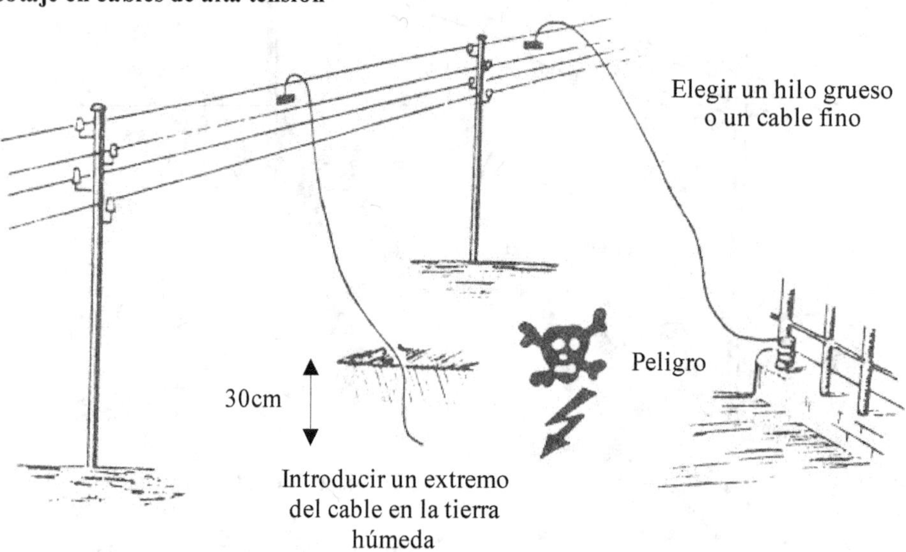

Para prevenir cualquier accidente debes ser capaz de distinguir rápidamente entre cables de alta tensión y los telefónicos. Recuerda que la disposición de los aisladores nunca cambia según se muestra en las siguientes ilustraciones y fotos.

**Como distinguir entre cables de
alta tensión y telefónicos**

Para evitar perdidas debes ser capaz
de distinguir entre ambos

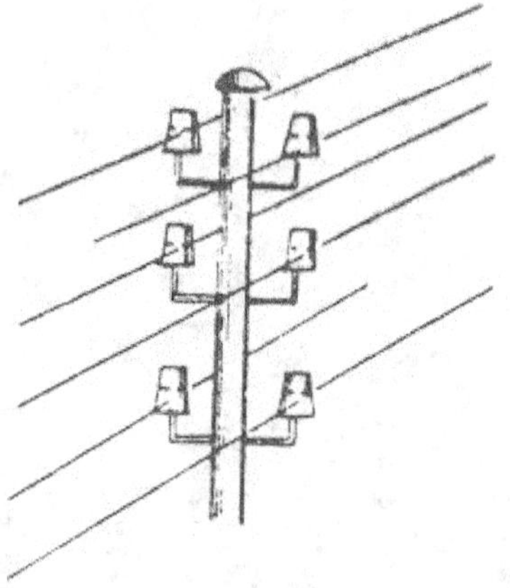

Cable telefónico,
los cables individuales
discurren paralelos

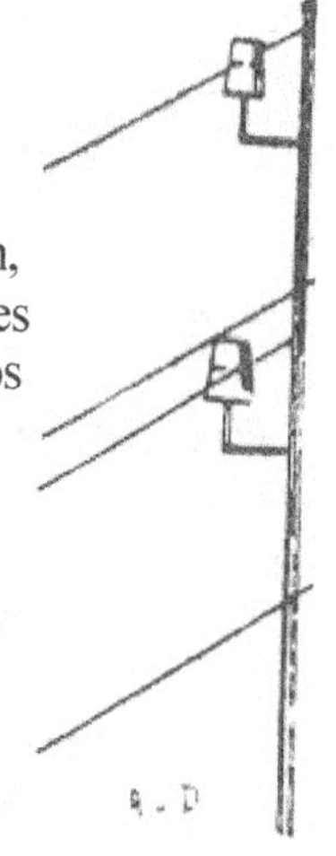

Cable de alta tensión,
los cables individuales
discurren escalonados

Los aisladores del cableado telefónico discurren paralelos

Los aisladores de alta tensión discurren escalonados

16. Atacando una Red Ferroviaria

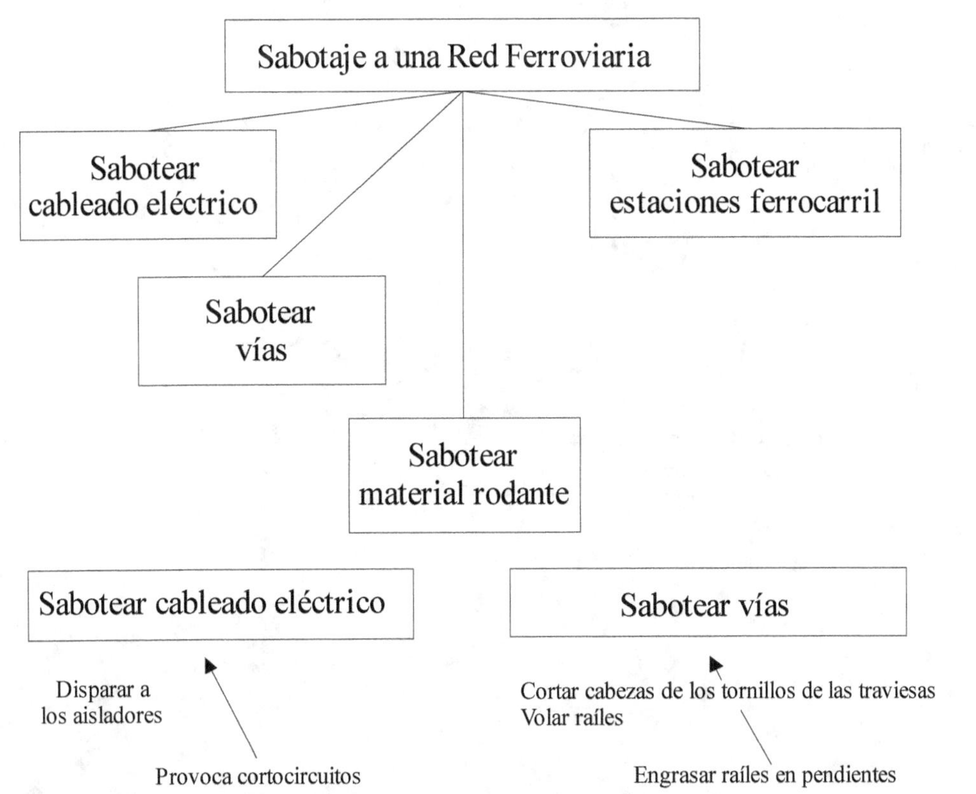

Dañar cables eléctricos

a. Desde un paso elevado:

Conecta la barandilla de protección a un raíl con un cable fuerte (cable de acero fino)

Sujeta el cable (cable de acero de 5-8 mm.) a la barandilla. En el otro extremo sujeta un trozo de acero de unos 20 cm. de largo que sirve como peso.

Lanza el cable sobre los cables eléctricos desde la barandilla. Libera el cable tras el lanzamiento, para evitar que te electrocutes.

Dado que la barandilla y las paredes del paso elevado están conectadas a tierra, la operación es relativamente segura.

Usa solo cables resistentes. Los cables finos se fundirán al momento provocando solo una pequeña caída de tensión.

b. En un tramo abierto

Sujeta el cable, lastrándolo con un trozo de acero, al raíl.

Lanza el cable sobre los cables eléctricos. No importa si el cable se engancha al cable de soporte o al propio cable eléctrico, ambos están bajo tensión. Suelta inmediatamente el cable tras lanzarlo.

Cuando los cables están instalados muy altos. Cuando seas incapaz de lanzar desde un desnivel o terraplén o desde un tejado, la operación será difícil. Si es posible, emplea un paso elevado o viaducto.

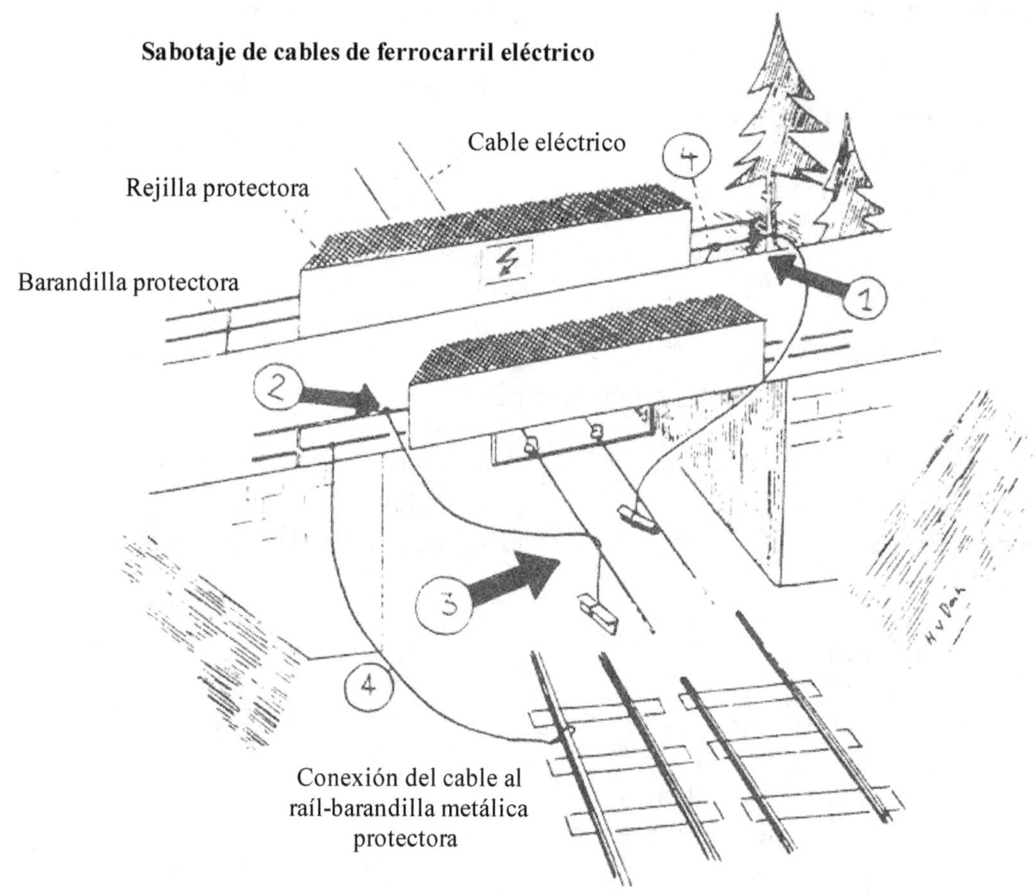

c. Rompe los aisladores disparándoles con una carabina:

Si es posible, haz esta tarea en un tramo abierto y lejos de las estaciones. Cuando se empleé este método, debes apoyar el arma (p. eje.,en un muro, el hombro de un compañero) para poder impactar el objetivo rápidamente y sin desperdiciar gran cantidad de valiosa munición.

Tienes que distinguir entre "cables de apoyo" y "cables eléctricos". La finalidad es derribar el "cable de apoyo" destruyendo los aisladores de soporte y con ello provocar que caiga sobre la "estructura de apoyo" (torreta); debes provocar un cortocircuito y que el cable de apoyo se fundirá.

Mantén una distancia segura (de 30 a 50 metros) para no ponerte al alcance del arco descrito por la caída del cable de apoyo.

En vías dobles debes destruir ambos cables.

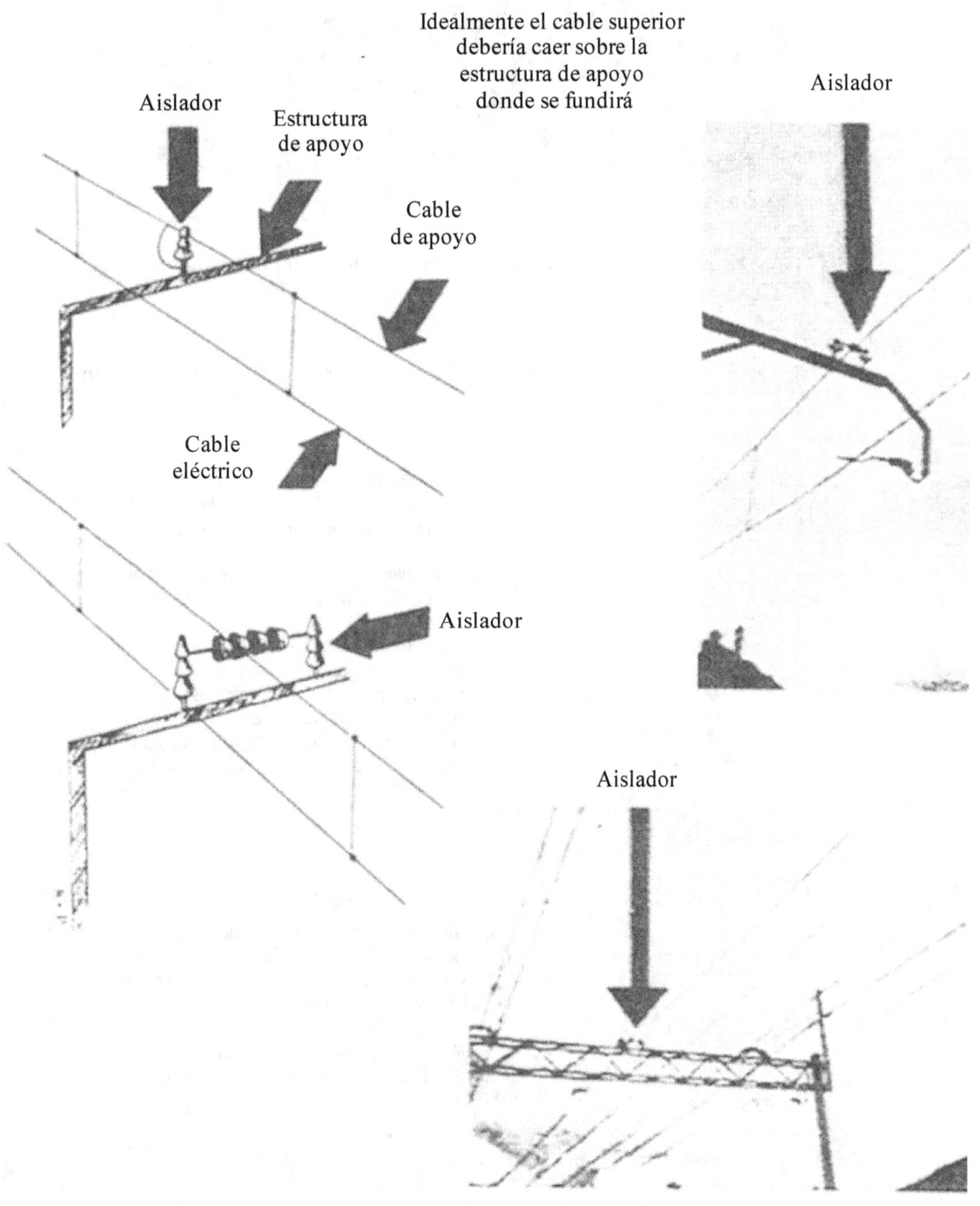

Sabotaje de las traviesas (sistema de vías) romper las cabezas de los tornillos.
Las cabezas de los tornillos pueden ser rotas con relativa facilidad usando una maza pesada. Las cabezas romperán muy fácilmente cuando la temperatura sea muy baja.
Resultado: No esperar demasiado. Esto no hará que el tren descarrile. Sin embargo, esto hará perder mucho tiempo y esfuerzo a los ingenieros enemigos.

¡Sabotaje! Golpear las cabezas de los tornillos con una maza

Voladura de raíles
En un tramo abierto, siempre destruir las vías en una curva. Volar siempre el raíl exterior. ¿Cómo debe ser de grande el tramo de raíl volado para provocar el descarrilamiento del tren?

Destrucción de vías en tramos abiertos.
En un tramo abierto siempre debes volar las vías en una cuerva por dos razones:
Los raíles curvos son de reemplazo más difícil para el enemigo que los de cambiar que los rectos de los que se dispone mayor cantidad.
Los trenes descarrilan más fácilmente en tramos curvos que en rectos. Volar siempre el raíl externo. La fuerza centrífuga de un tren que se aproxima lo descarrilará más fácilmente en el punto de la voladura y, al mismo tiempo, lanzará los restos sobre las vías vecinas.

Explosión secundaria: Emplear solo si dispones de suficiente cantidad de explosivos. Las vías exteriores quedarán bloqueadas de todas formas por el descarrilamiento del tren.

Explosión principal: Si dispones solo de una cantidad limitada de explosivos, volar solo las vías interiores.

Sentido de paso de los trenes: normalmente el tren circulará por la izquierda

Si el maquinista no se da cuenta del hueco y entra en la curva a toda velocidad, será suficiente con volar un trozo de unos 30 cm.
Si el personal del ferrocarril es sabedor del raíl dañado pueden pasar a través de huecos incluso de unos 50 a 60 cm. si van despacio.

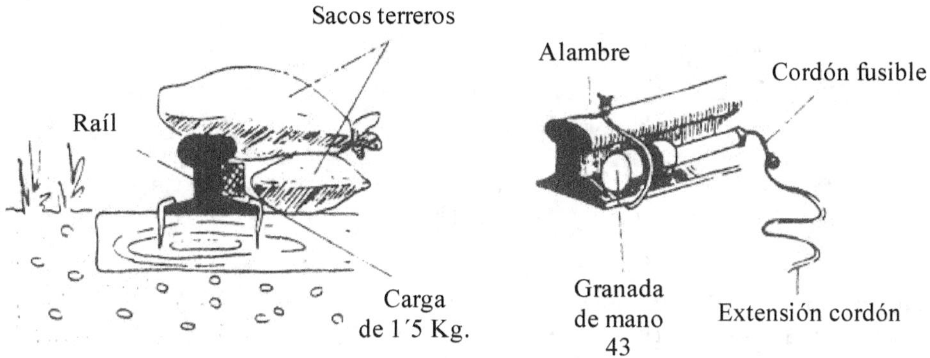

Sabotaje de raíles por "engrasado".
Engrasar los raíles en pendientes con grasa, aceite, jabón blando, etc.; con ello bloquearás el tramo.
Engrasar siempre ambos raíles un tramo mínimo de unos 150 m.; de otra forma las ruedas de la locomotora derraparán sobre el sitio por su propia inercia o la locomotora puede echar arena en el tramo corto que esté engrasado.

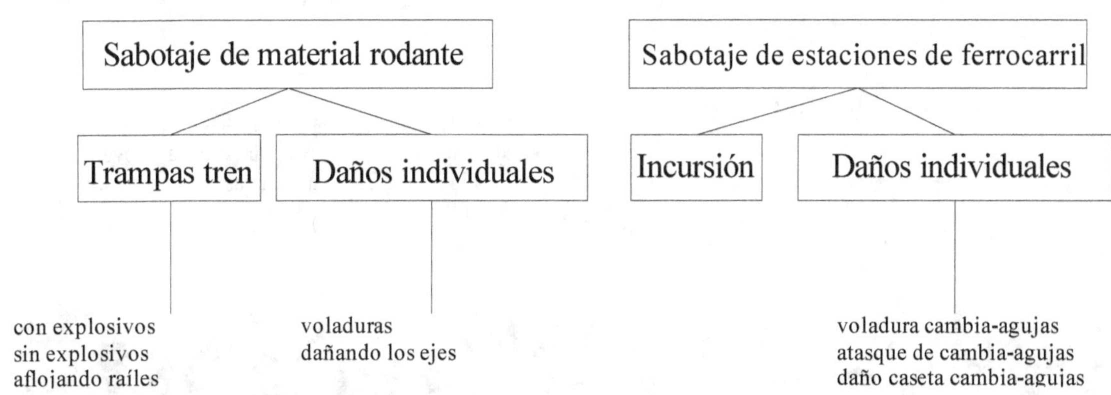

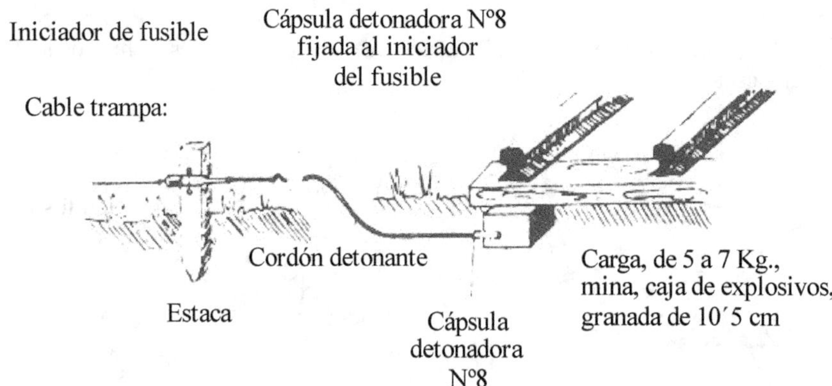

Creación de trampas para trenes aflojando los raíles
a. Aflojar las fijaciones de las traviesas (llave, tornillos, clavos) en ocho anclajes sucesivos.
b. Quitar la eclisa del raíl.
c. Hacer palanca o mover un raíl hacia el interior (palanca, etc.) y atascar la eclisa en medio. Resultado:
El tren descarrilará.

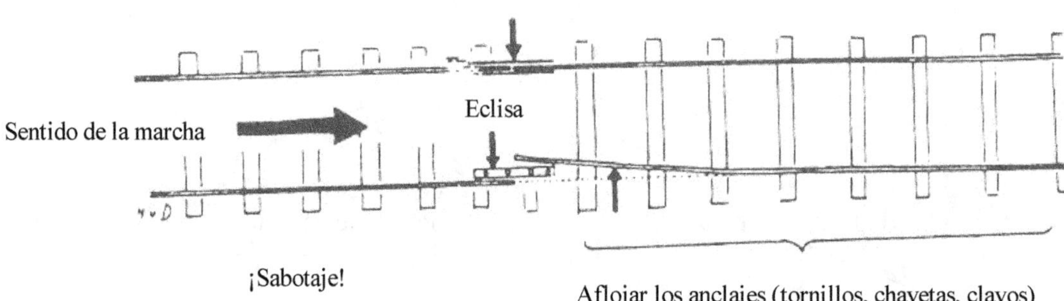

Aflojar los anclajes (tornillos, chavetas, clavos)
en al menos 8 uniones. Aplicar palanca, mover el
raíl hacia el interior y atascar las eclisa retirada
en medio.

Destrucción del Material Rodante
El medio más eficaz (para ser usado cuando dispones del tiempo suficiente) lleva unos 3 minutos por cada eje de vagón.
Sujeta una de 1kg. bien ajustada mediante dos cables alrededor del eje. Norma básica: La instalación cuidadosa de las cargas requiere un tiempo relativamente largo; sin embargo, obtendrás mejores resultados con menor cantidad de explosivo. Cuando el tiempo apremie, sujeta dos cargas de demolición de 600 gr. a una cuerda y cuélgala del eje. Para improvisar, puedes emplear dos bidones de plástico vacíos o si es necesario explosivo de tipo comercial. Esto requiere aproximadamente 1/2 min. por eje.
Mantener las cuerdas tan cortas como sea posible de forma que las cargas toquen el eje.
Norma básica: Método apresurado de colocación relativamente descuidada de las cargas que emplea poco tiempo pero que requiere cantidades relativamente grandes de explosivo para producir resultados pobres.

Destrucción de Locomotoras Eléctricas

a. Disparar a los aisladores del techo con una carabina.

b. Destruir el panel de mandos de la cabina del maquinista con una maza.

c. Destruir los depósitos de aceite del transformador de la sala de máquinas (perforar orificios en la delgada pared de metal con un pico e inflamar el aceite que fluye al exterior).

Método Rápido

Método mejor, pero que requiere mucho más tiempo

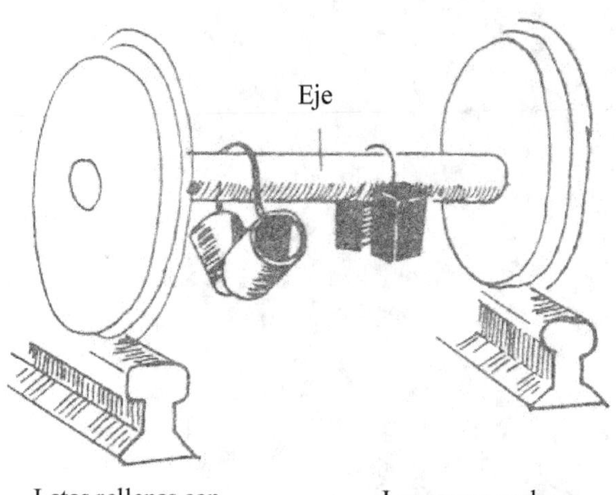

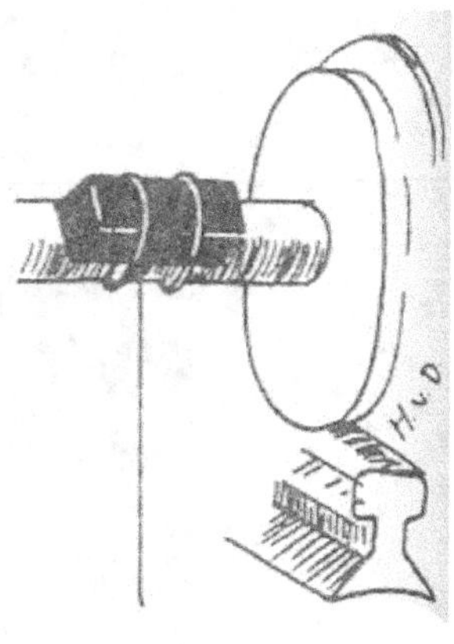

Latas rellenas con
explosivo plástico
o de tipo comercial

Las cargas cuelgan
suspendidas de cuerdas

La carga está firmemente
sujeta al eje con alambre

Para el método rápido, colgar sobre el eje
(equilibrada) con una cuerda corta

Destrucción de Locomotoras de Vapor

a. Lanzar una carga de 1 ó 2 Kg. dentro de la caldera (a través de la puerta de alimentación del carbón) .

b. Destruir el sistema de dirección con una maza.

c. Disparar a la caldera con una ametralladora ligera o pesada (con balas de punta de acero).

Objetivo: Tercio central de la locomotora, a unos 1´5 m. del frente de la cabina.

Sabotaje del Material Rodante

a. Poner un puñado de arena, polvo abrasivo o limaduras de metal en cada engrasador.

b. Las tapas de los engrasadores son fáciles de abrir, especialmente en vagones de mercancías.

c. No se verán resultados inmediatos. Sin embargo, los rodamientos se dañarán pronto.

Dado que no se requieren conocimientos técnicos y dada la simplicidad de la operación, todo el mundo puede hacerlo, p. ej., empleados del ferrocarril cuando comprueben los vagones, o trabajadores cargando o descargando vagones.

Incursión a una Estación de Ferrocarril
Una estación de ferrocarril incluye los siguientes objetivos:
a. Edificio de la estación; piso inferior con la oficina y pequeño cambio de agujas, primer piso que aloja la vivienda del jefe de estación (en estaciones más grandes el cambio de agujas está instalado en un edificio separado próximo o por encima de las vías).

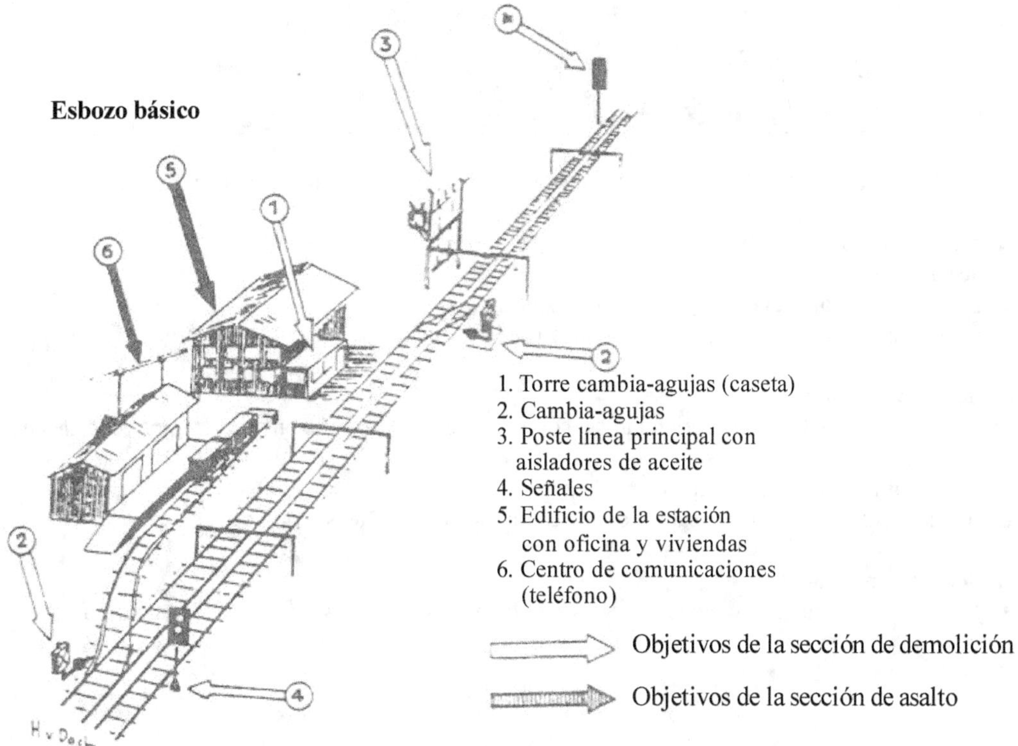

b. Vías: Raíles, cambia agujas, desvíos de corazón, cruces, y quizás el patio de maniobras (donde dan la vuelta las locomotoras).

c. Cableado suspendido: Poste de la línea principal con aislador de aceite.

d. Señales: Señales de entrada y salida.

e. Centro de comunicación (oficial y comercial): Teléfono civil, teléfono del ferrocarril, oficina de telégrafos, p. eje., en edificio principal.

Como dividir el destacamento de guerrilla:

a. Grupo de incursión – interrumpe la comunicación telefónica y telegráfica, mantiene bajo control al personal del ferrocarril y elimina a cualquier guardia.

b. Grupo de demolición – destruye las instalaciones técnicas.

c. Reserva – aísla el objetivo, embosca a cualquier fuerza de reserva enemiga que pueda aproximarse y cubre la retirada de los grupos de incursión y demolición.

Demolición: Poner una carga de 1 Kg. en el punto indicado por la flecha.

Orden de Prioridad de Destrucción

a. Si dispones de tiempo limitado:
(1) Volar los cambios de aguja con cargas explosivas de 1 Kg.
(2) Volar la torre cambia agujas con una carga concentrada (granada de mano 43 con carga adicional).

b. Si dispones de más tiempo:
(1) Volar también el poste de la línea principal así como los desvíos de corazón y los tramos centrales de las vías.
(2) Si dispones de gran cantidad de tiempo:
Volar también las señales y cortar los cables de los cambia agujas, señales y puertas.

c. Destrucción de cambia agujas:
Sabotaje: Atasca con una cuña de madera o metal en el lugar indicado por la flecha. El cambio no funcionará y

el tren descarrilará. (¡Ten cuidado! este método solo puede ser empleado con la connivencia del personal de la estación, dado que el personal que opera las agujas descubrirá pronto que estas están fuera de servicio).

Destrucción de cambia-agujas

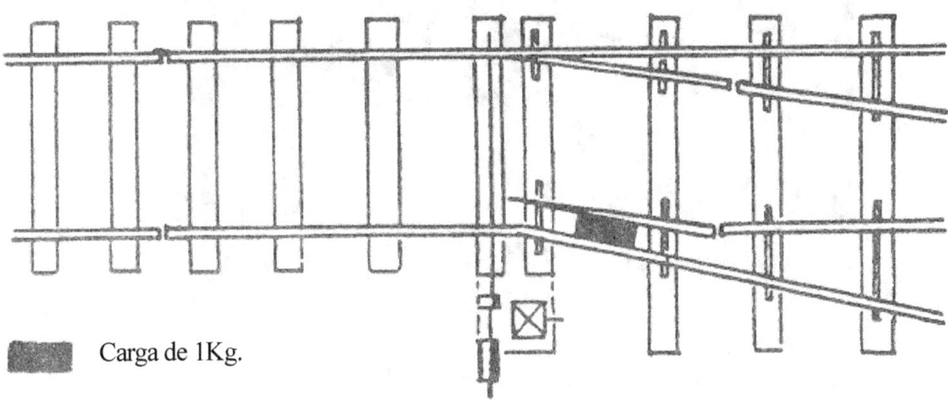

d. Destrucción del Poste de línea principal:
El poste suele estar colocado al lado del edificio de la estación. Si el tiempo apremia dispara al aislador de aceite con una carabina. Si dispones de más tiempo, vuela el poste en el punto marcado por la flecha.

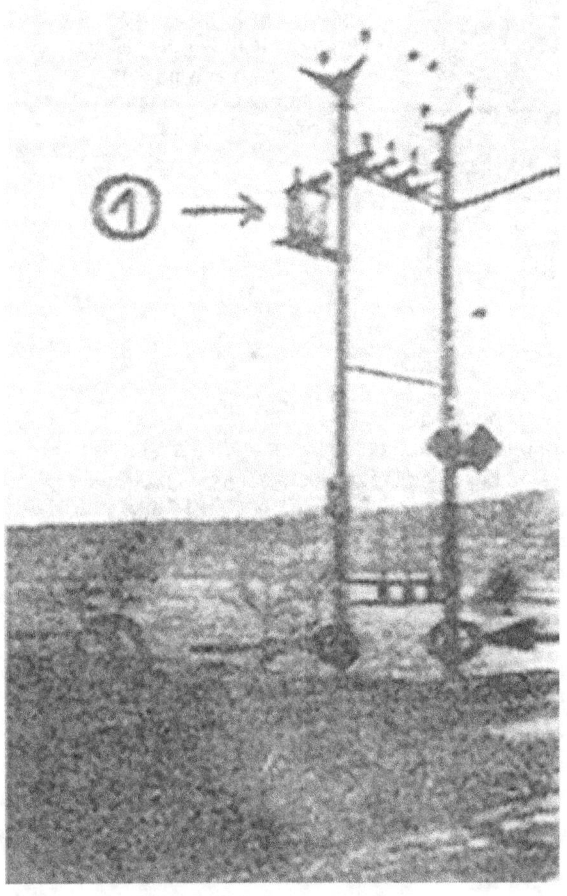

Destrucción de un poste principal (normalmente atraviesa desde el edificio de la estación).
Si dispones de poco tiempo: dispara a los aisladores de aceite (1).
Si dispones de tiempo suficiente: vuela el poste en el punto (2) indicado por la flecha.

e. Destrucción del corazón del cambia-agujas:
   Colocar una carga de 1Kg. en los puntos marcados por las flechas.
f. Dañar cambia-agujas sin explosivos:
   Si no dispones de ningún explosivo, destruye el mecanismo del cambia-agujas con una maza.

Interrupción de las Líneas de Ferrocarril
Procedimiento
a. Averiguar los puntos más favorables para ser atacados.
b. Buscar un acceso oculto a las vías para el personal de sabotaje.
Una simple interrupción de la vía, de media, provocará una interrupción del tráfico: de 5 a 6 horas para las líneas principales (normalmente reparadas al momento por el enemigo); de 6 a 8 horas para líneas secundarias (interrupción más larga dado que no serán reparadas de inmediato); de 12 a 13 horas por descarrilamiento de trenes en vías principales y secundarias.
La seguridad de las vías solo es eficaz apostando un guardia cada 100 m.

Como contra medida contra el sabotaje ferroviario, el enemigo reducirá los límites de velocidad de los trenes. Como consecuencia, normalmente solo la locomotora y los primeros 3 ó 4 vagones descarrilarán; esto reduce el daño de las vías y del material rodante.

Pero no te desmoralices. En virtud de reducir el límite de velocidad lograrás los siguientes resultados, incluso aunque estos no sean inmediatamente visibles: mayor uso de las líneas al aumentar en tiempo de viaje de los trenes; una reducción de la eficacia de la línea cuando se le añaden estos retardos individuales.

Esta "medida de seguridad" le provoca otros problemas al enemigo.

El aumento del tiempo de los viajes es especialmente engorroso para el enemigo durante las operaciones ofensivas o durante las fases críticas de operaciones defensivas.

Por ello es importante para las unidades de guerrilla mantener las comunicaciones con su propio ejército o aliados, incluso aunque estén localizados a cientos o incluso a miles de kilómetros del frente, para coordinar las operaciónes de la guerrilla con las convencionales. La escucha de las frecuencias de radio puede proporcionar unas líneas guía para planear tales operaciones.

Las ofensivas a gran escala permitirán a cada unidad de guerrilla comenzar o aumentar las operaciones ofensivas dado que el enemigo puede ahora ser hostigado de forma más segura que nunca, dado que tiene menos medios para defenderse de ti.

Interrupción de una línea de ferrocarrril*

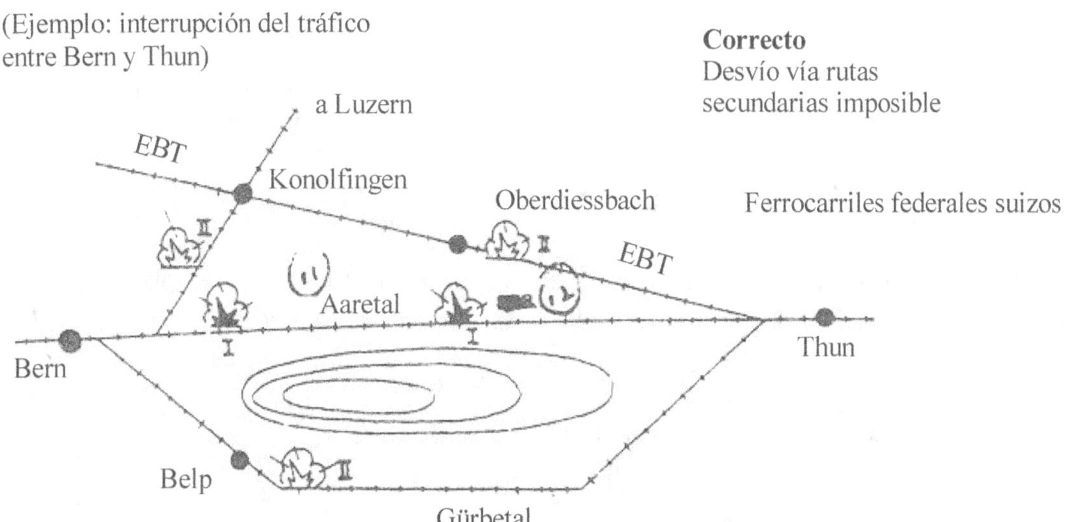

I Demoliciones principales en la línea principal
II Demoliciones secundarias emplazadas para evitar el re-direccionamiento del material crítico. Las demoliciones secundarias son detonadas al unísono y sobre una media hora después de haber cortado la línea principal

*Luzern, Konolfingen, Oberdiessbach, Bern, Thun, Belp, son ciudades suizas. Aaretal y Gürbetal son nombres de valles suizos

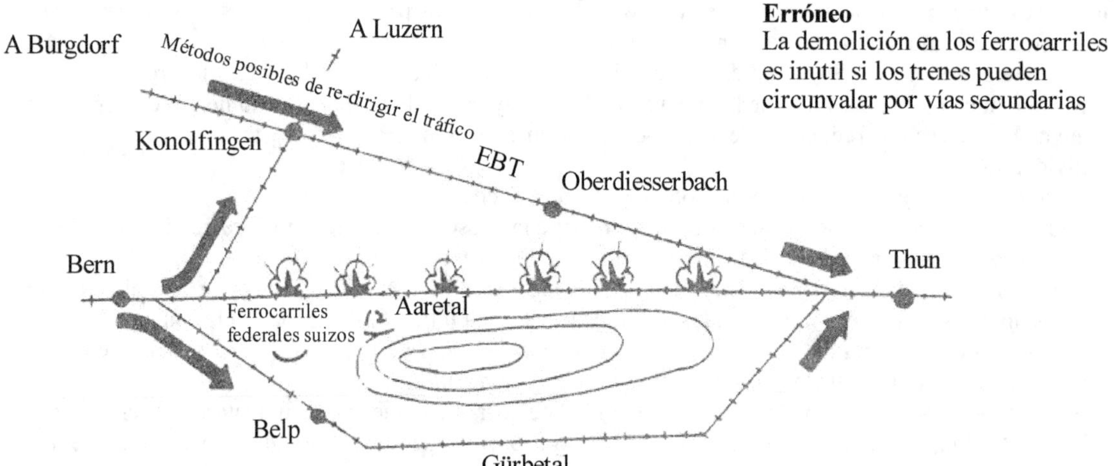

Es importante crear confusión en el sistema ferroviario con horarios de trenes anormales; para incrementar el retraso del tráfico.

Puedes hacer esto teniendo permanentemente ocupada a la organización de mantenimiento; (alertando a los equipos de reparación, haciendo reparar trenes, etc.); haciendo que suceda algo a diario. A largo plazo, será más desmoralizador y quebrará los nervios del enemigo el hacer pequeñas reparaciones sin interrupción que otras mayores pero infrecuentes.

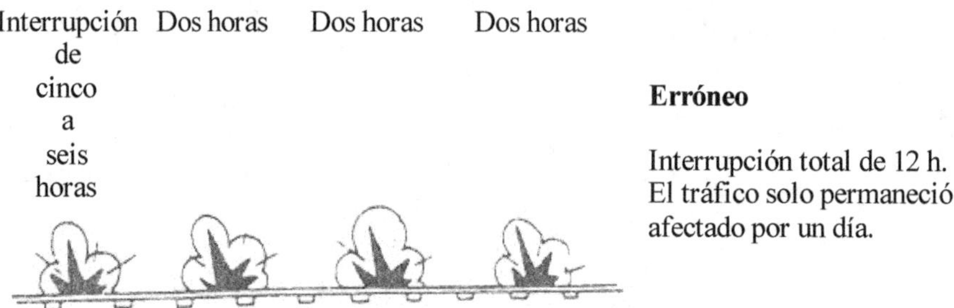

Es un error interrumpir las vías en cuatro puntos diferentes el mismo día durante la misma operación. Los equipos de mantenimiento solo tendrán que ser movilizados una vez. Simplemente repararán un punto tras otro.

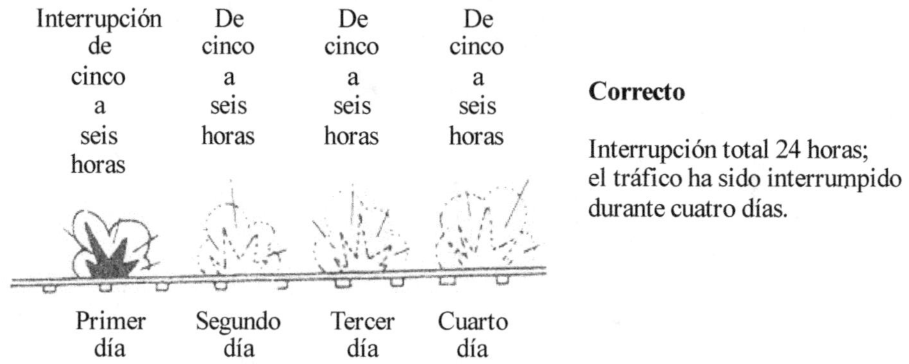

Es mucho más eficaz interrumpir un trozo de vía durante cuatro días consecutivos. Toda la organización de mantenimiento tendrá que comenzar de nuevo cada vez. El flujo de tráfico queda interrumpido durante 4 días. La confusión es por ello mayor, y el período total de interrupción es casi el doble de largo.

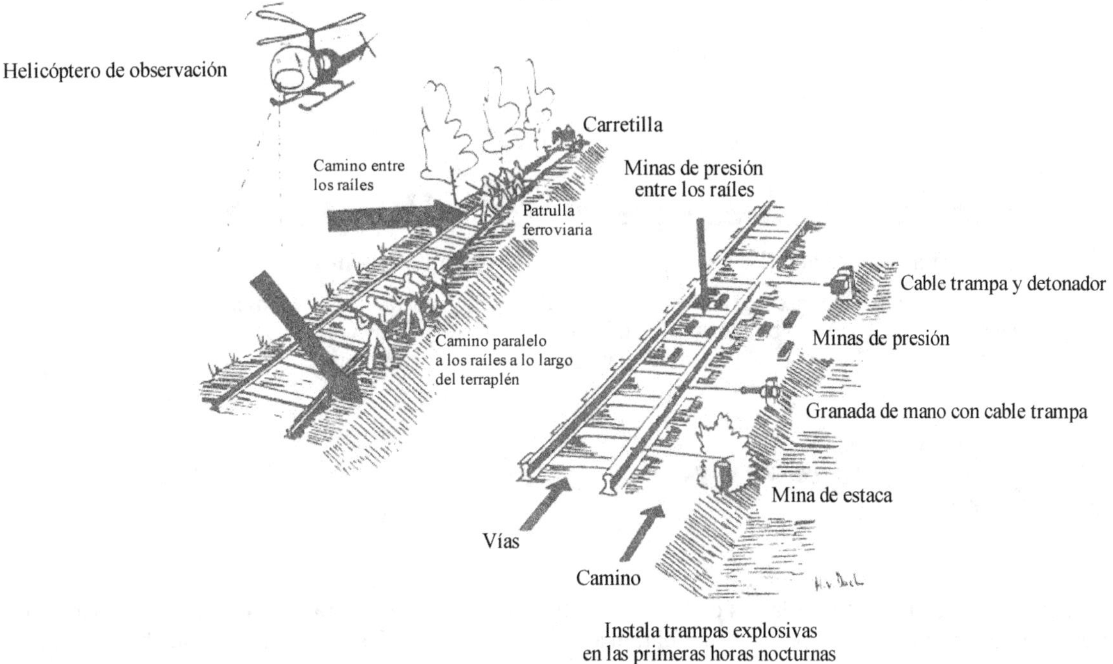

"Intercalando" vagones de pasajeros y de mercancía con los de material de guerra o de transporte de tropas, el enemigo intentará evitar que sabotees las vías. Los civiles del tren sirven como cubierta protectora para el enemigo.
Empujando vagones vacíos o vagones cargados de arena por delante del tren (trenes "protegidos"), el enemigo intentará proteger sus valiosas locomotoras contra las trampas de las vías.
Además montando cañones antiaéreos en los trenes (trenes "protegidos" y "blindados"), el enemigo es capaz de defenderse desde el tren contra los grupos de incursión guerrilleros.

Combatiendo las Patrullas del Ferrocarril
La vigilancia de un ferrocarril puede efectuarse de la siguiente manera:
Vuelo rasante de helicópteros: uso de vagonetas; patrullando a lo largo de las vías.

Detención de Trenes de Deportación
(Se aplica el mismo procedimiento que a los vehículos de transporte motorizados). No descarrilar el tren dado que no deseas herir a las personas que son deportadas. En consecuencia, tienes que bloquear la vías, pero de tal forma que evites a las patrullas a pie del enemigo, al personal en vagonetas o en helicópteros que detecten algo inusual.

Trenes mixtos

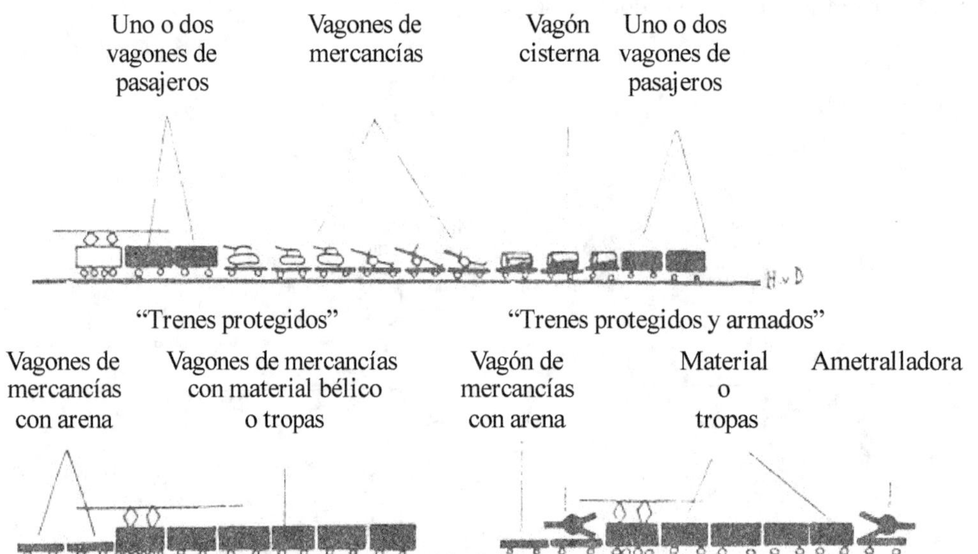

La barricada será efectiva justo antes de la llegada del tren. La barricada será detectada por el personal del tren lo bastante pronto como para detener el tren a tiempo y evitar su descarrilamiento o su choque contra la barricada.

Por otro lado, el personal del tren no tendrá tiempo de detenerse a gran distancia y retroceder fuera del área de emboscada.

Es mejor usar árboles grandes los cuales son volados atravesando las vías y el cable suspendido cuando se aproxima el tren.

Si no dispones de ningún explosivo, atranca las vías con uno o dos camiones cargados al máximo con arena, tierra o piedras.

Asignar grupos de incursión para eliminar a los guardias del tren.

Organiza la evasión de los deportados antes de la operación. Determina como transportarás y tratarás a los enfermos y heridos; como manejarás a los heridos que no puedan ser movidos.

Determina las rutas de retirada; los métodos de asegurar la retirada.

Para la operación propiamente dicha organizarás tu destacamento de guerrilla como sigue: el elemento de interdicción bloqueará las vías con explosivos o con camiones cargados; el grupo de incursión eliminará a los guardias del tren con ametralladoras ligeras o pesadas, subfusiles, granadas de mano; el elemento especial instruirá a los deportados liberados sobre el comportamiento adecuado. Ellos proporcionarán los primeros auxilios para posibilitar que los heridos puedan ser transportados, improvisarán camillas y suministrarán alimentos.

El grupo de recogida de botín recogerá armas, munición, ropa y equipo de los guardias muertos del tren, y quizás uno o dos animales de carga o un pequeño vehículo de motor.

Aquellos capaces y deseosos de combatir serán incorporados a tu destacamento de guerrilla. Serán armados y equipados con material del enemigo.

Los incapaces de combatir serán ocultados del enemigo ubicándolos con habitantes fiables.

El método arriba mencionado solo puede ser empleado durante deportaciones masivas. Los primeros transportes se escaparán. Desgraciadamente, es indispensable una cierta "fase inicial" para esta clase de operaciones. Sin embargo, mediante la observación sistemática serás capaz de determinar los métodos de transporte del enemigo y las rutas en las que tendrán lugar las deportaciones. Puedes entonces iniciar operaciones de rescate.

Trampas para trenes

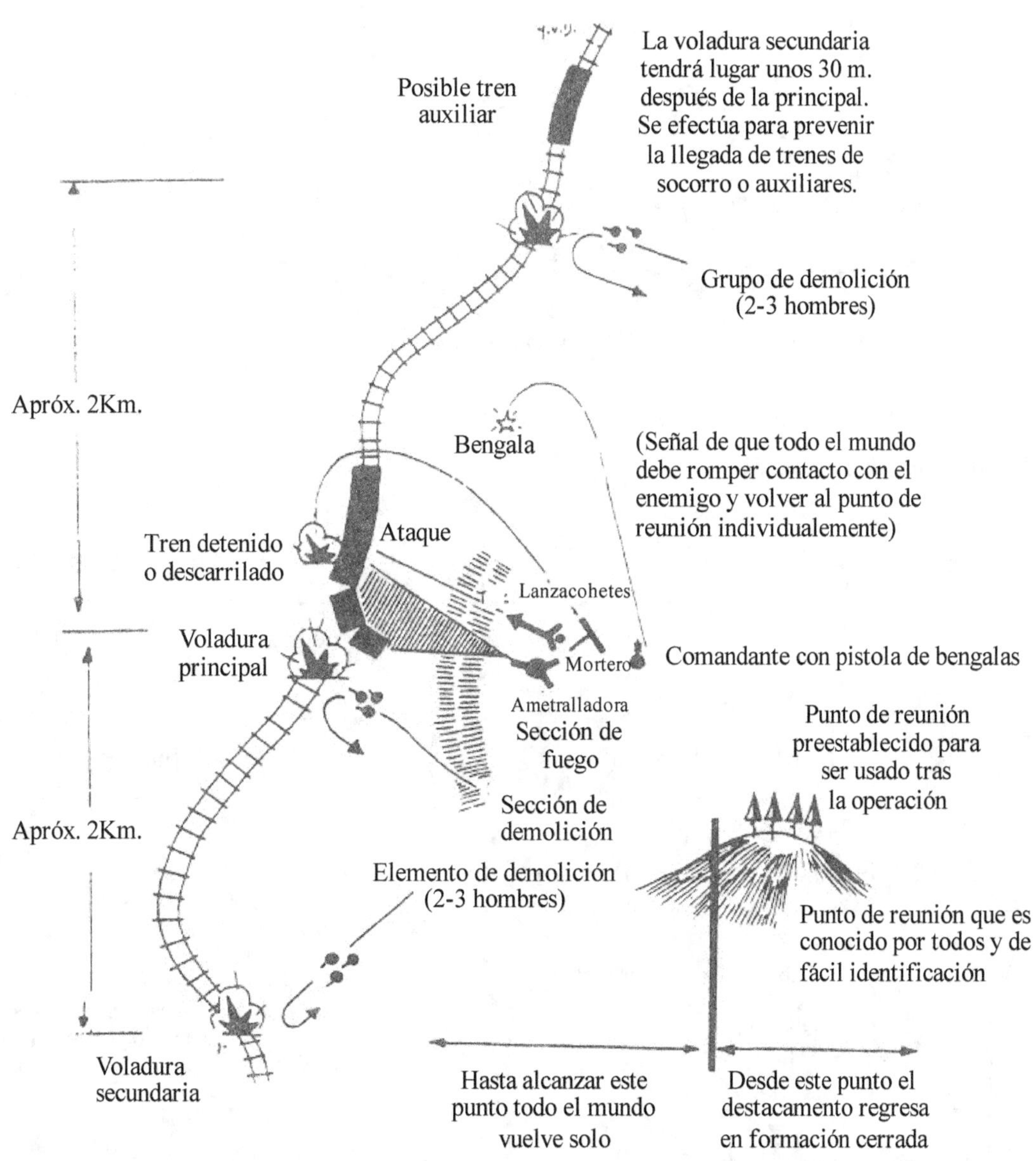

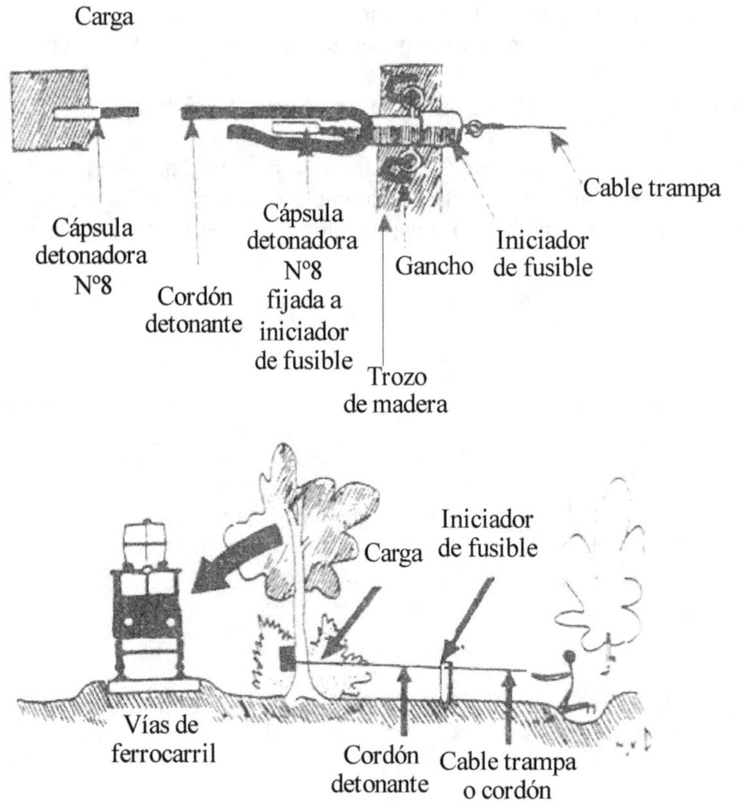

17. Atacando la Red de Energía

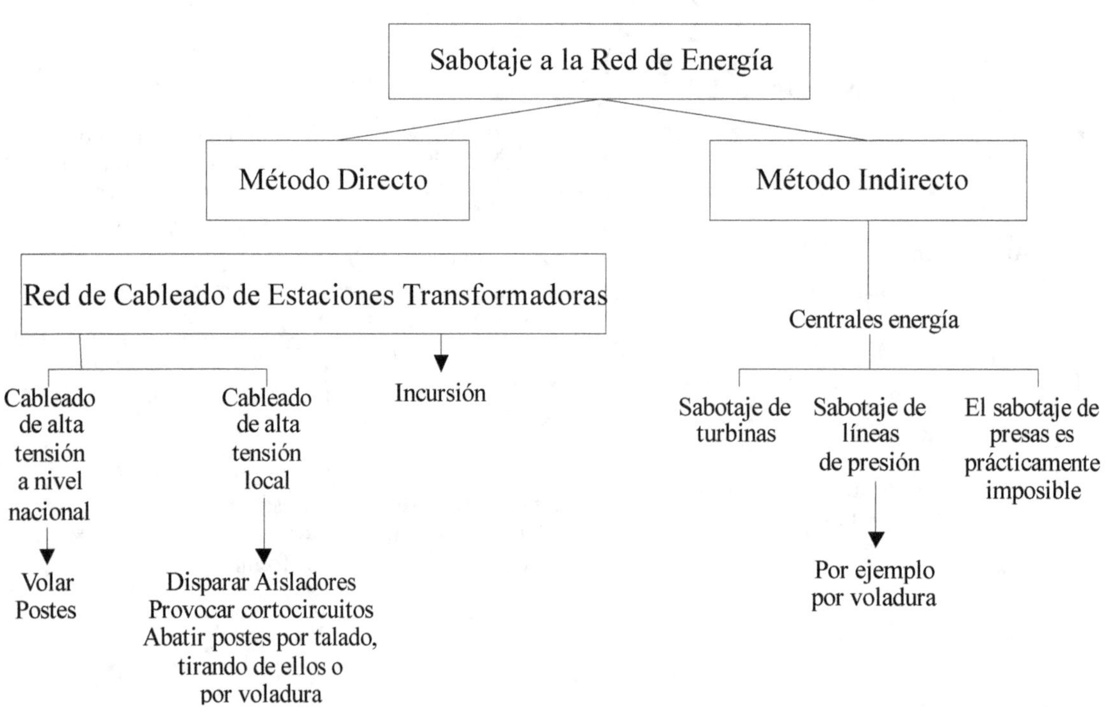

Incursión a Estación Transformadora
Una estación transformadora consiste de los siguiente:

a. Vivienda del encargado:
En el piso inferior una habitación grande con el equipo de control y conmutadores: en el primer piso las
viviendas de los operarios que tienen que atender de forma constate los equipos.
b. Cerca:
Para evitar accidentes, suele rodear toda la instalación una cerca de malla de alambre trenzado de entre 2
y 2´5 m. de altura y alambre de espino.

Esbozo básico

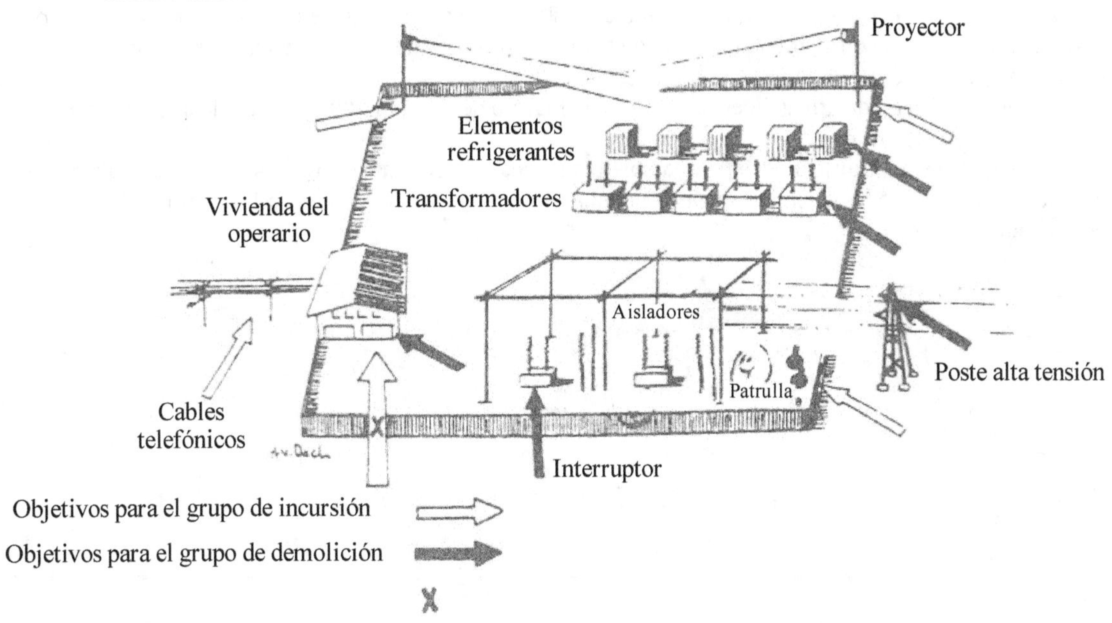

c. Proyectores
Se encuentra instalado un sistema de proyectores sobre postes dentro de la instalación los cuales iluminan
toda la instalación de forma que se puedan efectuar trabajos incluso de noche.

d. Postes de alta tensión:
Suministro de tensión mediante postes de alta tensión. El último poste está situado en las cercanías de la
cerca (a una distancia inferior a 100 m.).

e. Transformadores y accesorios:
Incluye transformadores, elementos de refrigeración, conmutadores y aisladores; todos los cuales están
situados en el exterior. Teléfono de la vivienda del encargado.

Tarea del destacamento de guerrilla
1. El elemento de asalto rompe la cerca de la instalación con cargas de demolición o la corta con corta
alambres; interrumpe las comunicaciones telefónicas con la casa del encargado (también la vivienda del
guardia); dispara a todos los proyectores durante la operación; elimina a los guardias; los guardias
empleados de la estación transformadora.

2. El elemento de demolición destruye las instalaciones técnicas.

3. El elemento de seguridad aísla la instalación evitando la llegada de refuerzos; cubriendo la retirada de los grupos de incursión y demolición.

Si el tiempo apremia, destruye los transformadores. Son el "centro nervioso" de toda la instalación. Dado que hay relativamente pocos transformadores, este trabajo no llevará demasiado tiempo. Los transformadores están protegidos por una pared de metal de unos 10 mm. de espesor.

Destruirlos con fuego de armas ligeras, usando munición perforadora de blindaje, fusiles anticarro o lanzacohetes; o detona unos 4 Kg. de explosivo sobre el transformador.

Si dispones de más tiempo, además de los transformadores, destruye los elementos de refrigeración con fuego de armas ligeras, usando munición de postas, fusiles anticarro o lanzacohetes; o detona 2 Kg. de explosivo que pueden sujetarse con una cuerda, alambre o ganchos fijados en medio del elemento refrigerador.

Si dispones de suficiente tiempo destruye también los aisladores. Dado que encontrarás gran cantidad de ellos, esto llevará una considerable cantidad de tiempo. Estos aisladores están hechos de porcelana de unos 3 cm. de espesor.

Destrúyelos con fuego de armas ligeras, a golpes de maza o detonando 200 gr. de explosivo colocado entre cada disco del aislador.

Si dispones de tiempo ilimitado destruye también la instalación conmutadora y los cables de alta tensión que llevan la corriente a toda la instalación detonando tres cargas individuales de 1 Kg. por cada conmutador.

Vista general de centro de transformación

Aisladores

Esbozo detallado de las cargas y fusibles empleados

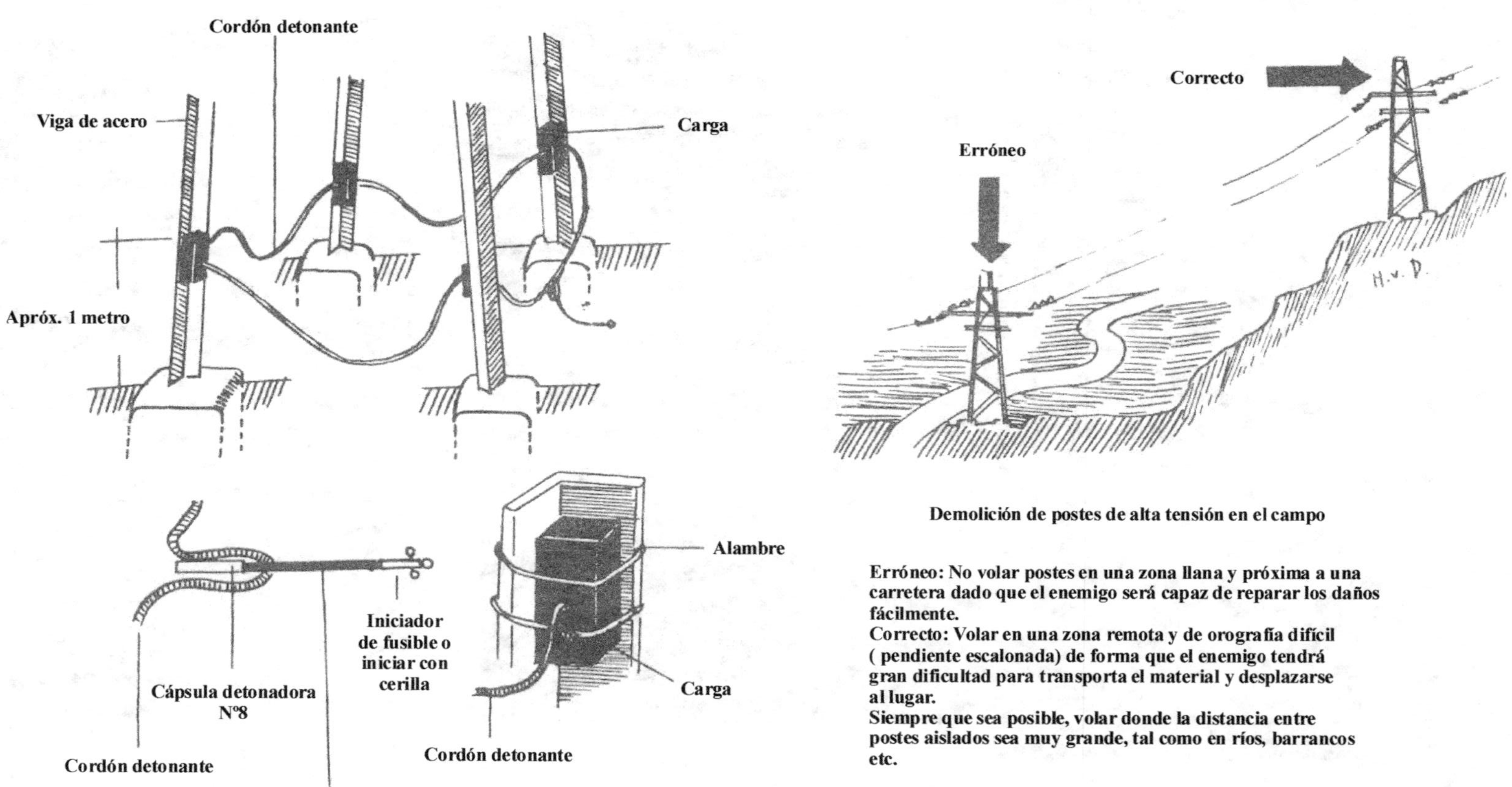

**Detalles sobre la colocación
del sistema de detonación**

**Método de colocación
de la carga**

Demolición de postes de alta tensión en el campo

Erróneo: No volar postes en una zona llana y próxima a una
carretera dado que el enemigo será capaz de reparar los daños
fácilmente.
Correcto: Volar en una zona remota y de orografía difícil
(pendiente escalonada) de forma que el enemigo tendrá
gran dificultad para transporta el material y desplazarse
al lugar.
Siempre que sea posible, volar donde la distancia entre
postes aislados sea muy grande, tal como en ríos, barrancos
etc.

18. Ataque Sorpresa a un Depósito de Combustible

Esto se aplica a instalaciones de superficie. Como norma, los depósitos de combustible están situados en las proximidades de las estaciones de ferrocarril y están conectadas a ellas mediante apartaderos de vías.

En el planta inferior de la vivienda del encargado se encuentra un punto de recarga de combustible para camiones cisterna tras una rampa.

El 2° piso aloja la vivienda del encargado. La instalación dispone de depósitos de superficie (con una capacidad de hasta varios millones de litros – estos son parte de la instalación) y tanques subterráneos (accesibles desde una trampilla) así como las instalaciones de recarga (en la vía para los vagones cisterna vacíos) .

Hay un teléfono en la vivienda del encargado así como en la vivienda del guardia. La cerca alrededor de la instalación es de construcción sencilla y no suele ser tan fuerte como la que protege una estación transformadora.

Esbozo de principio

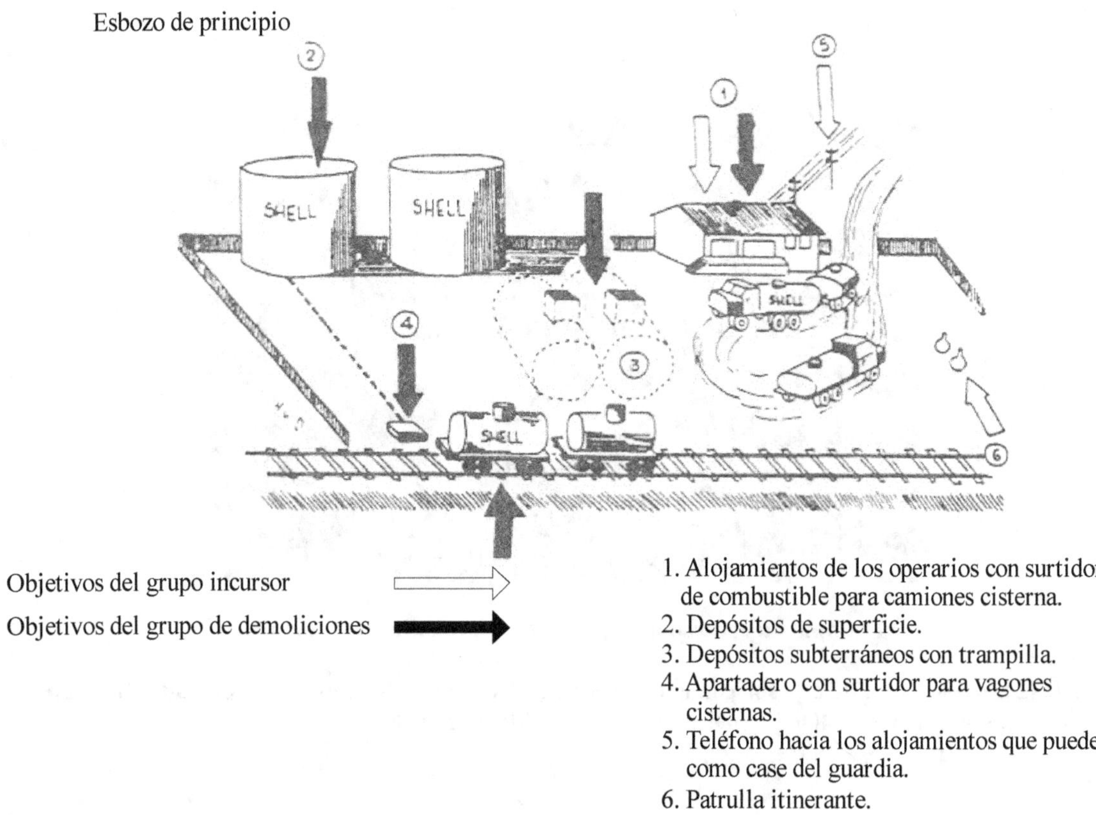

Objetivos del grupo incursor

Objetivos del grupo de demoliciones

1. Alojamientos de los operarios con surtidor de combustible para camiones cisterna.
2. Depósitos de superficie.
3. Depósitos subterráneos con trampilla.
4. Apartadero con surtidor para vagones cisternas.
5. Teléfono hacia los alojamientos que puede como case del guardia.
6. Patrulla itinerante.

Responsabilidades del Destacamento de Guerrilla:

1. Los elementos de asalto cortan las líneas telefónicas, eliminan a los guardias y al encargado de guardia de la estación.

2. El elemento de demolición destruirá las instalaciones técnicas, incluyendo cualquier vagón cisterna del apartadero.

3. El grupo de seguridad aislará la instalación, emboscará los refuerzos

y cubre la retirada de los grupos de incursión y demolición.

Prioridades de Destrucción
Si el tiempo apremia, destruye solo las instalaciones de depósitos de superficie y subterráneos.
Si dispones de tiempo suficiente, destruye también el sistema de recarga de los camiones y vagones cisterna.
Destruye las instalaciones y vagones cisterna del exterior con fusiles anticarro o lanzacohetes, o detona al menos cargas de 4 Kg. de explosivo en la parte inferior de los depósitos.
Si el depósito no explota, será necesario prender fuego al combustible. Esto puede hacerse usando munición trazadora, bengalas, granada de mano o usando armas anticarro o lanzacohetes.
Normalmente los depósitos están enterrados a una profundidad de 1 a 3 m.. Detona una carga en la trampilla, directamente en la pared del depósito. Si el tanque está lleno, la explosión romperá las paredes del depósito dado que el líquido no puede ser comprimido. Si depósito no está totalmente lleno, el espacio vacío suele contener una mezcla de vapor de combustible y aire que puede explotar. En cualquier caso, la carga tiene que ser colocada en la parte externa del depósito.

Trampilla de acceso al depósito de combustible subterraneo

Abrir la tapa de 5 mm de espesor con la llave cogida al vigilante del depósito capturado. Destruirlo Detonando una carga de 400 gr. colocada sobre el orificio de la llave.

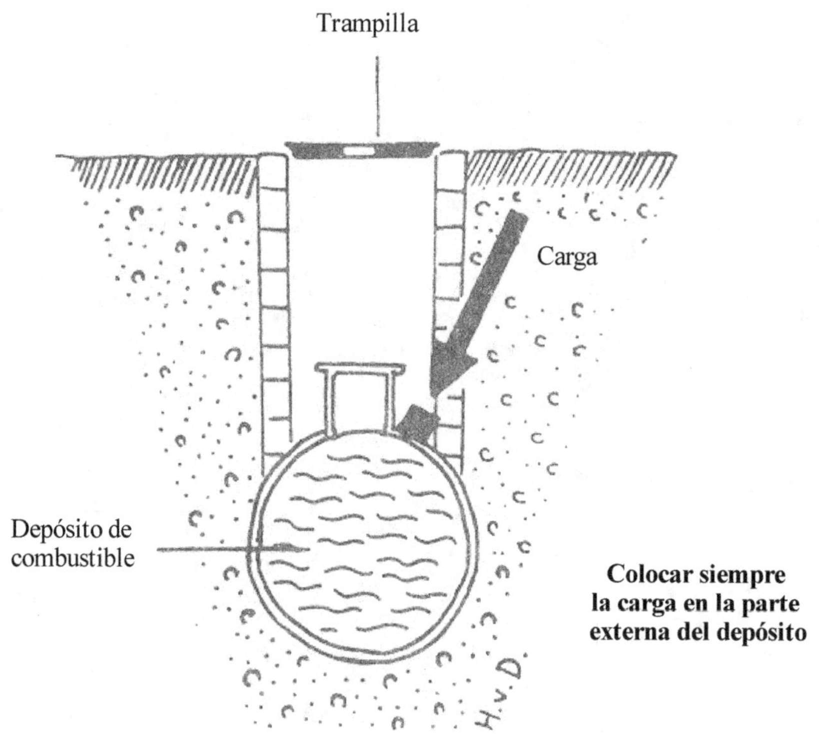

Vagón cisterna

Destruir con fusil anticarro o lanzacohetes. Si es necesario usar una carga de 500 gr. En el lugar indicado por la flecha. Si el vagón cisterna no explota, al menos el combustible se derramará.

La abertura es similar a la empleada en los depósitos subterráneos.

Para destruir, detonar una carga de 1Kg. Ceca del sistema de rellenado.

19. Incursión contra un Aeródromo

Tarea del Destacamento de Guerrilla
       a. El grupo de asalto se encargará de:
    (1) Interrumpir las comunicaciones telefónicas;
    (2) Eliminar los guardias;
    (3) Matar al personal de vuelo y de tierra en sus barracones;
    (4) Destruir la artillería antiaérea y la instalación de proyectores del sistema defensivo del aeródromo.
    b. El grupo de demolición se encargará de:
    (1) Destruir los aviones así como las instalaciones técnicas.
    c. El grupo de seguridad se encargará de:
    (1) Aislar el aeródromo bajo ataque;
    (2) Combatir a los posibles refuerzos;
    (3) Cubrir la retirada de los grupos de incursión y demolición.

Prioridades de Destrucción
Si el tiempo apremia, destruye solo los aviones del suelo.
Si dispones de tiempo suficiente, destruye también las instalaciones de radar y radio.
Si dispones de tiempo ilimitado, destruye también los depósitos de combustible y los talleres de reparación.

Métodos de Destruir Equipo y Material de un Aeródromo

a. Aviones – detona una carga de 1 Kg. en el fuselaje directamente tras la cabina.

b. Instalaciones de Radar – detona una carga de 3 Kg. sobre el mecanismo de rotación de la antena; una carga de 2 Kg. sobre el panel de instrumentos.

c. Talleres de reparación – detona una carga de al menos 5 Kg. en medio del taller de reparación, o prende fuego usando gasolina, petróleo, aceite y grasa, los cuales probablemente encontrarás en el taller.

d. Depósitos de Combustible - ver "Destrucción de depósitos de combustible".

e. Artillería antiaérea – lanza una granada 43 dentro del tubo del cañón.

f. Proyectores – haz fuego en el reflector; pon una carga de 1 Kg. en el mecanismo de giro; destruye el generador con una carga concentrada de 2 o 3 Kg.

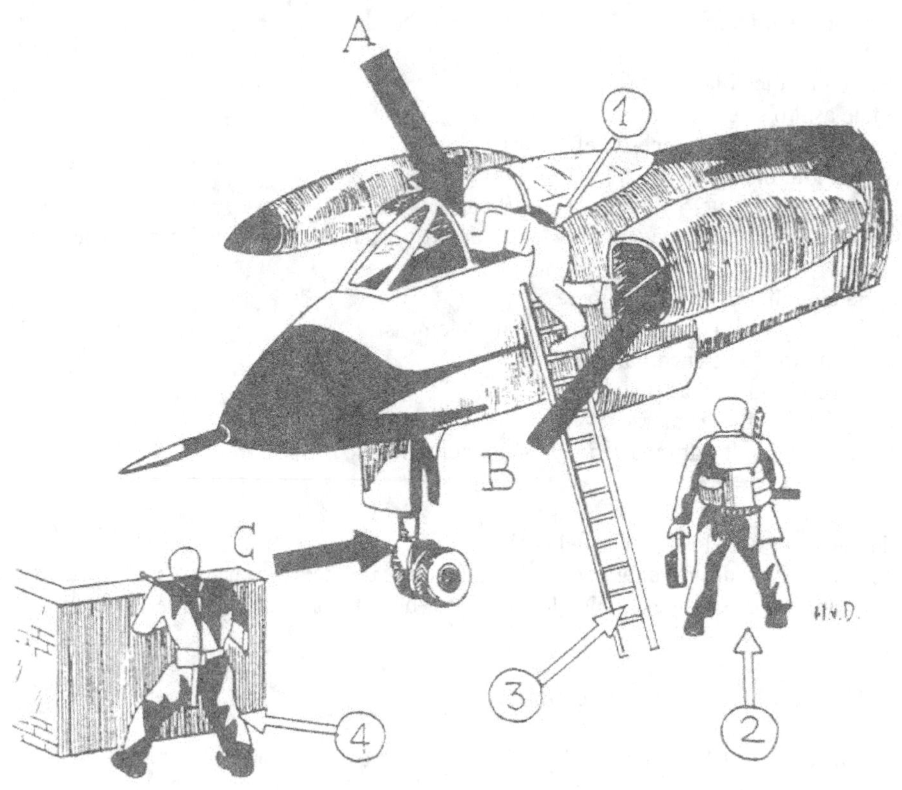

Destrucción de un jet

1. Los expertos en demoliciones llevan carabina, escalera, alambre y colocan la carga en el avión.
2. El portador con subfusil lleva cierto número de cargas preparadas empaquetas individualmente en una mochila.
3. La escalera, es de unos 3 m. Sin ella, serás incapaz de alcanzar los puntos más vulnerables.
4. El líder del equipo lleva subfusil, granadas de mano y elimina, si es necesario, a cualquier guardia. Cubre a los dos miembros de su equipo durante la colocación de las cargas.

Posibles métodos de destrucción. Puntos favorables.

A. Colocar contenedores incendiarios en el asiento del piloto. A menos que conozcas el modelo del avión, tendrá que forzar el techo de la carlinga con un hacha o una palanca. El ruido es inevitable.
B. Toma de aire de la turbina del motor. Lanza una granada de mano modelo 43 o una carga de demolición dentro de la toma, lo que provocará un gran daño a las alas, el motor y el fuselaje
C. Tren de aterrizaje o parte superior se su alojamiento. Coloca una carga de demolición de 500 gr. en la rueda delantera y otras en cada rueda bajo las alas.

Boceto de principio

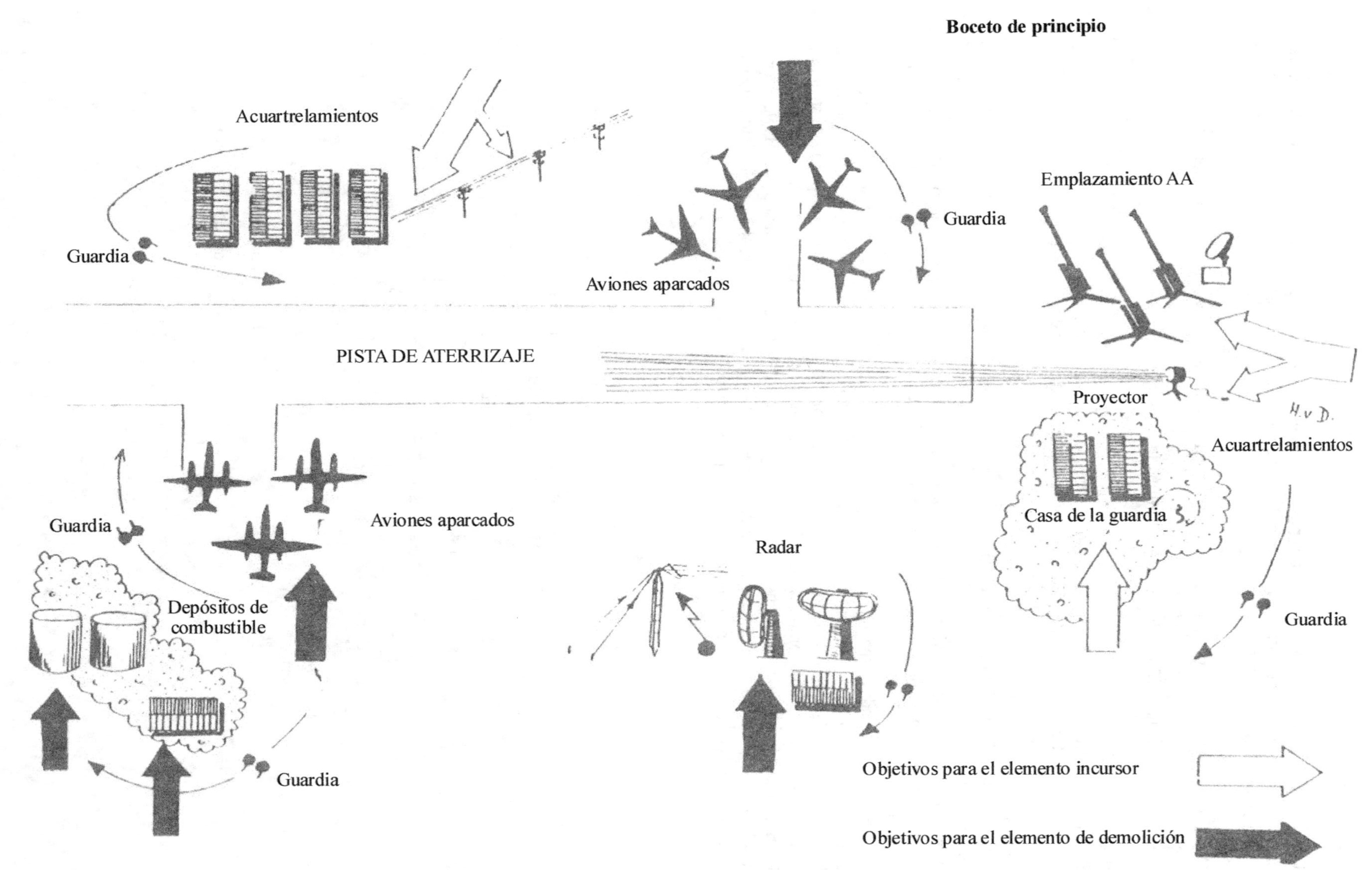

20. Destruyendo un Puente

Los puentes importantes serán demolidos por nuestras tropas en retirada. Los destacamentos de guerrilla estarán en posición de destruir "puentes auxiliares" construidos por el enemigo. Estos estarán construidos en madera o metal.
Puentes de Madera:
Colocar apresuradas cargas de poste, torpedos bangalore cruzando la calzada. Si hay vigas de prolongación, usar explosivos normales.
Si dispones de tiempo suficiente, destruye también los contrafuertes.

Puentes Metálicos:
Si el tiempo apremia, usa cargas apresuradas; destruye solo las vigas.
Si dispones de tiempo suficiente, destruye según el plan; corta el puente sencillamente seccionándolo.

Cargas:
Ambas en las vigas inferiores; una en la viga superior; una en la riostra diagonal del mismo lado; en los apoyos de la calzada.
Al no cortar ninguna de las vigas superiores, provocarás que el puente se gire de lado antes de caer. La retirada de los escombros será de esta forma más dificultosa y el volver a reutilizar las vigas maestras será imposible.
No albergar demasiadas expectativas durante estas muy sencillas demoliciones de puentes ni esperes efectos destructivos. Solo interrumpirás el tráfico durante un corto período de tiempo. En la mayoría de los casos, el enemigo, utilizando modernos métodos de construcción, reconstruirá el puente destruido en un relativo breve tiempo. Como resultado, no es importante como vuelas un puente sino cuando lo hagas.
Un trabajo de demolición técnicamente primitivo, ejecutado poco antes de operaciones decisivas, será mucho más importante militarmente hablando que un brillante trabajo de demolición ejecutado durante un período de baja actividad cuando el enemigo no dependa del uso del puente.

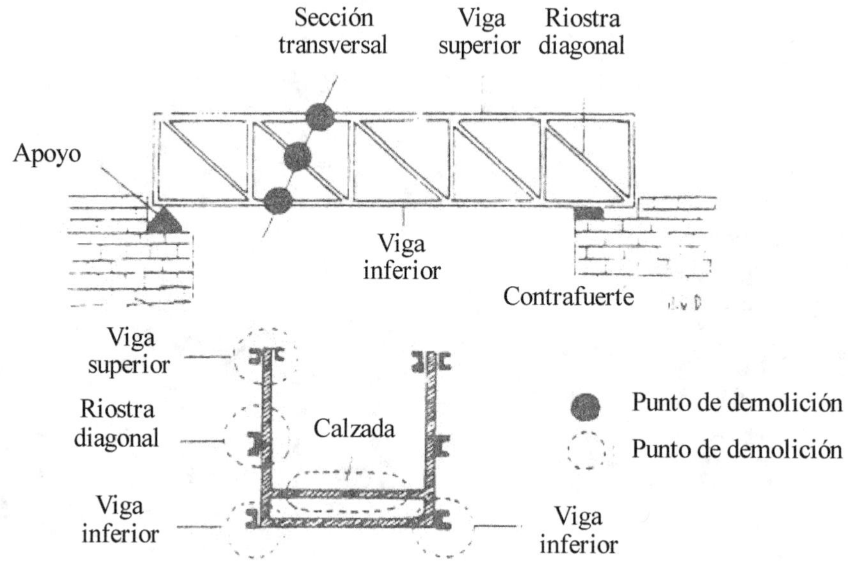

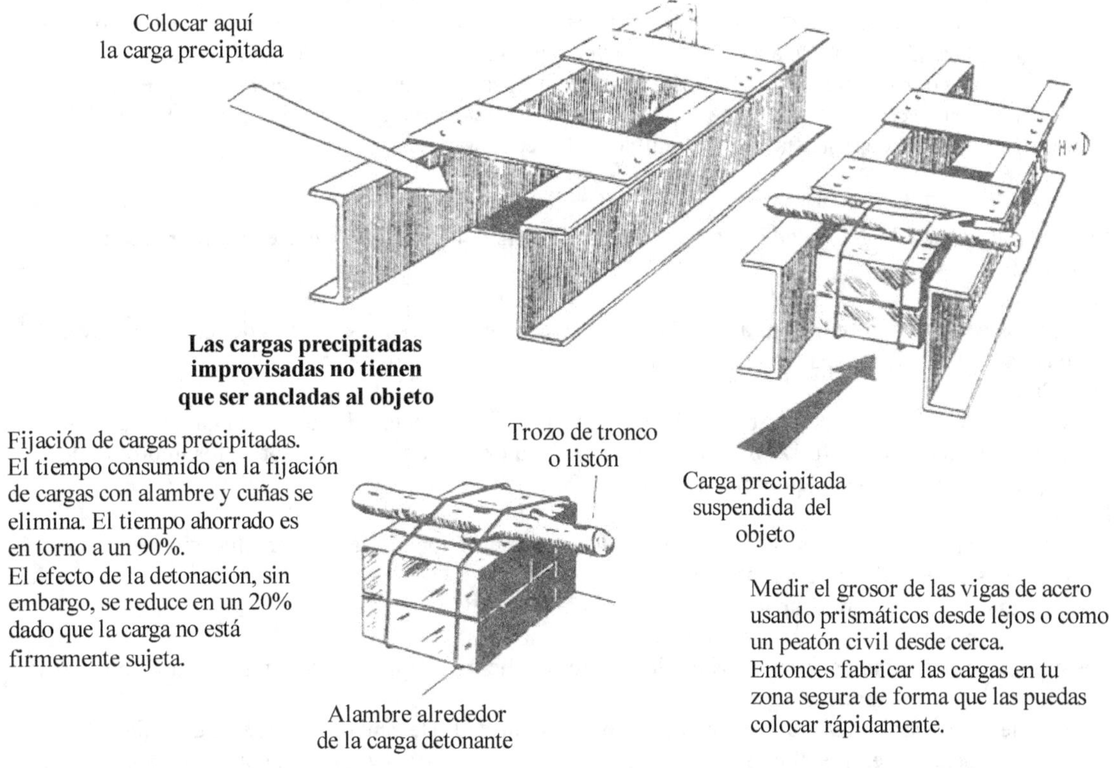

Fijación de cargas precipitadas.
El tiempo consumido en la fijación
de cargas con alambre y cuñas se
elimina. El tiempo ahorrado es
en torno a un 90%.
El efecto de la detonación, sin
embargo, se reduce en un 20%
dado que la carga no está
firmemente sujeta.

Medir el grosor de las vigas de acero
usando prismáticos desde lejos o como
un peatón civil desde cerca.
Entonces fabricar las cargas en tu
zona segura de forma que las puedas
colocar rápidamente.

21. Ocupación Temporal de Pueblos por Unidades de Guerrilla

Las fuerzas de ocupación pueden instituir las siguientes medidas: desmantelar plantas industriales
importantes y transportarlas fuera del país junto a la fuerza laboral; deportación masiva de civiles
sospechosos a ojos de las fuerzas de ocupación; destrucción a gran escala de instalaciones públicas e
industriales que no puedan ser desmanteladas tales como centrales eléctricas, instalaciones de gas,
instalaciones de ferrocarril, puentes, etc.
El enemigo especialmente llevará a cabo estas medidas cuando se vea obligado, por hechos que están
fuera de su alcance (derrotas en el frente), a retirarse del territorio que ha ocupado. Si las unidades de
guerrilla y el movimiento de resistencia civil son capaces de evitar que lo hagan, proporcionarán servicios
incalculables al país al preservar como mínimo una porción de las instalaciones públicas e industriales
para la reconstrucción de la posguerra.
Para poder hacer esto debes ser capaz de tomar poblaciones rápida y eficientemente. Haz esto como
sigue:
Fase Una:
Efectuar una coordinación entre el movimiento de resistencia civil y la unidad de guerrilla. El
movimiento de resistencia civil ayudará a la unidad de guerrilla como sigue:
a. Reconociendo cuarteles del enemigo, puntos de concentración, almacenes y puntos fuertes de la
población.

b. Reconocer zonas de reunión favorables (apartamentos, sistema de alcantarillado) para los grupos de incursión.

c. Descubrir las mejores maneras de infiltrarse a estas zonas de reunión, p. ej., a través del sistema de alcantarillado, vía patios traseros y jardines; pasando de incógnito en vehículos o desplazándose durante apagones, y aprovechándose de las horas del toque de queda.

d. Los comandantes de los grupos de incursión llevarán a cabo un reconocimiento de sus objetivos vestidos con ropa de civil; durante esta operación serán guiados por miembros del movimiento de resistencia civil familiarizados con las zonas.

Fase Dos:

Movilizar la unidad de guerrilla. El movimiento de resistencia indicará las carreteras y proporcionará seguridad.

Fase Tres:

Los grupos de incursión se infiltrarán en la población y se desplazarán a sus zonas de reunión a través del sistema de alcantarillado, apartamentos y talleres cercanos a los objetivos potenciales.

Fase Cuatro:

Los objetivos más importantes (ver figura) serán atacados súbitamente. El grueso de la unidad de guerrilla que aún permanece en las afueras de la población, será traído en transportes motorizados improvisados, si es necesario, y eliminará cualquier resistencia enemiga.

Divide tu unidad como sigue:

Asigna destacamentos para aislar la población sellando las principales vías de comunicación en puntos críticos, tales como puentes, gargantas, etc.

Asigna destacamentos para ocupar puntos débiles o no defendidos.

Organiza grupos de incursión para eliminar cuarteles, guardias y puntos fuertes.

Los grupos de seguridad deberían apoyar a los grupos de incursión que encuentren fuerte resistencia o se enfrenten a reservas enemigas.

Tienes que motorizar inmediatamente a tus grupos de seguridad. De acuerdo a esto, los depósitos de vehículos y cocheras serán incluidos entre los objetivos más importantes. Asigna conductores a los grupos de seguridad.

Objetivos

Ocupa los puentes dado que esto garantizará nuestro libre flujo de tráfico. Al mismo tiempo, bloqueará las vías de comunicación del enemigo.

Ocupa las emisoras de radio dado que esto te permitirá la difusión de anuncios a nuestra propia población y la comunicación con las naciones extranjeras amigas.

Ocupa edificios administrativos y gubernamentales cuando el enemigo ya no ofrezca una defensa unificada y coordinada. Esto facilitará el control de nuestra población; asegura los archivos y documentos y ayuda a arrestar a colaboradores importantes y altos funcionarios del enemigo.

La ocupación de las prisiones evitará que la policía política ejecute a los prisioneros políticos.

Ocupa los edificios administrativos y telefónicos para evitar que el enemigo los utilice. El sistema de comunicación telefónico solo puede ser interrumpido de golpe en la central telefónica.

Ocupa las instalaciones ferroviarias para evitar que el enemigo se retire con su material pesado. Esto también evitará la rápida llegada de refuerzos del exterior. Dada la carencia de personal tienes que contentarte con bloquear las principales vías de comunicación.

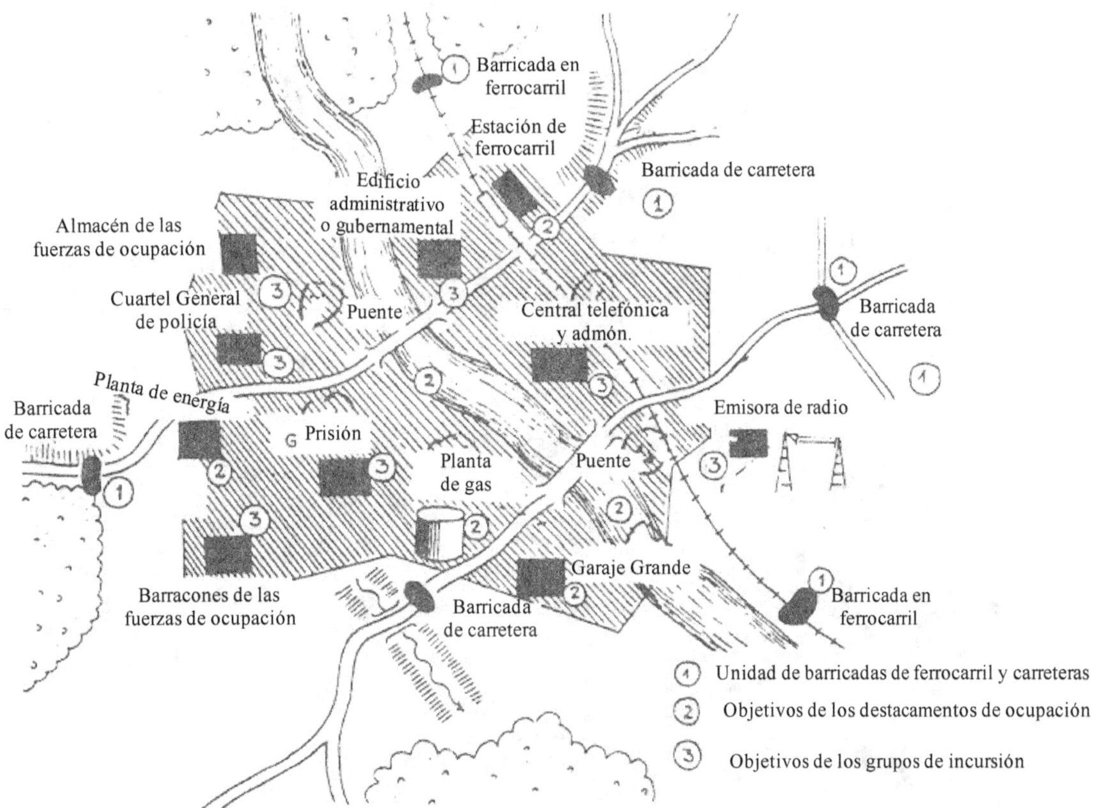

IV. Como un Enemigo con Equipo Moderno Operará contra tu Destacamento de Guerrilla

A fin de tener éxito en la guerra contra guerrillera a largo plazo, el enemigo está obligado a ocupar todos los puntos importantes simultáneamente durante todo el tiempo, y al mismo tiempo sistemáticamente limpiar los territorios infestados con unidades de guerrilla.
Para poder controlar las carreteras tendrá que emplear unidades motorizadas, mecanizadas o acorazadas. La zona intermedia será controlada por helicópteros. Es importante un reconocimiento detallado y continuo. Es por ello inevitable una considerable dedicación de personal (infantería). Esta es una de las razones por las cuales los ejércitos altamente mecanizados, donde el porcentaje de personal de infantería es muy pequeño, tienen gran dificultad en suprimir operaciones de guerrilla.

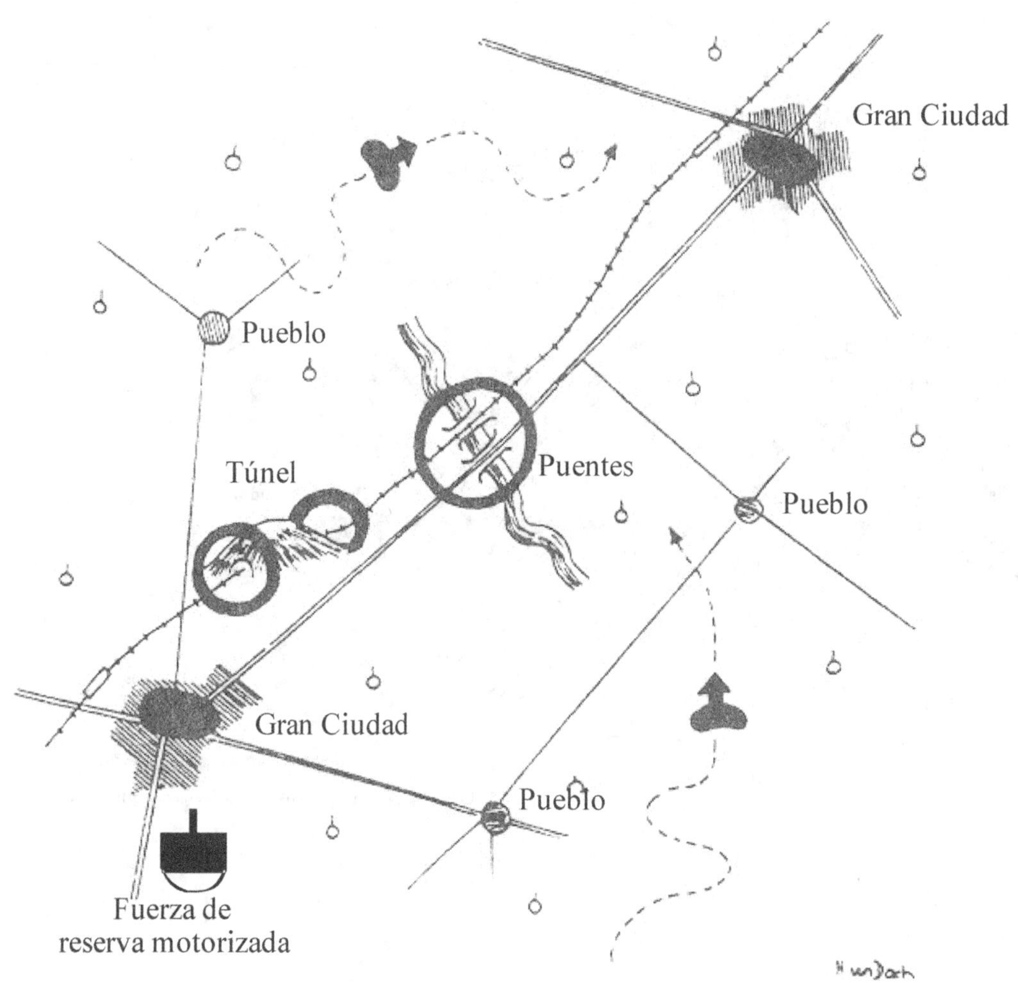

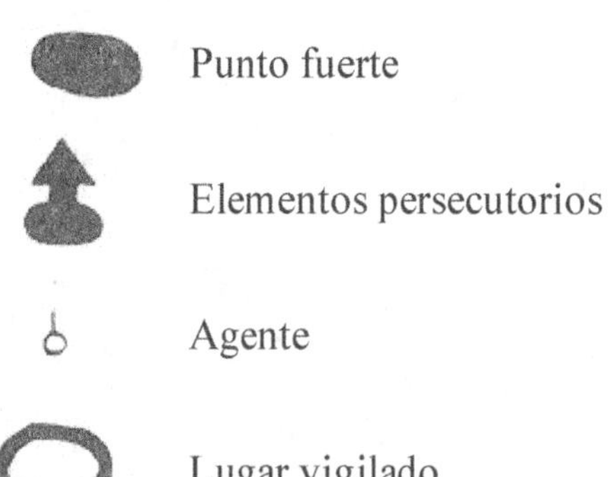

Punto fuerte

Elementos persecutorios

Agente

Lugar vigilado

Distribución de la fuerzas durante el combate de guerra de guerrillas
Un tercio de tus fuerzas en puntos fuertes
Un tercio de tus fuerzas como fuerza de reserva móvil (mucho personal, algún armento pesado)
Un tercio de tus fuerzas asignadas a unidades persecutorias (poco personal, solo armas ligeras)

La implicación directa de la Fuerza Aérea suele ser demasiado costosa en comparación con los resultados obtenidos (excepto las operaciones de helicópteros o aerotransportadas).
Durante la resistencia local, los puntos tamaño compañía están situados a una distancia entre sí de unos 10 Km.
Los equipos transmisores de larga distancia son una dotación estandar necesaria para las tropas.
Normalmente, esto dará como resultado una diferencia de un escalón (p. ej., el pelotón necesitará el transmisor de una compañía, la compañía el del batallón, etc.).
Los requisitos de suministro son pequeños dado que tendrán lugar solo pequeños encuentros. Los elementos de apoyo tendrán que ser escoltados en todo momento. Los alojamientos serán situados en grandes edificios interconectados. Estarán protegidos con alambre de espino, ametralladoras y emplazamientos de mortero, así como con proyectores. Mediante tales fortificaciones, se puede dedicar más personal a las unidades de persecución.
El tráfico por carretera solo será autorizado de día. En cruces e intersecciones todos los vehículos serán detenidos. Se formarán convoyes escoltados a través de las zonas infestadas por las guerrillas. Dos vehículos escolta (carros ligeros, vehículos de exploración blindados) acompañarán apróximadamente a unos 25 vehículos.

Organización y Funcionamiento de las Unidades de Persecución
Las unidades de persecución están compuestas de 20 a 25 hombres (pelotón) y solo portan armamento ligero, p- ej., subfusiles, fusiles de asalto, ametralladoras ligeras y granadas de mano.
Cada unidad tiene la misión de cazar a cierto destacamento guerrillero durante días o, si es necesario, semanas.
Para hacer esto eficazmente, la unidad debe ocultar todos sus movimientos, vivir de la misma forma que el destacamento guerrillero.
Por nuestras propias acciones, será inevitable que la presencia del destacamento guerrillero quede expuesto.
Agentes enemigos equipados con transmisores localizarán la zona en la cual tu destacamento debe operar.
Los helicópteros de observación mantendrán el contacto visual con tu destacamento una vez que hayas sido descubierto y dirigirán a la unidad de persecución desde el aire a la zona de operaciones.
Se llevarán reservas aerotransportadas.

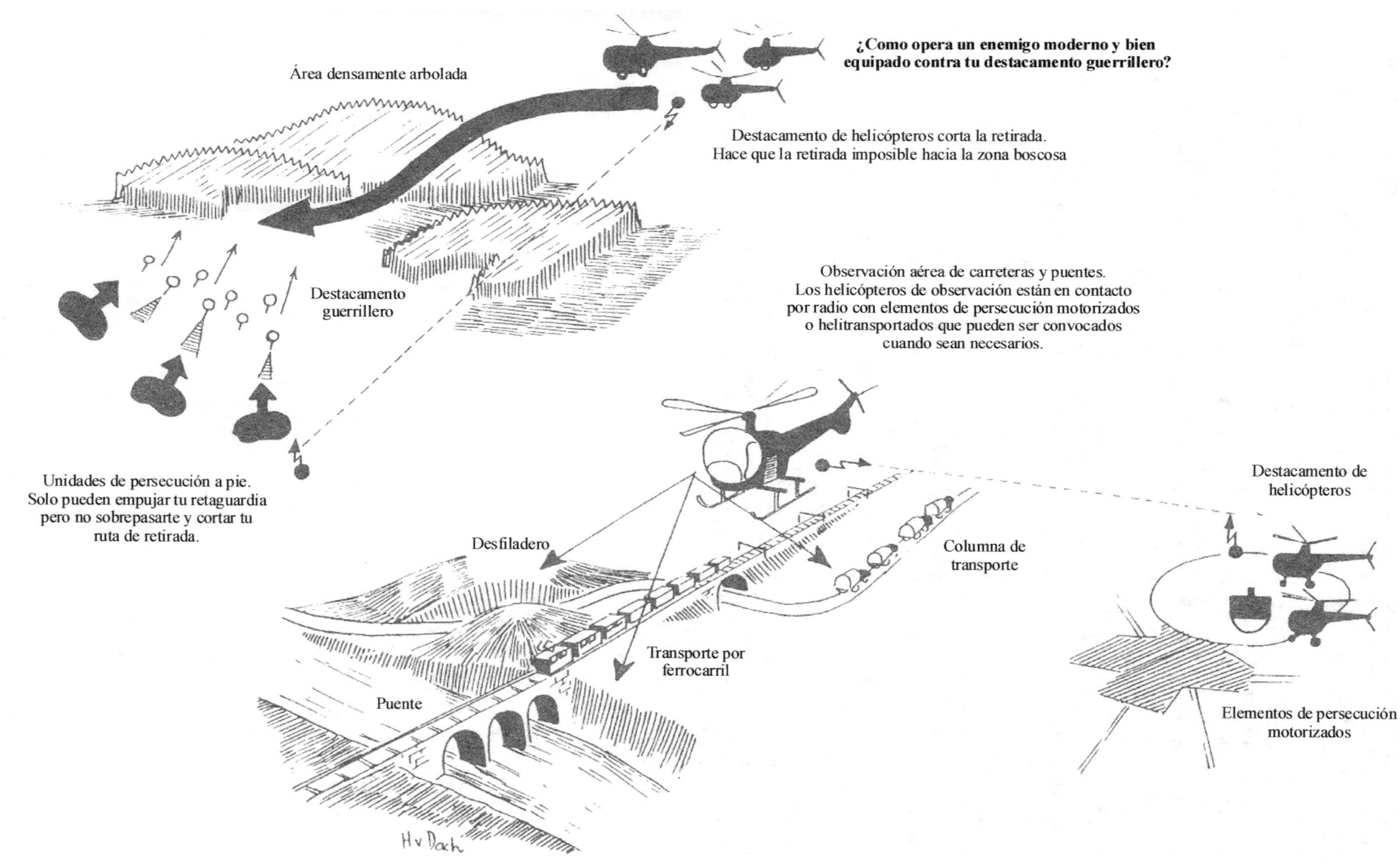

¿Como opera un enemigo moderno y bien equipado contra tu destacamento guerrillero?
Área densamente arbolada
Destacamento de helicópteros corta la retirada.
Hace que la retirada imposible hacia la zona boscosa
Observación aérea de carreteras y puentes.
Los helicópteros de observación están en contacto por radio con elementos de persecución motorizados o helitransportados que pueden ser convocados cuando sean necesarios.
Destacamento guerrillero
Unidades de persecución a pie.
Solo pueden empujar tu retaguardia pero no sobrepasarte y cortar tu ruta de retirada.
Desfiladero
Columna de transporte
Destacamento de helicópteros
Transporte por ferrocarril
Puente
Elementos de persecución motorizados
H v Dach

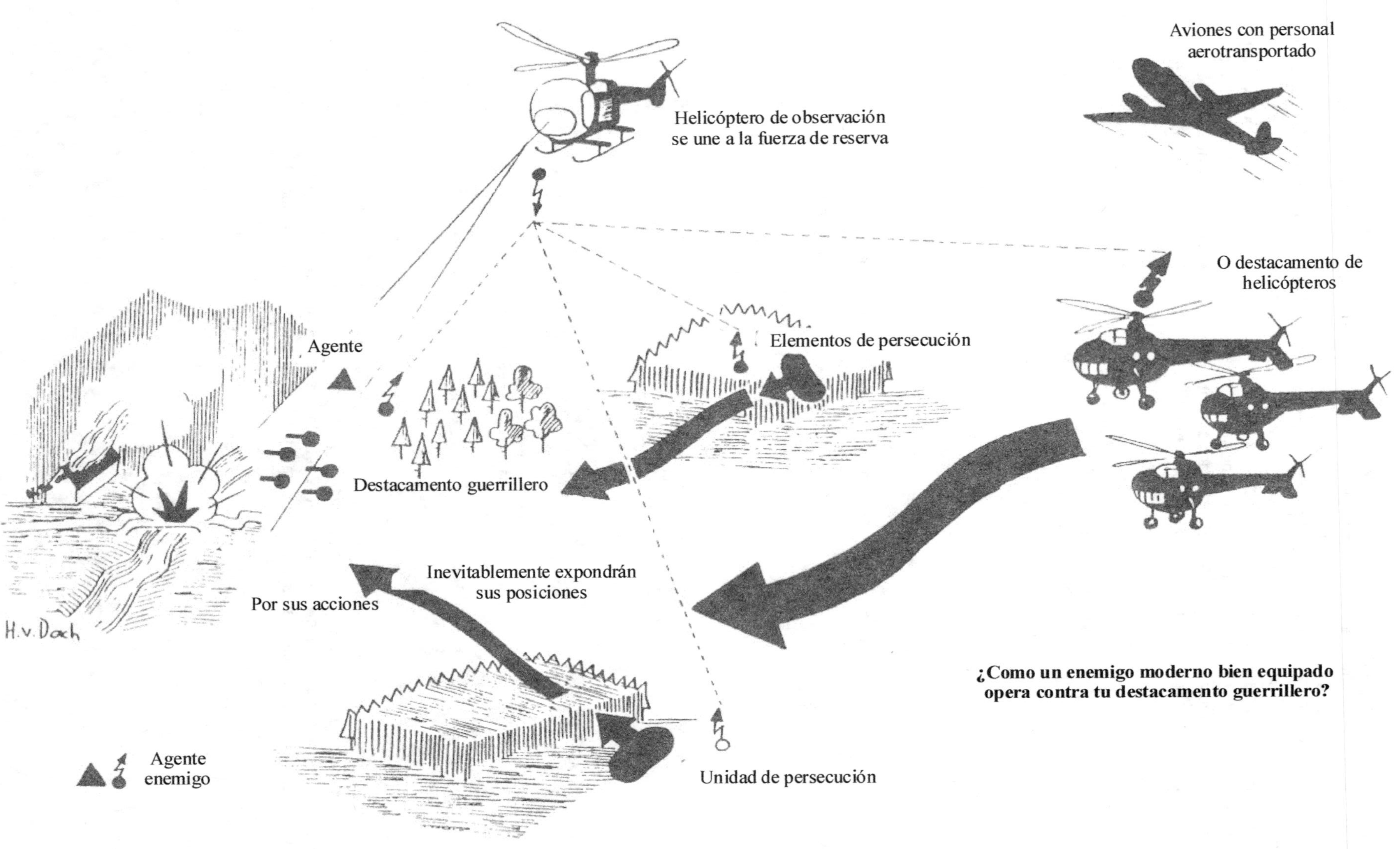

Aviones con personal aerotransportado
Helicóptero de observación se une a la fuerza de reserva
O destacamento de helicópteros
Agente
Elementos de persecución
Destacamento guerrillero
Inevitablemente expondrán sus posiciones
Por sus acciones
H. v. Dach
¿Como un enemigo moderno bien equipado opera contra tu destacamento guerrillero?
Agente enemigo
Unidad de persecución

Una fina línea de infantería peinará la zona infestada de guerrilla a pie cubriendo un amplio frente. El sector para una compañía suele ser de unos 3 Km. A una distancia suficiente una fuerza de reserva motorizada – una compañía reforzada – los seguirá.

Si se dispone de artillería y blindados, serán asignados a la fuerza de reserva. Si la infantería encuentra una fuerte resistencia la fuerza de reserva será llamada por radio. Dado que las operaciones anti-guerrilleras de esta clase solo obligan a las guerrillas a retirarse pero no causan su destrucción, se dirige una fuerza de bloqueo contra el enemigo, que tiene que ser establecida antes del inicio de la operación. Normalmente, la fuerza de bloqueo será estacionada a lo largo de algún terreno de características infranqueables tales como un río o una cadena montañosa.

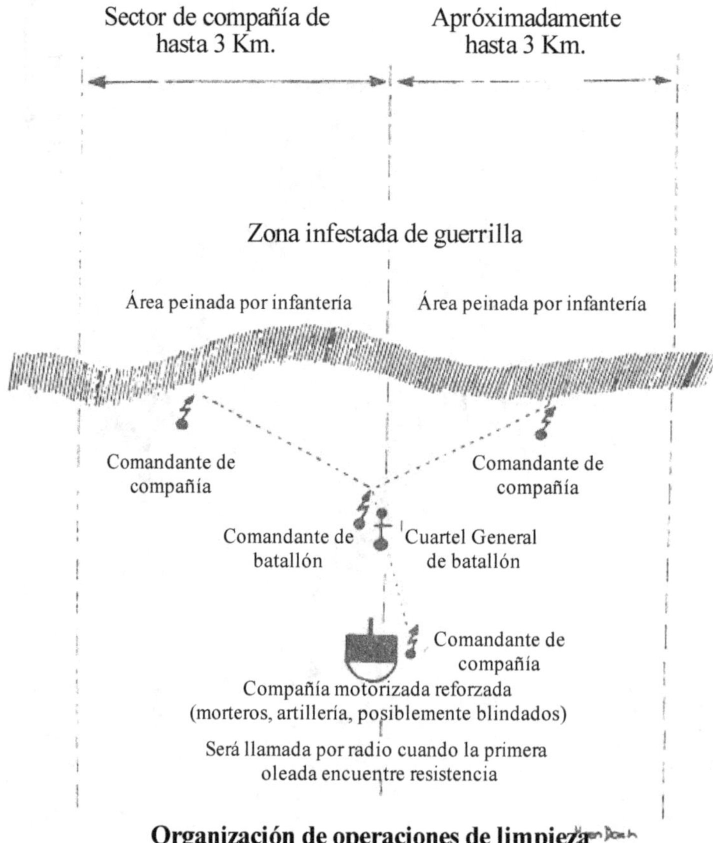

Organización de operaciones de limpieza

La buena observación y campos de tiro son pre-requisitos para establecer una "red":

La asignación de fuerzas será aproximadamente la siguiente:

"Red": ¼ del personal de infantería disponible, 2/3 de las armas pesadas disponibles.

"Batidores": ¾ del personal de infantería disponible y 1/3 de las armas pesadas disponibles

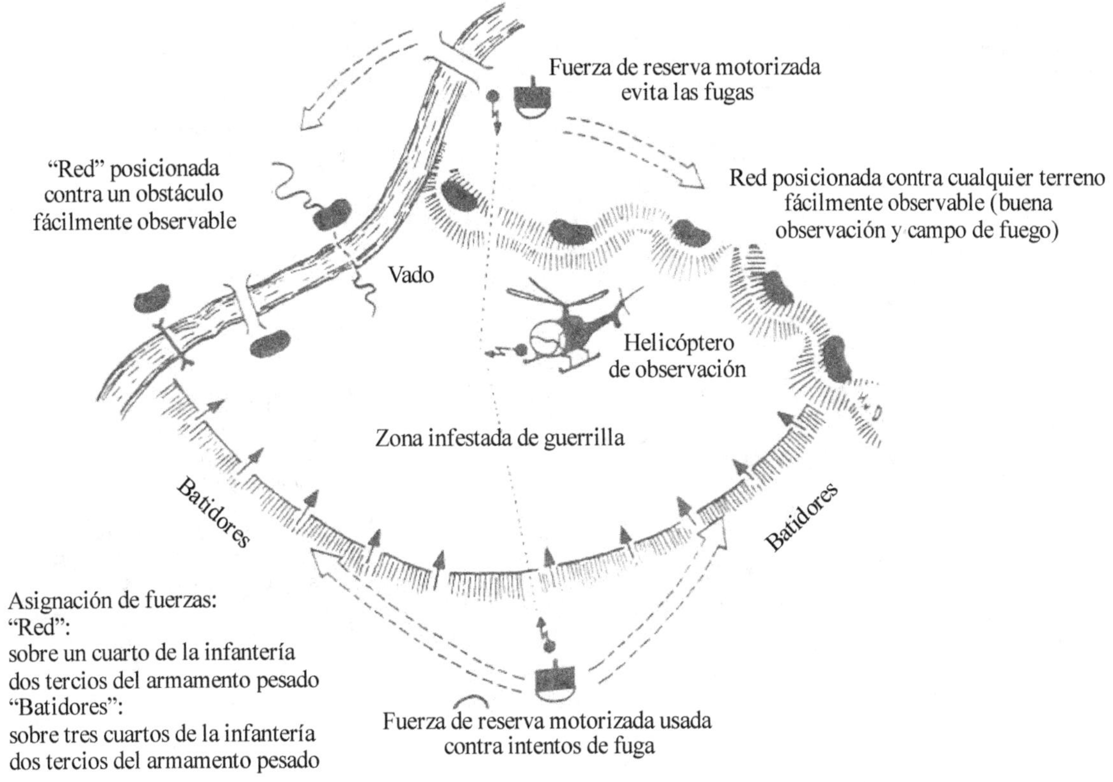

Sugerencias para evadirse cuando estas siendo cazado

No intentar evadirse al comienzo de una operación de limpieza dado que la moral del enemigo y su resistencia es alta.

Posteriormente, el enemigo será más descuidado, más negligente y menos atento. Los soldados tenderán a pasar por alto los terrenos más dificultosos y agotadores.

Las formaciones en línea se romperán dado que la gente prefiere – especialmente de noche – seguir senderos y características favorables del terreno por desidia. Consecuentemente, la noche ofrecerá las mejores oportunidades para la evasión.

Ocasionalmente elementos perseguidores se concentrarán para comer y reorganizarse. Durante estos períodos, el enemigo solo tendrá una débil red de guardias de seguridad lo que incrementará tus posibilidades de evadirte.

Con el fin de perseguir a un destacamento de guerrilla de solo 100 hombres, el enemigo pronto necesitará una fuerza de 10 a 20 veces mayor – 1 o 2 batallones.

Tras una evasión exitosa, concentrarse en un punto de reunión pre-acordado y desplazarse tan rápido como sea posible desde esa zona.

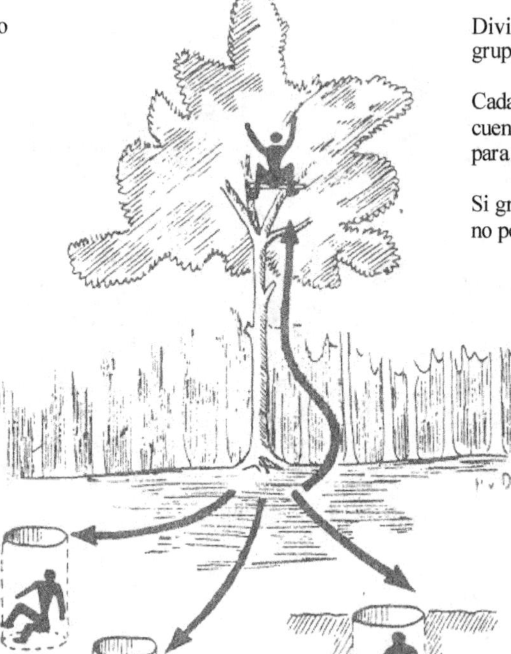

Se debe intentar escabullirse o romper el cerco.

Si esto es imposible, ocupar escondites bien camuflados. El enemigo no te detectará.

Divide toda la unidad en pequeños grupos de 3 a 4 hombre.

Cada grupo se ocultará por su cuenta en la zona asignada para ello.

Si grupos individuales son capturados no perderás toda la unidad.

El líder del grupo camuflará los agujeros de los miembros de su grupo y después ocupará una posición posible en un árbol.

También dará la señal cuando el peligro haya pasado y todos puedan salir de sus escondites.

Camuflaje - hierba, hojas, etc.

Apoyo de la cubierta de camuflaje - armazón de listones, de troncos, con arpillera o poncho en la mitad superior.

Puedes reducir la posibilidad de que los elementos de búsqueda del camino caminen sobre la cubierta de camuflaje descubriendo el hoyo y a tus tropas cavando los hoyos pegados a matorrales arbolitos, troncos de árbol, etc.

Si el enemigo no emplea perros, tienes buenas probabilidades de pasar inadvertido. En consecuencia, durante los combates, concentra tus disparos en los perros y sus cuidadores. Están entre tus peores enemigos. Una vez que un hoyo ha sido descubierto, todos los demás miembros del grupo saldrán de sus escondites y entablarán combate porque el enemigo hará una búsqueda exhaustiva de la zona.

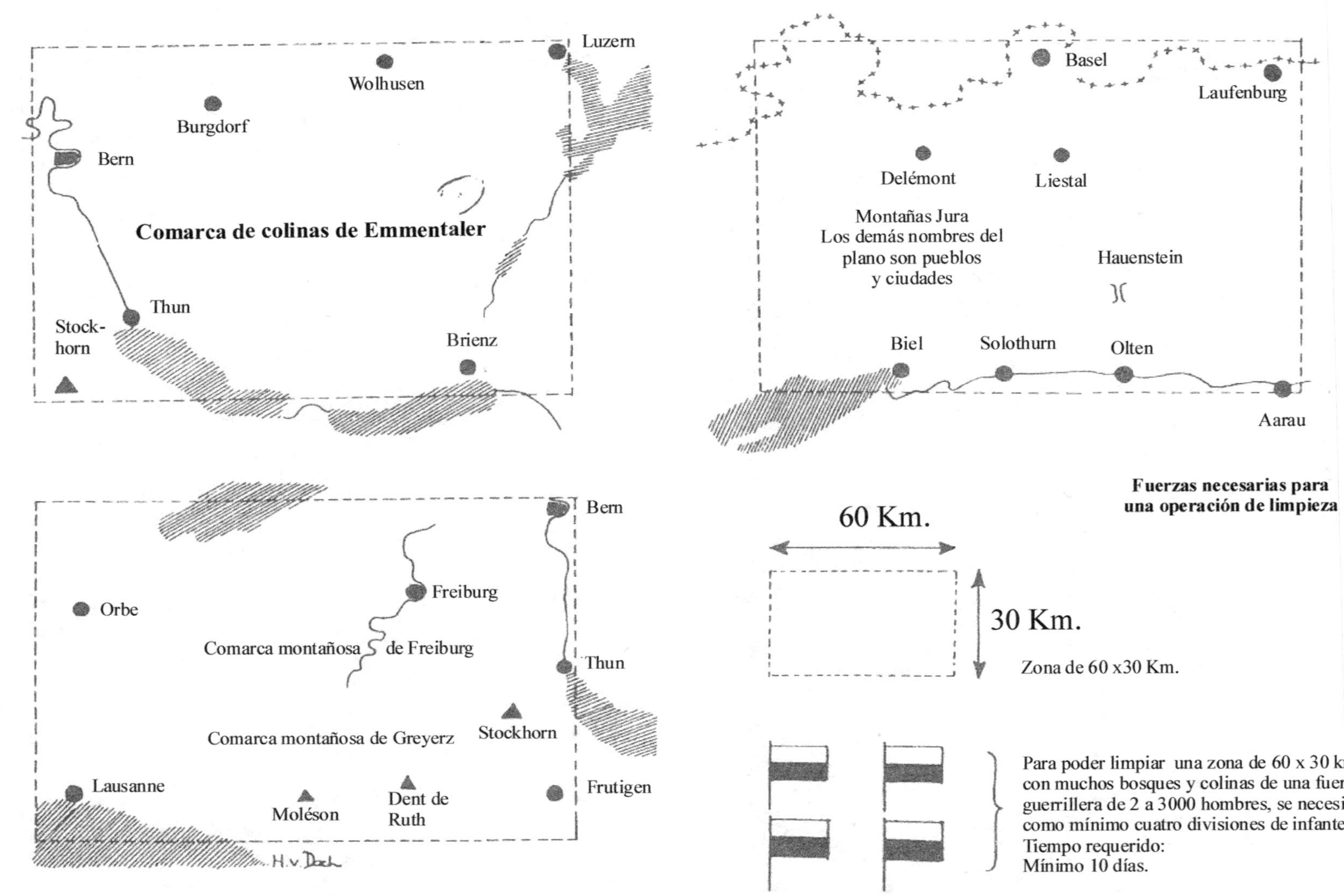

Comarca de colinas de Emmentaler

Luzern
Wolhusen
Burgdorf
Bern
Thun
Stockhorn
Brienz

Basel
Laufenburg
Delémont
Liestal
Montañas Jura
Los demás nombres del
plano son pueblos
y ciudades
Hauenstein
Biel
Solothurn
Olten
Aarau

Fuerzas necesarias para
una operación de limpieza

60 Km.
30 Km.
Zona de 60 x30 Km.

Bern
Orbe
Freiburg
Comarca montañosa de Freiburg
Thun
Comarca montañosa de Greyerz
Stockhorn
Lausanne
Moléson
Dent de Ruth
Frutigen
H.v.Dach

Para poder limpiar una zona de 60 x 30 km.
con muchos bosques y colinas de una fuerza
guerrillera de 2 a 3000 hombres, se necesita
como mínimo cuatro divisiones de infantería.
Tiempo requerido:
Mínimo 10 días.

Parte II
Organización y Operación del Movimiento de Resistencia Civil
I. Organización

1. Misiones del Movimiento de Resistencia Civil

a. Mantener la fé en la victoria final.

b. Informar a la población sobre la conducta adecuada frente el enemigo.

c. Recoger y ocultar armas y municiones para el momento cuando, junto a las unidades guerrilleras, pueda llevarse a cabo un alzamiento abierto. Esto coincidirá usualmente con el colapso cercano del enemigo, o la llegada de la tropas aliadas.

d. Desarrollar un servicio de inteligencia que asistirá a las unidades de guerrilla, y a las porciones del ejército que todavía resistan así como a los países extranjeros aliados.

e. Mantener una lista de todas las atrocidades cometidas por cada funcionario de los opresores para el "Día de Ajustar Cuentas". (Mediante carteles, panfletos y rumores, asegúrate de que todos, incluyendo al enemigo, conocen esto. Esta información servirá para evitar que algunos funcionarios se impliquen en tales hechos).

f. Publicar un periódico libre ("periódico clandestino").

g. Emitir programas de radio ("Emisora Libertad").

h. Establecer una organización para ocultar personas buscadas por la policía del enemigo (Servicio de Seguridad del Estado).

i. Establecer una red de escape y evasión para dotaciones de aviones derribados de países aliados o para prisioneros evadidos. (Enviar estas personas a nuestras propias unidades guerrilleras).

j. Falsificar tarjetas de racionamiento para suministrar a personas expulsadas de la comunidad y a los denominados "enemigos del estado" y a los sentenciados por el enemigos a una "muerte lenta".

k. Falsificar moneda y papeles de identificación para las personas mencionadas antes, así como para aquellos que tienen que "desaparecer" a causa del Servicio de Seguridad del Estado.

1. Luchar contra la colaboración (cooperación con el enemigo).

m. Organizar sabotajes. Organizar atentados contra los funcionarios enemigos especialmente crueles así como a traidores destacados.

n. Organizar elementos de combate para el momento del alzamiento abierto.

Curva de Colaboración

Un porcentaje muy pequeño de la población colaborará con el enemigo. Este porcentaje aumentará bruscamente tras la aplicación de medidas terroristas; permanecerá constante y tras un intervalo decrecerá.

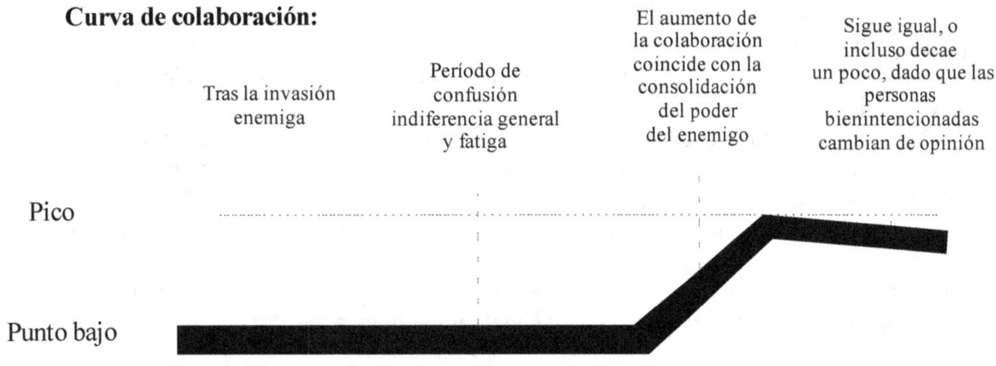

La población está preparada para colaborar con el movimiento de resistencia por los errores de la potencia ocupante y su "Gobierno Quisling" (colaboradores). Algunos de estos errores son: recluta forzosa de trabajadores al extranjero; cuotas trabajo excesivo ("cuotas de producción") ; ruptura de promesas, chantaje, arrestos, rehenes, tortura, deportación, escuadrones de la muerte; requisas forzadas, desmantelamiento de fábricas; conducta arrogante.

2. Reclutamiento del Movimiento de Resistencia

A pesar de sus buenas intenciones, no todas las personas son adecuadas para la participación activa en el movimiento de resistencia.

Tienes que seleccionar cuidadosamente a los miembros activos de la resistencia de entre las masas disponibles.

El éxito o el fracaso del movimiento de resistencia dependerá de esta selección.

Las personas que hayan mantenido puestos públicos durante el período de paz no deberían ser reclutadas para el movimiento de resistencia. Es probable que estos individuos sean arrestados y sometidos a lavado de cerebro. No deberían tener información sobre el movimiento de resistencia, de forma que tu organización no sea comprometida, ni pierda miembros.

Asegúrate de que esta "regla básica de reclutamiento" es bien conocida, incluso para el enemigo. Con ello puedes proteger a estas personas valiosas y valientes hasta cierto punto dado que una vez que el enemigo sea consciente de esta política, su interés por ellos disminuirá.

Ejemplos de miembros inadecuados para el movimiento de resistencia son: políticos destacados tanto en activo como retirados; economistas renombrados, editores, profesores universitarios, funcionarios de la administración de alto cargo.

Todas estas personas son demasiado conocidas para participar en el "movimiento clandestino".

Ciertamente serán espiados, serán arrestados antes o después, o incluso ejecutados. Para ellos es mejor unirse a las unidades de guerrilla.

Cualquiera que desee trabajar con el movimiento de resistencia debe ser tan discreto como sea posible y permanecer mudo en público.

Las personalidades prominentes están también expuestas a una clase de peligro especial. Durante la fase inicial de la ocupación pueden ser obligados a apoyar al enemigo públicamente.

3. Unirse a un Destacamento de Guerrilla o Pasarse al Movimiento de Resistencia

El peligro personal en la "lucha ideológica" ya no se mide en términos de si se pertenece o no al movimiento de resistencia. Si, en virtud de profesión o descendencia, llevas una forma de vida vista desfavorablemente por el enemigo, te liquidarán antes o después bien mediante deportación o por ejecución. Permanecer como "no participante" en el movimiento de resistencia ya no es útil dado que el sistema de arresto de rehenes o la deportación masiva será aplicada indiscriminadamente a todos, combatientes o no combatientes.

En la hora de extrema necesidad nadie ayudará al "no combatiente". Como miembro del movimiento de resistencia, se está protegido por el. Puede avisarte cuando el enemigo pretenda arrestarte y ayudarte a escapar.

Todos aquellos quienes por su ascendencia, profesión o ideología están considerados como enemigos potenciales y por ello en riesgo de ser deportados o ejecutados, es mejor que se unan de forma inmediata a un destacamento de guerrilla o al movimiento de resistencia.

Contactar y colaborar con individuos de convicciones similares. Si uno permanece solo y aislado su moral se deteriorará. Los miembros de la resistencia aislados están sujetos a la misma amenaza de miedo y desesperación que un soldado puede sentir cuando se siente aislado de su unidad durante la guerra convencional.

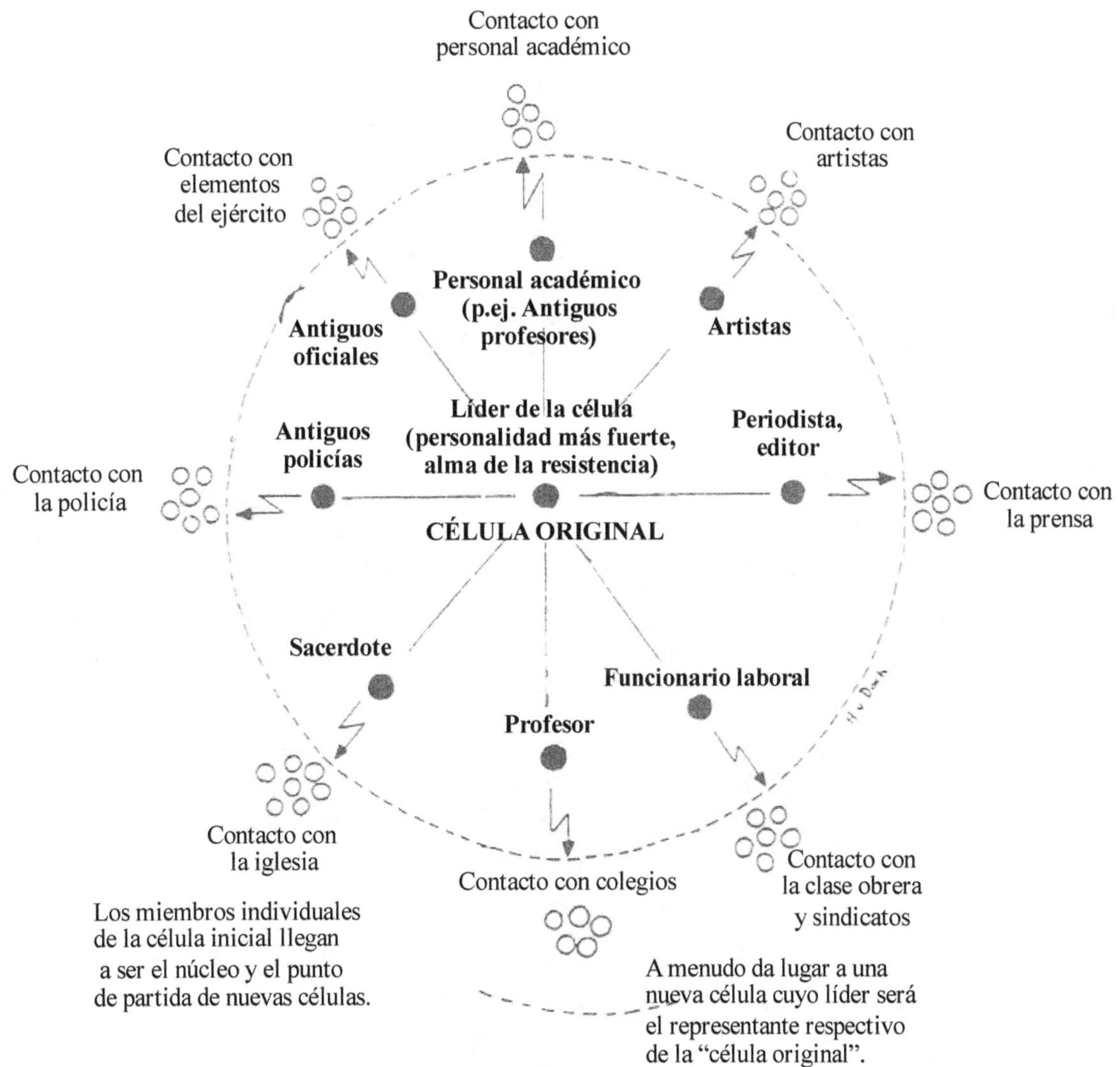

Cubrir toda una zona
con una red de células.

Los miembros de una
célula individual solo
conocen a su líder.

Los líderes solo conocen
a los miembros de sus
propias células y a los
líderes de las demás células,
pero no a sus miembros.

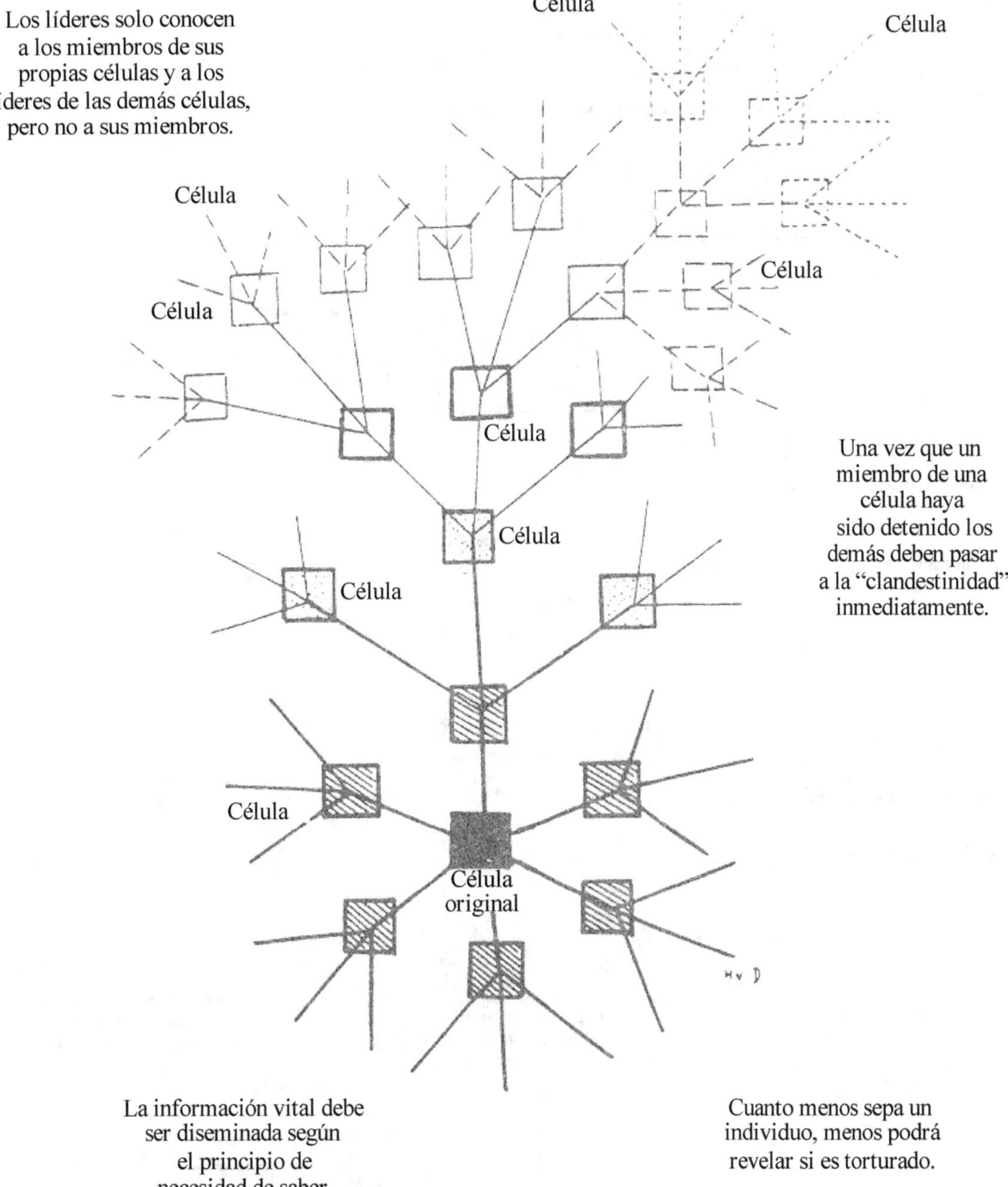

La información vital debe
ser diseminada según
el principio de
necesidad de saber

Cuanto menos sepa un
individuo, menos podrá
revelar si es torturado.

4. Actividades de las Diferentes Secciones

a. La sección de información y propaganda informa a la población sobre:
(1) Comportamiento general
(2) Comportamiento durante interrogatorios policiales
(3) Comportamiento tras interrogatorios policiales
(4) Comportamiento en prisión, durante la deportación y en campos de trabajos forzados.

b. Servicio de Información
Difunde noticias sobre la verdadera situación de la guerra.

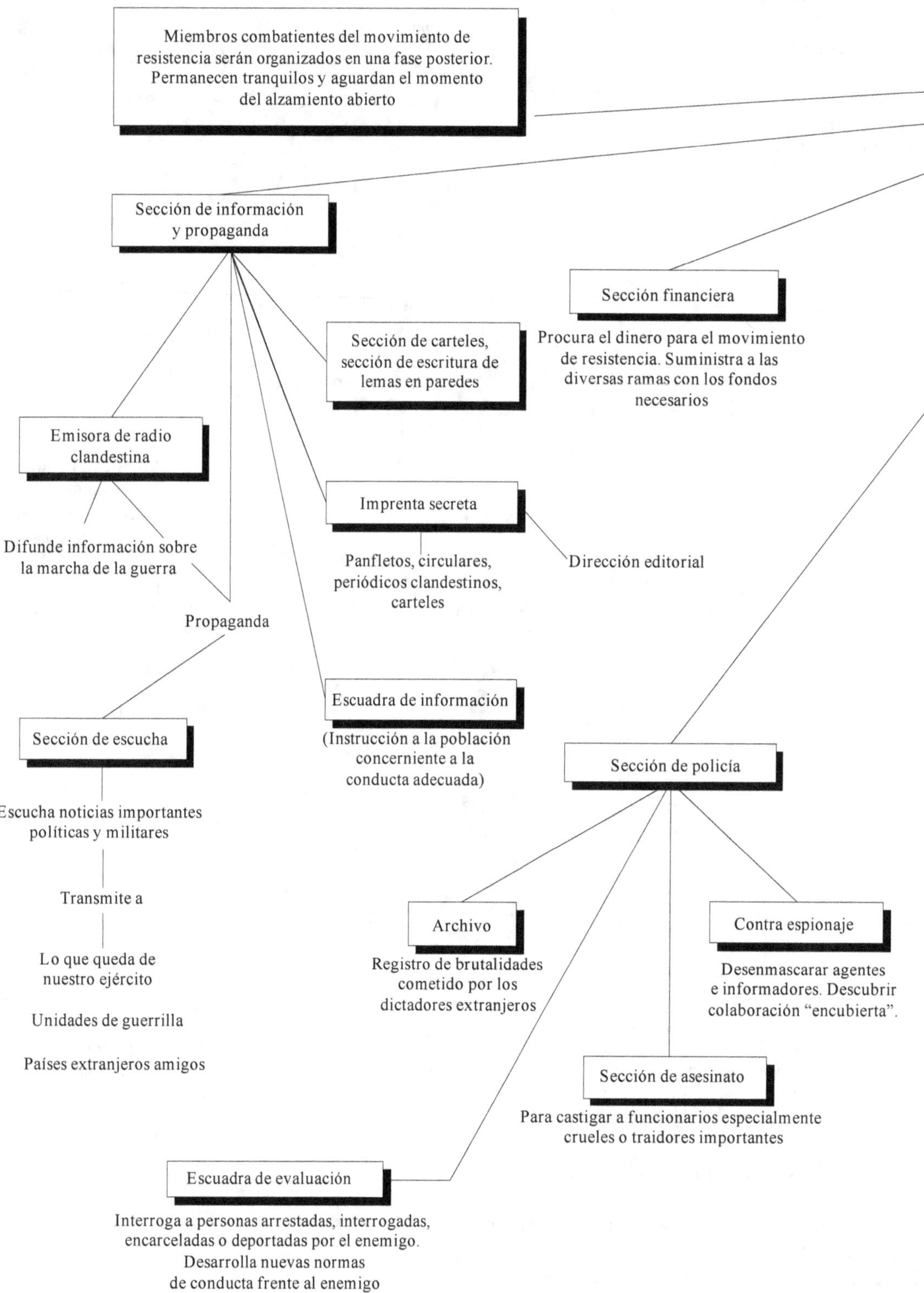

Miembros combatientes del movimiento de resistencia serán organizados en una fase posterior. Permanecen tranquilos y aguardan el momento del alzamiento abierto
Sección de información y propaganda
Sección financiera
Procura el dinero para el movimiento de resistencia. Suministra a las diversas ramas con los fondos necesarios
Sección de carteles, sección de escritura de lemas en paredes
Emisora de radio clandestina
Imprenta secreta
Difunde información sobre la marcha de la guerra
Panfletos, circulares, periódicos clandestinos, carteles
Dirección editorial
Propaganda
Escuadra de información
Sección de escucha
(Instrucción a la población concerniente a la conducta adecuada)
Sección de policía
Escucha noticias importantes políticas y militares
Transmite a
Archivo
Contra espionaje
Lo que queda de nuestro ejército
Registro de brutalidades cometido por los dictadores extranjeros
Desenmascarar agentes e informadores. Descubrir colaboración "encubierta".
Unidades de guerrilla
Países extranjeros amigos
Sección de asesinato
Para castigar a funcionarios especialmente crueles o traidores importantes
Escuadra de evaluación
Interroga a personas arrestadas, interrogadas, encarceladas o deportadas por el enemigo. Desarrolla nuevas normas de conducta frente al enemigo

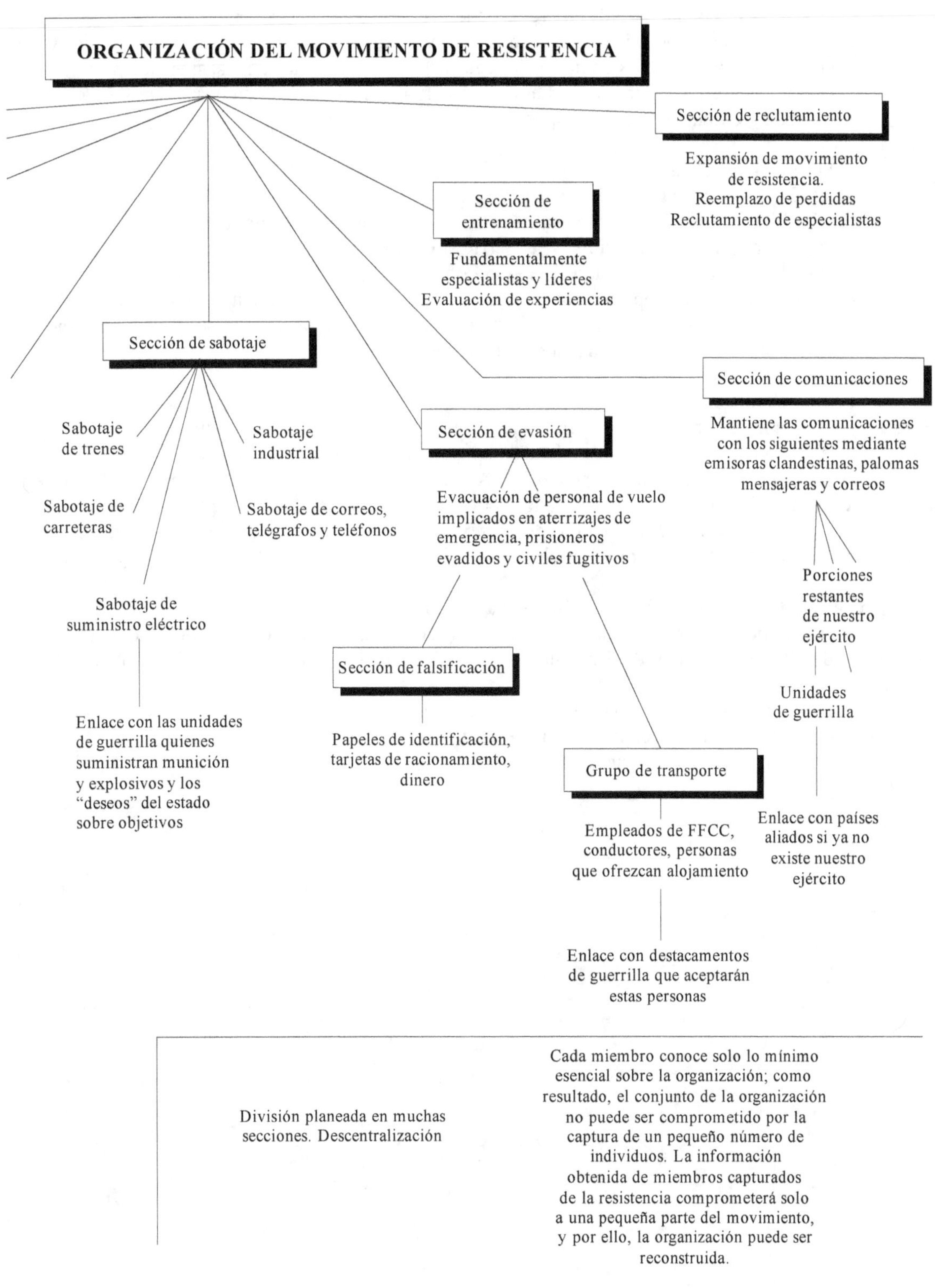

ORGANIZACIÓN DEL MOVIMIENTO DE RESISTENCIA

Sección de reclutamiento
Expansión de movimiento
de resistencia.
Reemplazo de perdidas
Reclutamiento de especialistas

Sección de entrenamiento
Fundamentalmente
especialistas y líderes
Evaluación de experiencias

Sección de sabotaje
Sabotaje de trenes
Sabotaje industrial
Sabotaje de carreteras
Sabotaje de correos, telégrafos y teléfonos
Sabotaje de suministro eléctrico
Enlace con las unidades de guerrilla quienes suministran munición y explosivos y los "deseos" del estado sobre objetivos

Sección de evasión
Evacuación de personal de vuelo implicados en aterrizajes de emergencia, prisioneros evadidos y civiles fugitivos

Sección de comunicaciones
Mantiene las comunicaciones con los siguientes mediante emisoras clandestinas, palomas mensajeras y correos
Porciones restantes de nuestro ejército
Unidades de guerrilla

Sección de falsificación
Papeles de identificación, tarjetas de racionamiento, dinero

Grupo de transporte
Empleados de FFCC, conductores, personas que ofrezcan alojamiento
Enlace con países aliados si ya no existe nuestro ejército
Enlace con destacamentos de guerrilla que aceptarán estas personas

División planeada en muchas secciones. Descentralización

Cada miembro conoce solo lo mínimo esencial sobre la organización; como resultado, el conjunto de la organización no puede ser comprometido por la captura de un pequeño número de individuos. La información obtenida de miembros capturados de la resistencia comprometerá solo a una pequeña parte del movimiento, y por ello, la organización puede ser reconstruida.

c. Organización de la "Sección de Evasión" (de 20 a 30 Personas)
Supervisar el traslado de los evadidos:
(1) Unos pocos conductores de empresas de transporte de ámbito nacional;
(2) Unos pocos revisores de FFCC, maquinistas y mecánicos que permitirán a los evadidos viajar sin billete y ocultarse de las unidades de seguridad enemigas en los trenes, si es necesario;
(3) Unos cuantos habitantes de confianza en albergues, donde los evadidos puedan ser alojados y alimentados, durante y tras el transporte.

d. Sección Financiera
Se procurarán fondos de las siguientes maneras:
(1) Falsificación de moneda impresa en países aliados y pasado de contrabando al nuestro.
(2) Falsificación de moneda impresa en territorio ocupado.
(3) Fondos de apoyo "camuflados" en grandes compañías.
(4) Reclutamiento de empleados bancarios y postales, quienes pasarán a la "clandestinidad" uniéndose al movimiento de resistencia en un momento favorable con grandes sumas de dinero.
(5) Incursión en las oficinas financieras enemigas.

Utilización del dinero:
Este dinero se empleará para financiar operaciones de espionaje, sobornar funcionarios, financiar a personas que hayan pasado a la "clandestinidad" y apoyar a la prensa de la resistencia.
Es deseable establecer un fondo de compensación. A quien quiera o deba pasar a la clandestinidad debe asegurársele que su familia no sufrirá más de lo absolutamente necesario. Mediante las contribuciones monetarias y pagos en especie estas familias deben ser mantenidas por el movimiento de resistencia. La misma clase de apoyo debería estar disponible a las familias de los deportados, encarcelados y ejecutados.

e. Organización de un grupo de falsificación (de 8 a 10 especialistas)
La falsificación de documentos de identidad y su reemplazo por aquellos en circulación. (Pasaporte, tarjetas de identificación, tarjetas de racionamiento, falsificación de moneda, cupones de gasolina, sellos oficiales, billetes, etc.).
Este grupo está compuesto por el propietario de una imprenta, quien pone a disposición su equipo y material; una sección de falsificación de sellos de caucho; sección mimeográfica (reproducciones) y un enlace con el movimiento de resistencia.

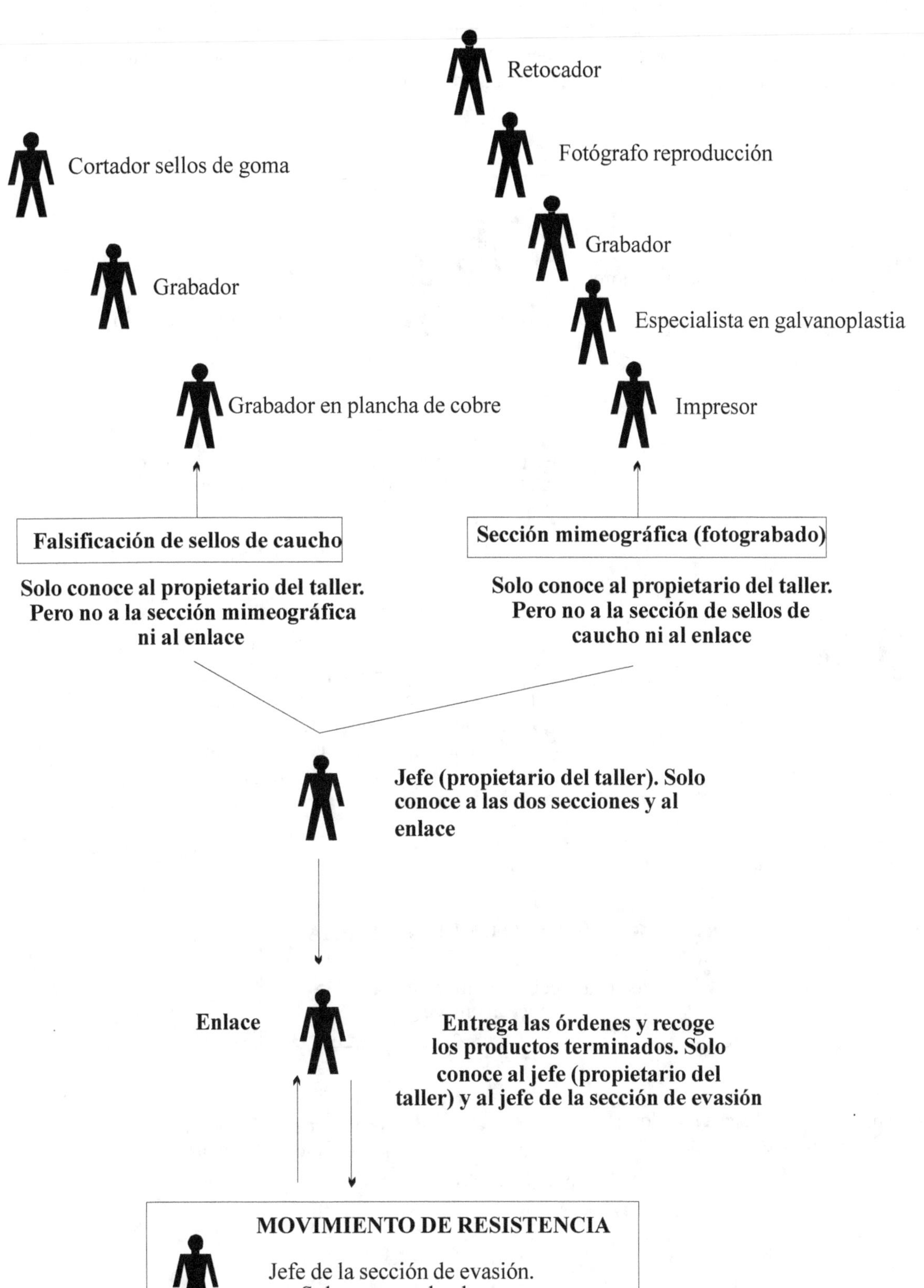

Retocador
Cortador sellos de goma
Fotógrafo reproducción
Grabador
Grabador
Especialista en galvanoplastia
Grabador en plancha de cobre
Impresor
Falsificación de sellos de caucho
Sección mimeográfica (fotograbado)
Solo conoce al propietario del taller. Pero no a la sección mimeográfica ni al enlace
Solo conoce al propietario del taller. Pero no a la sección de sellos de caucho ni al enlace
Jefe (propietario del taller). Solo conoce a las dos secciones y al enlace
Enlace
Entrega las órdenes y recoge los productos terminados. Solo conoce al jefe (propietario del taller) y al jefe de la sección de evasión
MOVIMIENTO DE RESISTENCIA
Jefe de la sección de evasión. Solo conoce al enlace. Da las órdenes

f. Organización de un imprenta secreta (de 5 a 6 personas)
Esta sección imprimirá panfletos, carteles y un periódico clandestino. Está compuesto por: el propietario
de la imprenta quien pone a disposición del movimiento de resistencia su maquinaria e instalaciones; al
menos dos componedores (con una componedora); dos impresores; editor e ilustrador; un enlace quien se
mueve entre el movimiento de resistencia y "grupo falsificador".

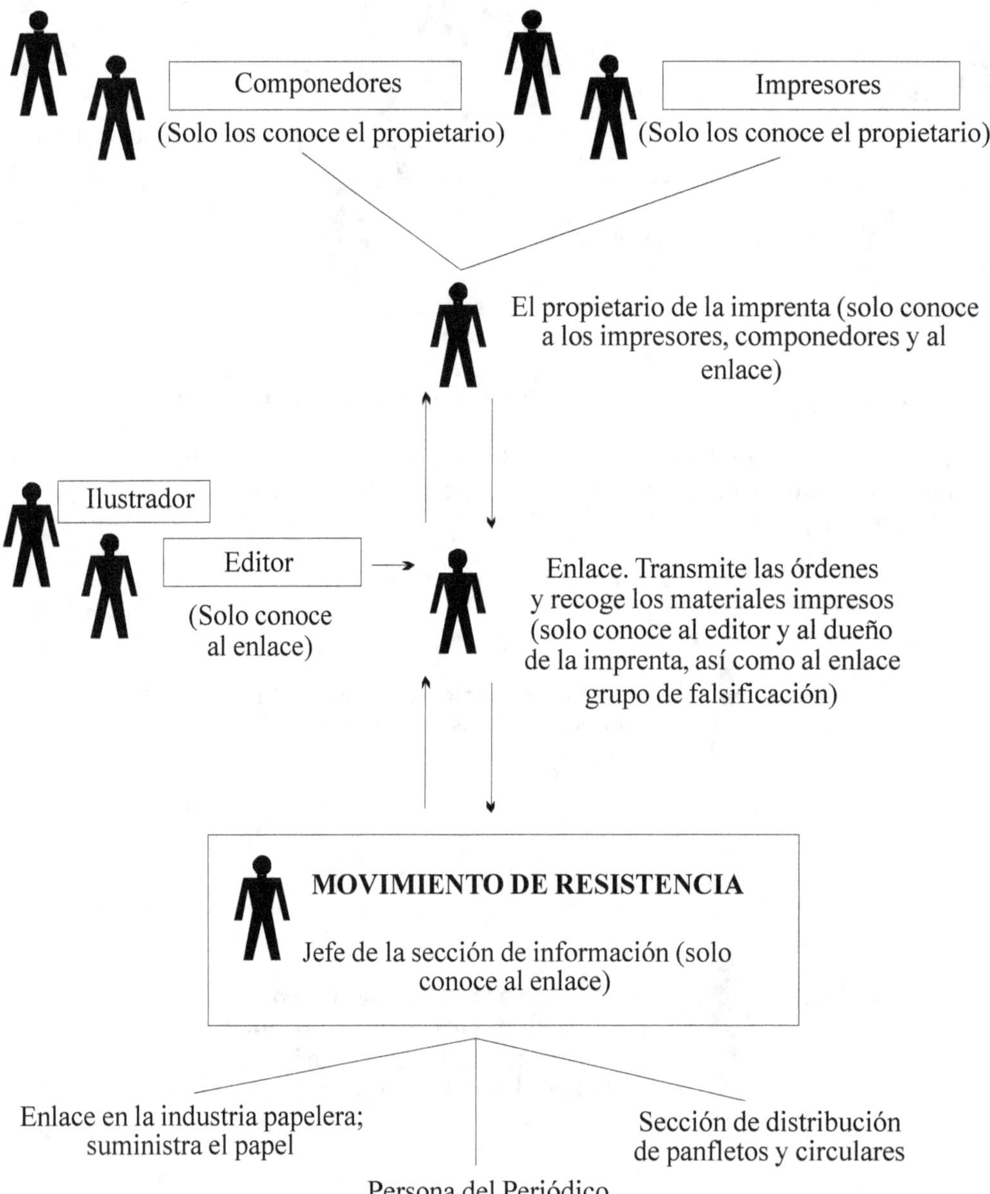

g. Sección responsable de escribir lemas en las paredes
Los materiales necesarios incluyen; cubos de pintura, brochas grandes, zapatillas de playa o deportivas,
bicicletas (no hacen ruido y son relativamente rápidas) y pistolas para los miembros de seguridad.

Sección de guardia

Sección de trabajo (solo
conocen al jefe)

Sección de guardia

Sección de trabajo (solo
conocen al jefe)

 Suministrador de pintura (propietario
de tienda de pintura o mayorista)
Solo conoce al jefe de la sección
de escritura de lemas

 Jefe de la sección de escritura
de lemas (solo conoce a su sección
así como al enlace y al suministrador
de pintura)

 Enlace con el movimiento de resistencia.
Acepta "lemas" del movimiento de resistencia
y los transmite al jefe de la sección de escritura
de lemas. Solo conoce a este último y al jefe de
la sección de información

 **MOVIMIENTO DE RESISTENCIA**

Jefe de información y sección
de propaganda.
Solo conoce al enlace

II. Operaciones Enemigas

1. Reglas Básicas de Terror

Si resistes al adoctrinamiento político y el enemigo se da cuenta de que está fallando en sus intentos de "convertirte" a su ideología, intentará obtener obediencia mediante el miedo. Intentará crear este miedo mediante el terror. El enemigo ha desarrollado técnicas de terror las cuales han demostrado ser muy eficaces. Por lo tanto debes estar preparado. Si estás familiarizado con estas técnicas las podrás resistir más fácilmente.

Estas medidas de terror son:

a. Supervisión del teléfono y del correo mediante la censura;

b. Establecimiento de una red de agentes e informadores;

c. Arrestos arbitrarios;

d. Juicios a puerta cerrada con excepción de "juicios de exhibición";

e. Sentencias arbitrarias;

f. Largas penas de prisión desproporcionadas con el delito.

Supervisión del teléfono y correo

La posibilidades de éxito de censura de correo y la escucha telefónica son prácticamente cero en grandes ciudades tales como Berna donde se efectúan 160.000 conversaciones telefónicas y se envían 200.000 cartas a diario.

Las conversaciones largas son especialmente una molestia para el enemigo dado que solo puede escuchar unas cuantas conversaciones o se arriesgan a perder algo importante dejando de escuchar demasiado pronto.

La palabrería inocua y un código simple de palabras durante las conversaciones telefónicas y en cartas reducen aún más la eficacia de la censura enemiga.

Arrestos Arbitrarios

El enemigo arrestará de forma arbitraria a personas totalmente inofensivas con el fin de diseminar que son víctimas de su red de supervisión. Quiere crear la impresión de que su red está muy bien tejida y es eficaz. No caigas en este truco pero haz alguna estimación sobre sus capacidades y limitaciones.

Sentencias Arbitrarias

El enemigo no castigará de acuerdo a la ley sino de acuerdo a sus necesidades políticas. Como resultado raras veces se aplicará la misma sentencia para el mismo delito. Por ello, siempre esperar lo peor. Puedes ser enviado a un campo de trabajos forzados por un período de tiempo indeterminado o incluso ser ejecutado por el delito más leve, si tienes la desgracia de ser capturado en un momento políticamente desfavorable. La conveniencia dicta el comportamiento del enemigo.

Comportamiento brutal durante arrestos e interrogatorios
Los arrestos nocturnos incrementan el sentimiento de terror. La gente no puede seguir durmiendo tranquila. El trato brutal durante los interrogatorios y en prisión tiende a cubrir al Servicio de seguridad del Estado y sus instituciones (sótanos de interrogación, prisiones, etc.) con un manto de horror.

Sentencias Relativamente Altas
Quien solo escriba un lema en una pared corre el riesgo de ser deportado a una mina de uranio al igual que un operador de emisoras de una emisora de radiodifusión clandestina. Quien solo eche un puñado de arena en un engrasador de un vagón de ferrocarril corre el riesgo de ser abatido igualmente que el que incendie un garaje grande o incluso destruya una estación transformadora.
La propagación del "horror", sin embargo, es una espada de doble filo. Hábilmente usado, puede servirte para provocar la movilización, mediante el odio y la desesperación, de aquellos que han permanecido pasivos hasta ahora. No intentes movilizar a los "indecisos" mediante el "contra-terror". Se paciente; el enemigo tomará tales medidas que con el paso del tiempo harán que vengan a ti automáticamente. Los individuos obligados a unirse a ti bajo presión no son fiables. Si es necesario, estas personas pueden todavía emplearse en el ejército regular donde tendrán una estrecha relación con otros y están bajo control permanente. No obstante, durante la lucha de resistencia, donde todo depende del secreto y la lealtad del individuo, no tienen cabida e incluso constituyen un peligro.

2. Servicio de Seguridad del Estado (La Policía Política tal como la "Ochrana", "Gestapo", "Cheka", "GPU", "SD", y "AVO".)

El primer pre-requisito para ser capaz de combatir al enemigo sin sufrir excesivas perdidas es conocerlo. El Servicio de Seguridad del Estado (policía política) es para ti una cosa extraña y siniestra. Por esta razón representará un peligro mayor que las tropas de ocupación que son individuos muy similares a nosotros mismos y cuyas reacciones puedes estimar y predecir.
Realmente, el Servicio de Seguridad del Estado es mas una organización de terror que una organización policial. Su conocimiento de las técnicas policiales es

escaso y nunca iguala a la policía de seguridad tradicional o a una organización de investigación criminal. Las acciones de la policía política son por ello bastas y no demuestran ninguna finura. Lo que carecen de habilidad técnica lo compensan con brutalidad y crueldad incrementadas.

La policía política no dispone de una organización estrecha como los militares. Es más bien una mezcla, de difícil clasificación, entre "paramilitares de partido", "policía tradicional" y "policía de investigación criminal".

Su verdadera eficacia contundente es en cualquiera de estos campos naturalmente pequeña. El secretismo, sin embargo, aumenta el efecto del terror. El Servicio de Seguridad del Estado obtiene menos resultados eficaces que una reputación de terror.

Normalmente el propio enemigo desconoce exactamente donde empieza y donde acaba la responsabilidad del Servicio de Seguridad del Estado. Su tendencia natural a crear un Estado dentro del Estado es por ello muy grande y muy eficaz. Como norma, también tenderá a aterrorizar a sus propios funcionarios administrativos y militares. En consecuencia, en la mayoría de los casos no habrá cooperación real entre estos departamentos sino solo una tensión y rivalidad latente lo cual reduce su eficacia mutua.

Los miembros del Servicio de Seguridad del Estado suelen trabajar de paisano. Solo visten el uniforme en ocasiones especiales.

El Servicio de Seguridad del Estado no está sujeto por reglas estrictas ni leyes. En contraste con la policía tradicional no tiene intención de actuar de modo preventivo por su mera presencia o buscar culpables, si es necesario, sino que más bien funciona bajo el principio de "prevenir es mejor que curar". Esto significa: que cada persona que pueda llegar a ser un enemigo potencial es liquidada ahora como medida preventiva, en muchos casos incluso antes de que se haya implicado contra la potencia ocupante. Por esta razón grupos enteros de población o de profesionales en vez de individuos concretos son eliminados sistemáticamente.

La continua desconfianza incluso entre sus propios mandos no es provocada por la profesión como tal, sino que es parte del sistema. Mediante la implicación de muchas agencias incluso en asuntos triviales, ningún funcionario se puede desviar de la línea. Cada uno intentará sobrepasar automáticamente en "crueldad", "lealtad al sistema" y "odio hacia el enemigo". Como resultado, se vigilan unos a otros.

3. La Lucha por la Juventud

A. General
Una ocupación puede durar muchos años. El enemigo y especialmente

el gobierno "Quisling" puesto por el, para consolidar el poder, intentará corromper la mente de la juventud.

El enemigo no solo quiere explotar económica y militarmente el territorio ocupado para sus fines bélicos, sino que también quiere incorporarlo a su esfera ideológica de poder. Como consecuencia, no solo estás siendo conquistado sino que también, si es posible, serás convertido. Con esta política, no solo espera conseguir fuerza laboral sino que posteriormente también individuos que apoyen su ideología.

El enemigo considerará como irrecuperable a la generación más antigua, al menos parcialmente, como personas imposibles de convertir. Confiará en el terror para controlarlos y eliminarlos, si es necesario, mediante la deportación o la ejecución.

No obstante, se volverá con vigor renovado hacia la juventud a la que intentará convertir de varias formas – desde promesas a amenazas explícitas.

La lucha por la juventud se divide a groso modo en dos partes:

(1) Supresión de las organizaciones juveniles tradicionales y reemplazo de estas por un "Movimiento Juvenil Estatal".

(2) Eliminación, o como mínimo gran reducción de la influencia de la familia, iglesia y escuela sobre la juventud y su reemplazo por la influencia del partido y sus organizaciones.

B. Supresión de las organizaciones juveniles libres

El enemigo teme la fuerza de una comunidad viva de los movimientos juveniles libres. Su exigencia de control sobre tu mente es total. Como resultado no puede tolerar a ninguna otra organización juvenil junto al "Movimiento Juvenil Estatal" creado por el. Cualquier clase de alianza con las viejas organizaciones no será tolerada.

Específicamente, el enemigo prohibirá las organizaciones juveniles tradicionales haciendo lo siguiente:

(1) Luciendo uniformes o prendas que parezcan uniformes;

(2) Exhibición de insignias, banderas y banderines;

(3) Marchas, excursiones, acampadas etc.;

(4) Participando en cualquier clase de actividades deportivas.

Además de estas medidas activas de combatir a las organizaciones, se creará simultáneamente una fuerte presión para lograr la afiliación del recién creado "Movimiento Juvenil Estatal". Se anunciará, por ejemplo, que en un futuro cualquier aspirante a cualquier puesto destacado o clave solo será aceptado si puede probar que fue miembro del "Movimiento Juvenil Estatal".

Eliminación de la influencia convencional sobre la juventud

Como mínimo reemplazo parcial
y eliminación de profesores
políticamente poco fiables

Prohibición o como mínimo
fuerte discriminación
de las actividades de la iglesia

Escuela antigua

Iglesia

Prohibición de
las organizaciones
y asociaciones
eclesiásticas

Modificar textos, escuelas y
teoría de enseñanza.
Para implantarlas nuevas
ideologías se emplean
profesores que seguirán
la línea del partido

Escuela nueva

JUVENTUD

Hogar

Mediante la intimidación
se intenta reducir la
influencia del hogar
en la juventud
(si es necesario, los niños
denuncian a sus padres)

Organizaciones
juveniles antiguas,
tradicionales

Prohibidas

Nuevas organizaciones
juveniles

Partido

Promueven la afiliación
con castigos y recompensas
astutamente coordinados
(pan y mantequilla y látigo)

Trabajando codo con codo.
Las organizaciones del partido y sus
organizaciones juveniles juntas reemplazarán
tanto como sea posible la influencia
educacional del hogar

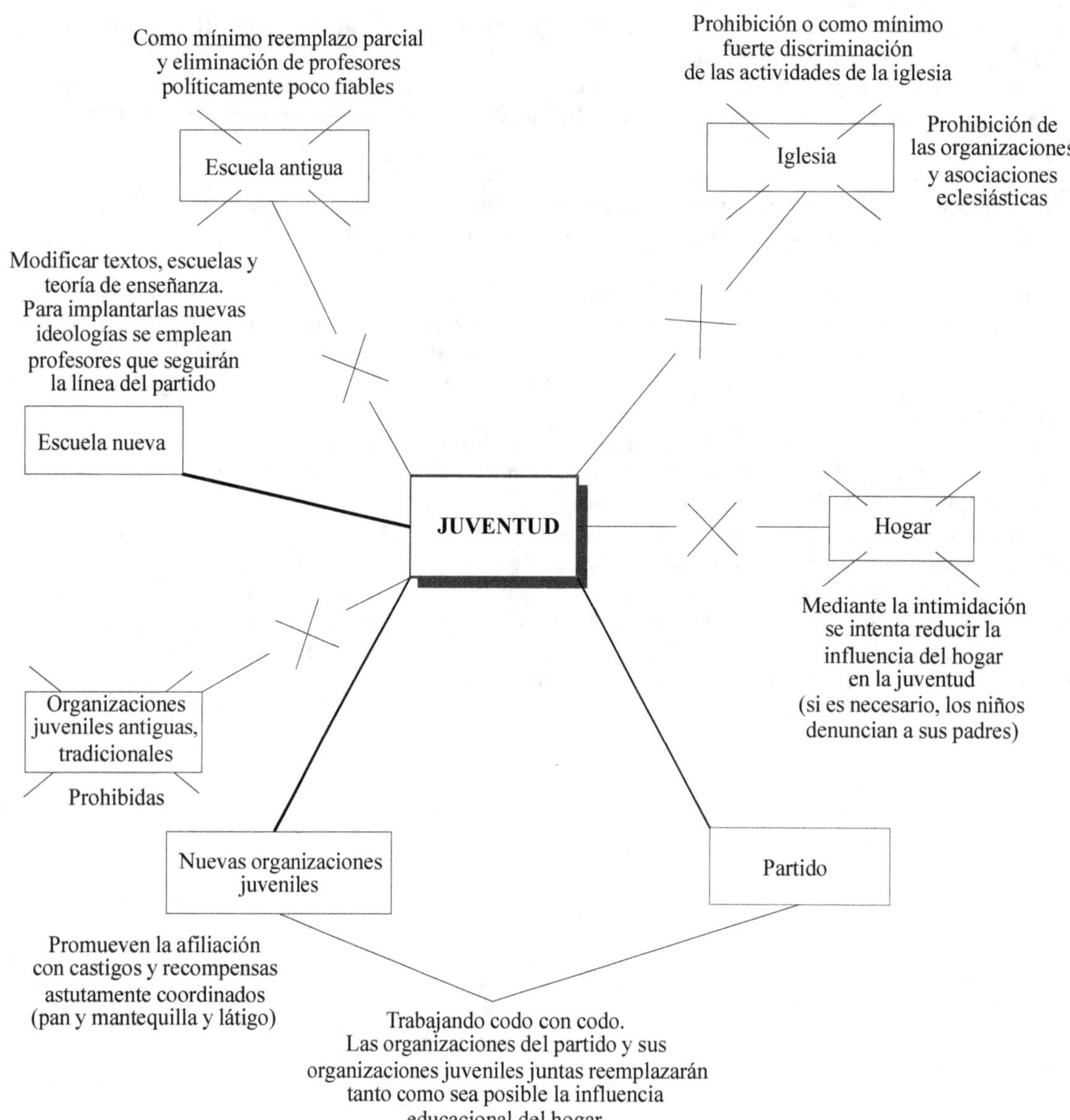

C. Los medios usados por el enemigo para aprovecharse de la juventud incluyen la explotación diabólica y sin escrúpulos de:
(1) El deseo juvenil de acción y aventura
(2) La capacidad de entusiasmarse (ideas falsas) ;
(3) La capacidad de ser fácilmente impresionados con cosas tales como banderas, uniformes, música y fotografías;
(4) La poco desarrollada habilidad de juzgar críticamente;
(5) El hecho de que los jóvenes olvidan fácilmente y su flexibilidad;
(6) El "conflicto generacional" (tensión latente normal con la generación más antigua) ;
(7) Las "promesas doradas" del futuro;
(8) La coerción velada e indirecta que se emplea solo como último recurso.

El enemigo por ello intentará hacer coincidir las miras de la juventud con las suyas propias.

La primera fase de corrupción de la juventud
Lo primero, la juventud será reclutada y prevalecerá al lado del enemigo mediante asuntos de su interés: Explotando la "moda por los motores" de la juventud (conocimiento de motores, autoescuelas de autos y motos).
Explotación del "apetito por la belleza" (películas, viajes y reuniones coloristas).

Segunda fase
Introducción a las lecciones políticas (influencia política). En este momento, solo se impartirán unas pocas lecciones las cuales pasarán casi desapercibidas en brillantes e interesantes programas técnicos presentados por el estado. Gradualmente la cantidad de horas de instrucción política se incrementará hasta que se convierta en el tema principal.
Además de lo anterior, ocurrirá un lento, casi inapreciable cambio del énfasis desde los deportes a un sistemático entrenamiento pre-militar.
Dado que la ocupación puede durar muchos años, hay un gran peligro de envenenamiento político de la juventud. El enemigo pondrá gran énfasis en asuntos políticos incluso durante la guerra.

4. Combatiendo a la Iglesia

A. Operaciones enemigas contra la iglesia
El enemigo totalitario siempre clasificará a la iglesia como un enemigo potencial y la combatirá de acuerdo a ello. Procederá con la mayor astucia y llevará a cabo la descristianización de la vida

en fases de forma que no sea demasiado evidente. No destruirán la iglesia de un solo golpe sino que irán minando lentamente en un período de varios años. Si proceden demasiado rápido, podría provocar una resistencia general.

Bajo el concepto de "iglesia" uno debe incluir a la Iglesia Católica, la Protestante y los movimientos religiosos independientes (p. ej. , Iglesia Metodista, Ciencia Cristina, Testigos de Jehova, etc.).

Las operaciones contra la iglesia tomarán, aproximadamente, la siguiente forma:

(1) Calumnias;

(2) Ridiculización.

En un esfuerzo de evitar la creación de mártires, si es posible, intentarán describir a las figuras eclesiásticas como criminales comunes. Por ejemplo, se acusará a los sacerdotes sobre temas de moralidad o serán acusados de mala conducta tales como malversación de fondos.

B. Medidas especiales

El enemigo recurrirá a artimañas de toda clase para suprimir la iglesia, tal como la supresión de cuotas de carbón o la reducción de suministro eléctrico. Terminarán con la enseñanza religiosa en las escuelas y eliminarán las enseñanzas religiosas especiales tales como las "catequesis", "preparación a la confirmación", etc. Posiblemente las reemplazará por una "iniciación juvenil" estatal o algo similar.

El enemigo suprimirá las escuelas e instituciones católicas; disolverá las asociaciones religiosas; retirará los símbolos cristianos (cruces, imágenes, etc.) públicas (por ejemplo en, escuelas, hospitales, etc.); prohibirá las revistas y libros religiosos; limitará y finalmente prohibirá los servicios religiosos. Los padres serán presionados para que dejen de enviar a sus hijos a la iglesia o a recibir enseñanza religiosa. Tras un tiempo, tal enseñanza se interrumpirá bajo el pretexto de que ya no es necesaria dado que solo atiende a una minoría retrógrada o a nadie en absoluto.

Se usará un procedimiento similar para reducir la asistencia al iglesia. Los asistentes a la iglesia pueden ser amenazados con ser incluidos en una lista negra. Pueden ser considerados incapaces para ciertos oficios por ser "seguidores retrógrados de la iglesia".

En muchos casos la denominada "paz pública" se negociará con la iglesia tras la oleada inicial de persecución. Este es el caso cuando los elementos subordinados se hayan expuesto demasiado por sus actitudes anti-iglesia y hayan provocado una gran atención. El período siguiente será de calma para suavizar las oleadas de indignación y apaciguar al público enardecido. La iglesia misma, basada en su experiencia, se adherirá estrictamente a los acuerdos efectuados de forma que no traigan nuevas persecuciones.

C. Actitudes de la Iglesia en la lucha contra la Iglesia
La lucha contra la iglesia también tiene sus aspectos positivos. Separa a los antiguos seguidores de los creyentes verdaderos. Cuando la iglesia haga sacrificios obtendrá una relación más íntima con aquellas partes de la población que, hasta ahora, han permanecido distantes de sus esfuerzos y objetivos. Cuando la iglesia está siendo perseguida será capaz de hacer una auténtica labor misionera. Las mayores dificultades y las probabilidades más altas están por ello directamente relacionadas. La iglesia debe concentrarse en luchar contra la intolerancia y el culto a la personalidad. La iglesia debe enfatizar el hecho de que cada mandamiento de Dios será vengado más pronto o más tarde.
Debe cultivar el concepto de "ayudar al prójimo" y designar como tal a todos los perseguidos.
Debe llamar la atención de las responsabilidades del cristiano, tal como resistir el abuso de poder, desobedecer edictos que vayan contra la libertad de culto; y debe recordar a la población que los niños no solo pertenecen a sus padres pero que deberían ser criados por ellos.

5. Propagación de Disensiones entre la población de Zonas Ocupadas.

Para poder consolidar su poder, el enemigo intentará enfrentar a un grupo o clase contra otro.
Ejemplos:

Habitantes urbanos ⟶ Fomentar la desconfianza hacia la gente de pueb lo.
Instigar disensiones entre consumi dores y productores.
Desacreditar a la población agríco la.

Agricultores ⟶ Fomentar la des confianza hacia la gente de la ciudad.
Fomentar la desconfianza hacia la clase obrera.
Aumentar los resentimientos entre pequeños y grandes terratenientes. Instigar disension es entre productores y consumidores.

Clase obrera ⟶ Crear antagonismo hacia los agricultores. Agravar los resentimientos contra la clase media. Fomentar la desconfianza contra los intelec tuales y la iglesia.

Clase media ⟶ Fomentar la desconfianza hacia la clase obr era.

Artesanos ⟶ Cultivar el resentimiento hacia la clase obrera.
Instigar la desconfianza hacia el comercio y la industria.

Divide y vencerás es la táctica favorita del enemigo.

Mediante concesiones temporales a uno u otro grupo de población, intentará obtener su aprobación y leal cooperación.

No caigas en este plan bien diseñado para aumentar las disensiones internas. La música cambiará bien pronto. El enemigo solo te favorecerá mientras te necesite. Una vez que haya conseguido su objetivo, te dejará tirado sin ningún escrúpulo. Un giro de 180° en su plan de operaciones no le preocupará. Ha empleado estos cambios radicales durante décadas.

Si estas de acuerdo en seguirle el juego y eres lo suficientemente corto de miras como para perseguir intereses especiales y beneficios solo para unos pocos contra tus propios conciudadanos, solo estarás ayudando al enemigo y desgastarte a ti mismo. Nada puede ser más ventajoso para el.

6. Tácticas Usadas por el Enemigo para Destruir Clubes y Asociaciones

Los clubes y asociaciones que desagraden al enemigo no serán prohibidos de golpe, sino que inicialmente serán sujetos a varias clases de hostigamiento, etc.

Si tales organizaciones fueran prohibidas inmediatamente, se arriesgaría a que los listados de sus miembros fueran destruidos. Por ello, solo será capaz de capturar a los líderes y funcionarios destacados mientras que la masa de miembros será capaz de pasar a la clandestinidad. Tendría lugar una reorganización de la organización aplastada, que la reemplazaría ilegalmente y todo ello facilitado por que el enemigo no posee los listados de afiliación.

Por eso procederá cuidadosamente observando y registrando para el futuro. También evitará aplastar ramas locales de organizaciones prematuramente para no alarmar así a las demás.

Cuando el enemigo haya conseguido los listados de afiliación destruirá y declarará ilegales a tales organizaciones. El Servicio de Seguridad del Estado vigilará a los antiguos miembros para abortar cualquier intento de reorganizar el club o la asociación.

El enemigo nunca se opondrá a todos los clubes a la vez. Su fuerza podría ser insuficiente para ello. En su lugar los suprimirá individualmente y en momentos diferentes. Suprimirá las organizaciones siguiendo esta secuencia.

1. Partidos políticos   – Partido Social Democracia
                        – Partidos de Clase Media

2. Sindicatos

3. Organizaciones Juveniles –Políticas – Iglesia – Políticas y no confesionales

4. Iglesia – Iglesia Católica – Iglesia Protestante – Grupos Religiosos Independientes

7. Liquidación Enemiga de Ciertos Grupos de Población.

El enemigo eliminará ciertos grupos o sectores de población que le desagraden. Durantes estás "operaciones especiales" irá aumentado gradualmente la dureza de la represión de clases.

Normalmente esto tendrá lugar como sigue:
Primero, solo cesará a los que ostentan posiciones claves.
Luego.
Les prohibirá trabajar en ciertas profesiones. Obligará a estas clases a hacer contribuciones.
Después.
El enemigo barrerá a estos individuos de todos los trabajos. Les retirará las cartillas de racionamiento dado que estos individuos no son "trabajadores".
Luego.
Serán discriminados al serles prohibida la entrada a ciertos lugares. Pueden ser obligados a llevar insignias de identificación.
Luego.
Se les prohibirá la posesión de vehículos; radios, o teléfonos, y se les prohibirá la adquisición de libros y revistas.
Después.
Serán deportados a campos de trabajos forzados y liquidados.

III. Operaciones del Movimiento de Resistencia

1. Procedimiento del Movimiento de Resistencia

Fase 1: Período de Observación y Evaluación.

Se paciente, permite que la población se recupere. El tiempo trabajará en tu favor.

Observa al enemigo y estudia sus peculiaridades.

Clasifica a la población como sigue:

a. ¿Quiénes pueden ser considerados como colaboradores activos?
b. ¿Quiénes dudan?
c. ¿Quiénes actúan de forma pasiva o son indiferentes?
d. ¿Quiénes se han unido a las filas enemigas?

Fase 2: Organización de la Resistencia pasiva.
Formar células agrupando a personas que se conozcan y respeten.
Establecer conexiones con otras células.
Consolidar las varias células. Tan pronto como lleguen a ser demasiado grandes (más de 10 personas) dividirlas y formar otras nuevas.
Agrupar varias células bajo un líder. Entonces formarán un círculo. Tan pronto como existan varios de tales círculos y la organización clandestina haya alcanzado cierto grado de desarrollo, empezarás a formar secciones especiales.
Fase 3 – Comienzo de las operaciones de resistencia.
Informar a la población sobre la conducta adecuada frente al enemigo.
Quitar del alcance de la policía a las personas perseguidas mediante, aviso, ocultación o ayudándoles a escapar. Organiza una máquina de propaganda. Aísla a agentes e informadores. Inicia actos de sabotaje.
Mantén a los traidores e informadores en guardia mediante el contra terror. Haz que sea tan peligroso trabajar para el enemigo como trabajar contra el.
Continua manteniendo la resistencia pasiva y activa, hasta que la potencia ocupante haya sido debilitada por eventos más allá de tu mando y de las operaciones guerrilleras hasta el punto en que pueda iniciarse un insurrección abierta.

2. Ocultamiento de Armas y Municiones al Enemigo

En prácticamente cada hogar suizo encontrarás armas y municiones. Deben ser retirados del alcance del enemigo cuando nuestro país sea ocupado. Para complementar la armas en mano, recoge también las armas ligeras y munición que durante los combates hayan dejado en tu zona los nuestros o el enemigo. Guardar estas armas hasta que los destacamentos de guerrilla o el movimiento de resistencia las necesite. Las armas deben ser astutamente ocultadas dado que su posesión ilegal puede conllevar una condena a muerte.
El mejor método de ocultar municiones es enterrándolas. Para poder proteger las armas del daño considerable causado por la humedad, proceder como sigue:
Asegurarse que el arma está completamente seca antes de cubrirla con una gruesa capa de grasa (usar solo grasa para armas).

Taponar la bocacha mediante un tapón hecho de grasa o cera. Envolver un trapo empapado de aceite alrededor del cerrojo. Envolver toda el arma con un trapo grande. Atar el trapo con cordones.
Poner el arma en un cajón de madera. Sellar las juntas del cajón con cera (sirve cera de vela).
Poner un trozo de papel alquitranado alrededor del cajón.
Enterrar el cajón en lugar seco, si es posible dentro de un edificio (tales como un sótano piso de grava, un establo con suelo natural, lugares abrigados, etc.). Comprobar, limpiar y engrasar las armas una vez cada 2 o 3 meses.
Empaquetar la munición como sigue: (cartuchos sueltos, paquetes, cajas, granadas de mano individuales). Envuelve las cajas de munición individuales en unas 10 capas de papel de periódico. Pon los paquetes dentro de un cajón de madera cuyo fondo esté cubierto con una capa de unos 5 centímetros de serrín seco. Cerrar y envolver el cajón de forma similar al cajón contenedor de armas.
El serrín absorberá cualquier humedad que pueda entrar en el cajón. La munición es muy sensible a la humedad; como resultado, debes cambiar los periódicos y el serrín una vez cada 2 meses y airear la munición durante un rato.

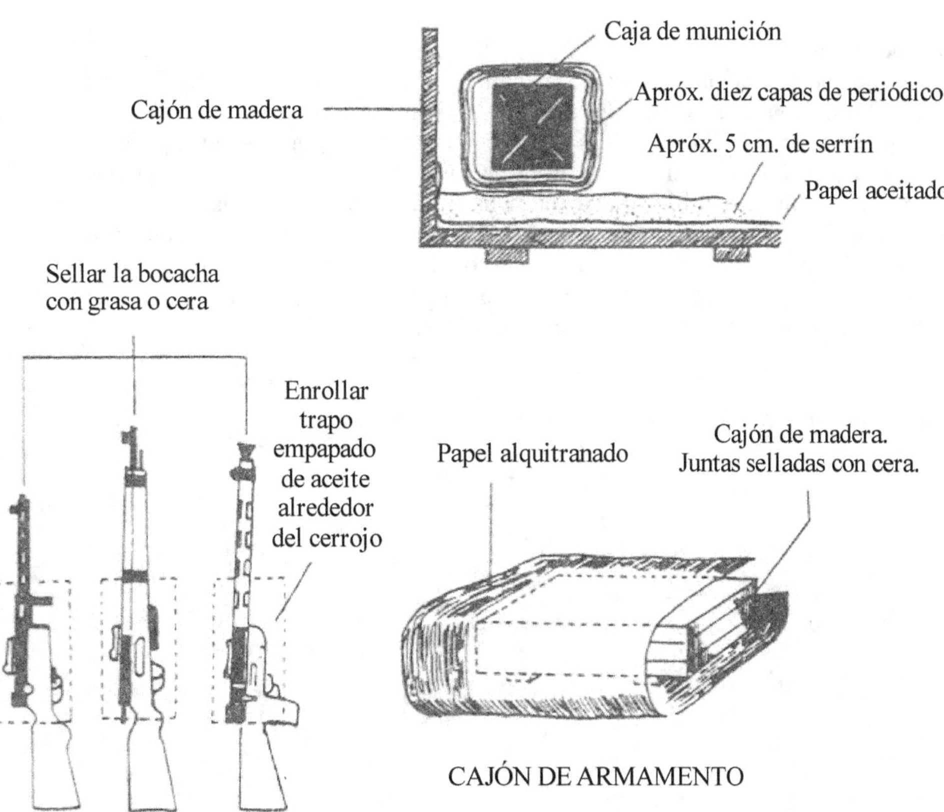

3. Ocultación de Radios del Enemigo

Esconde tu radio inmediatamente dado que el enemigo las confiscará pronto para poder interrumpir la última conexión a través del "telón de acero" de la ocupación.
Quiere mantener baja tu moral evitando que recibas información del mundo libre o de tu gobierno en el exilio.

4. Fabricación Material Impreso Ilegal

A. Fabricación por individuos
En la confección de periódicos, panfletos, etc., clandestinos, debes distinguir entre los artículos producidos por individuos y los producidos en una imprenta.
Los individuos pueden producir varios cientos de copias de panfletos con máquina de escribir o varias clases de sellos. El equipo empleado para producirlos es discreto y puede ser fácilmente escondido.
Hay varias ventajas para esta clase de operaciones. La materia prima – papel y tinta- son de fácil adquisición. No se produce ruido durante la impresión. Trabajando en solitario, estás relativamente seguro. La circulación será pequeña pero esta desventaja se compensa empleando a muchos individuos. El arresto de individuos aislados no comprometerá a toda la operación.

B. Imprenta pequeña
Una pequeña imprenta que empleé mimeógrafo (duplicador de copias) y máquinas de estarcido (multicopistas) puede imprimir varios miles de copias de panfletos, etc. La maquinaria es relativamente pequeña y se puede ocultar fácilmente. Es fácil conseguir la materia prima – papel, plantillas, colores. Tales máquinas hacen poco ruido al trabajar. Estas máquinas se pueden encontrar en grandes cantidades en cualquier parte y se pueden utilizar cuando no se usen para su trabajo cotidiano.
Si, durante un registro en hogares privados, se encuentran suministros o papel y máquinas de reproducción, los habitantes se enfrentarán a la cárcel o a la ejecución. Si es posible, usar las máquinas donde todo el mundo sepa que se emplean legalmente, para tus empresas secretas. Oculta tu suministro de papel inocentemente con el resto de suministro de papel "legal".

C. Grandes Operaciones
Con las máquinas de impresión de grandes imprentas o editoriales

puedes reproducir hasta 100.000 copias de los artículos que deseas distribuir.

Ventajas y desventajas:

Se puede efectuar una circulación grande en un corto período de tiempo. Cada clase de publicación, desde la hoja suelta al cartel es posible. No obstante, los problemas de seguridad se incrementan al tener que implicar a varias personas en la operación para poder manejar las máquinas de impresión; las máquinas producen un ruido considerable durante su manejo. La cantidad de papel, tipos y tinta serán mayores en consonancia y pueden ser difíciles de obtener.

D. Se deben observar las siguientes medidas de seguridad:

Quemar el papel carbón (copias) utilizado, no lo tires sin más; los papeles de desecho (maculatura de copias inválidas) deben ser quemados así como las plantillas, bocetos y manuscritos que no sean ya necesarios. Cada vez que el material se haya consumido, agitar las cenizas con un palo dado que el enemigo puede leer las páginas carbonizadas mediante medios técnicos que tenga a su disposición. También, fundir los tipos de plomo y desmontar las composiciones montadas a mano. Camuflar el ruido de las grandes máquinas de impresión poniendo en marcha el motor de un vehículo frente al edificio; manejando un martillo neumático en las proximidades; o poniendo varias radios a pleno volumen.

E. Diseño de Artículos Impresos Ilegales:

Varias personas estarán dedicadas a diseñar carteles, escribiendo guiones y artículos para radiodifusión y artículos para periódicos clandestinos.

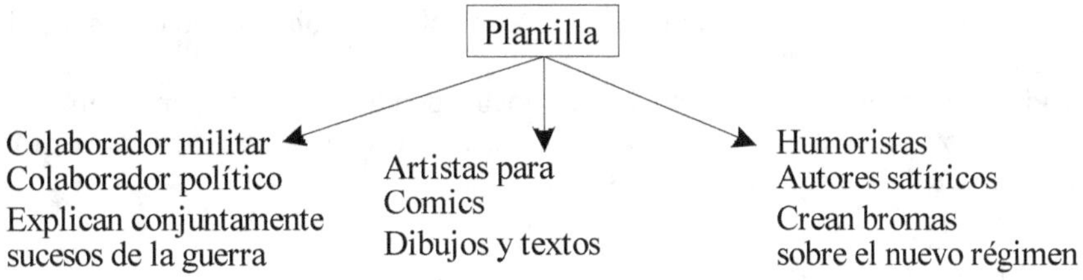

Si empleas a personalidades de talento reconocido cuyo estilo de ilustración o sus versos sean muy conocidos, solo podrán colaborar si pasan a la "clandestinidad"." Bajo ciertas circunstancias, estos individuos solo podrán proporcionar ideas y bocetos básico; una persona desconocida tendrá luego que hacer el trabajo final. Cualquiera que pueda ser reconocido en virtud de su estilo, será inmediatamente arrestado.

La prohibición de sintonizar emisoras de radio extranjeras o la confiscación de los receptores así como la censura de la prensa, aumentará la necesidad de noticias objetivas y a su vez la necesidad y la importancia de panfletos y periódicos clandestinos.

5. Propaganda

A. Distribución de panfletos
No distribuir panfletos a extraños en la calle dado que puede haber informadores entre ellos. Poner los panfletos en los buzones. Esto puede ser llevado a cabo por personas uniformadas como empleados postales. Quien reciba un panfleto no debería quedárselo sino pasarlo a personas de su confianza. El radio de alcance se verá incrementado y los medios más modestos del movimiento clandestino habrán logrado el mayor efecto posible.

13. Distribución de Periódicos Clandestinos
Distribuye periódicos clandestinos a personas que conozcas bien. Ellos, a su vez, los distribuirán a personas de su confianza quienes los leerán y lo pasarán a otros. Introduce un petición al final de cada periódico y un panfleto cuyo contenido deba ser copiado a máquina y hacerlo circular.

C. Sección se escritura de lemas en paredes.
Los lemas escritos en las paredes son una buena forma de mantener a las masas exaltadas. Los lemas deben ser lo más simples que sea posible. Es mejor usar frases contagiosas: letras sueltas o símbolos tales como la "V" de victoria que fue empleada por lo movimientos de la resistencia occidental durante la 2ª GM.
Es mejor pintar los lemas sobre las aceras y paredes con pintura al aceite y grandes brochas. Si es necesario, se puede emplear tiza, sujeta lateralmente escribir con trazos más anchos que la brocha. Sin embargo, la tiza de lava fácilmente. La pintura al aceite, se adhiere al objeto y solo se puede hacer ilegible pintando por encima.
Un gran cantidad de lemas, que aparezcan noche tras noche, pondrá nervioso al enemigo y aumentará la auto-confianza de la población, dado que tales actividades demuestran la ineficacia de las tropas de ocupación y la fuerza de del movimiento de resistencia.

D. Destrucción de carteles enemigos
Los avisos o anuncios oficiales de las fuerzas de ocupación, así como los carteles de propaganda que apoyan la ideología del enemigo, deben ser contrarrestados o lentamente te "ahogarás" en la riada de propaganda.
Se deben crear secciones especiales para desgarrar, arrancar o pintar sobre estos carteles o poner sobre ellos carteles de la resistencia.
Si la vigilancia enemiga de las calles es poco eficaz, usa un método barato pero que lleva tiempo de rascado parcial o pegado por encima. Sin embargo, si la vigilancia es eficaz y estrecha, conténtate con pegar por encima del cartel oficial una relativamente pequeña tira de papel que lleve impresa "Solo Mentiras". Esto requiere poco tiempo y no produce ningún ruido.

Equipo usado por las secciones: cubos de pintura, espátulas para rascar los carteles enemigos, zapatillas de deporte con suela de goma (silenciosas) y quizás bicicletas dado que son rápidas y no hacen ruido. Recordar que una máquina de escribir es a menudo más importante que una pistola. La maquinaria de reproducción es mucho más valiosa que una ametralladora ligera. El Servicio de Seguridad del Estado teme a los periódicos y panfletos clandestinos casí más que a las armas y explosivos.

6. Entrenamiento de los Líderes de la Resistencia o Miembros Implicados en Tareas Extremadamente Peligrosas.

Al igual que tus camaradas de los destacamentos de guerrilla que preparan sus operaciones hasta el mínimo detalle y se entrenan en ciertas fases en sus campamentos antes de comenzar las operaciones, se te requiere que entrenes a los miembros más importantes sobre la conducta durante registros de domicilios por el Servicio de Seguridad del Estado y el comportamiento durante los interrogatorios.

A. Entrenamiento del comportameinto durante los registros de domicilios.
Como instructores - utiliza a antiguos policías que conocen las técnicas de registros y a miembros del movimiento de resistencia que hayan pasado por la experiencia de ser registrados por el Servicio de Seguridad del Estado y estén familiarizados con sus métodos.
El registro de las casas, como parte del entrenamiento, debe ser llevado a cabo de la misma forma en que lo haría el Servicio de Seguridad del Estado para conseguir tanto realismo como sea posible.
La finalidad de tales ejercicios, es mostrar a tus camaradas los errores cometidos en sus comportamientos; templar sus nervios enfrentándose a situaciones de alto stress: y para demostrar los errores cometidos al ocultar contrabando.
B. Entrenamiento del comportamiento durante los interrogatorios.
De nuevo, emplea como instructores a antiguos policías o abogados familiarizados con las técnicas de interrogación. Las personas que han sido interrogadas por el Servicio de Seguridad del Estado pueden dar valiosos consejos - y finalmente aunque no en último lugar, ser un ejemplo viviente de que "uno puede sobrevivir a tales interrogatorios".

7. "Pasando a la Clandestinidad". Selección y Empleo de Escondites

Los jefes y miembros importantes del movimiento de resistencia deben mantener varias casas seguras en la misma ciudad o distrito para albergar conferencias o para pasar a la clandestinidad de forma temporal o permanente, si es necesario. Lugares idóneos para tales escondites son apartamentos usados con poca frecuencia

almacenes, viviendas de amistades, o casitas de vacaciones. A veces puede ser necesario desplazarse continuamente en tren o en metro durante un período de tiempo.

8. Seguridad de las Zonas Seguras.

Los emplazamientos que debes visitar con frecuencia, tales como escondites, viviendas de amistades, etc., deben de asegurarse mediante el empleo de señas sencillas. Diseñar un sistema de señales para indicar que el emplazamiento es seguro mediante la colocación predeterminada de contraventanas, macetas; disposición de cortinas; ventanas abiertas o cerradas; o ropa tendida a secar.

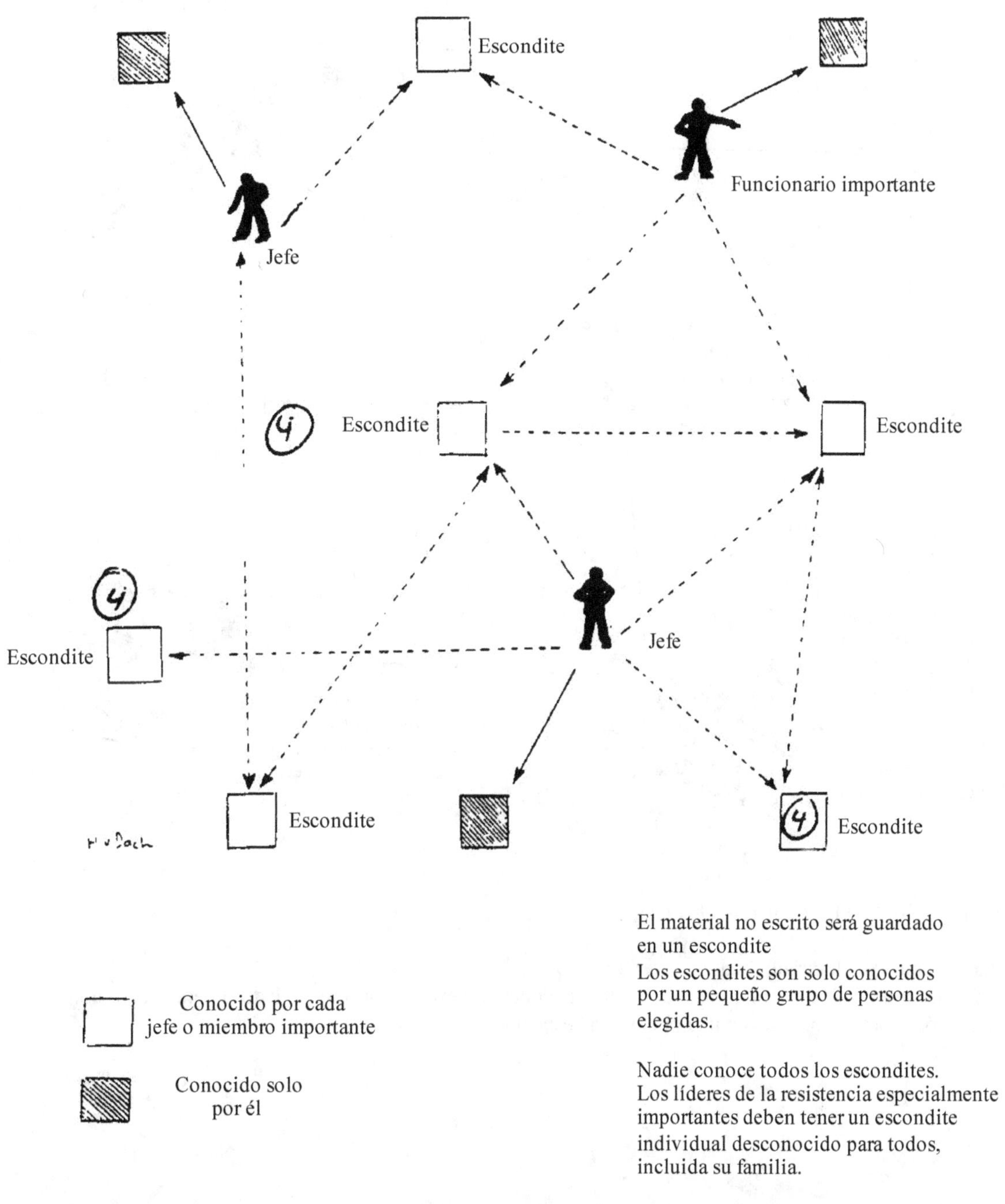

Estas señas deben ser reconocibles desde alguna distancia de forma que en caso de peligro tengas la posibilidad de pasar inocentemente delante de la casa.

Este sistema de seguridad rudimentario puede verse comprometido si, por ejemplo, los habitantes son arrestados inesperadamente por el Servicio de Seguridad del Estado antes de que tengan tiempo de poner la señal de aviso. Por esta razón, se debe desarrollar un sistema de seguridad adicional más refinado y que sea de naturaleza tal que puedas activarlo incluso aunque seas llevado esposado.

Por ejemplo, poner un macetero en el descanso de la escalera y "accidentalmente" golpearlo cuando pases a su lado, etc.

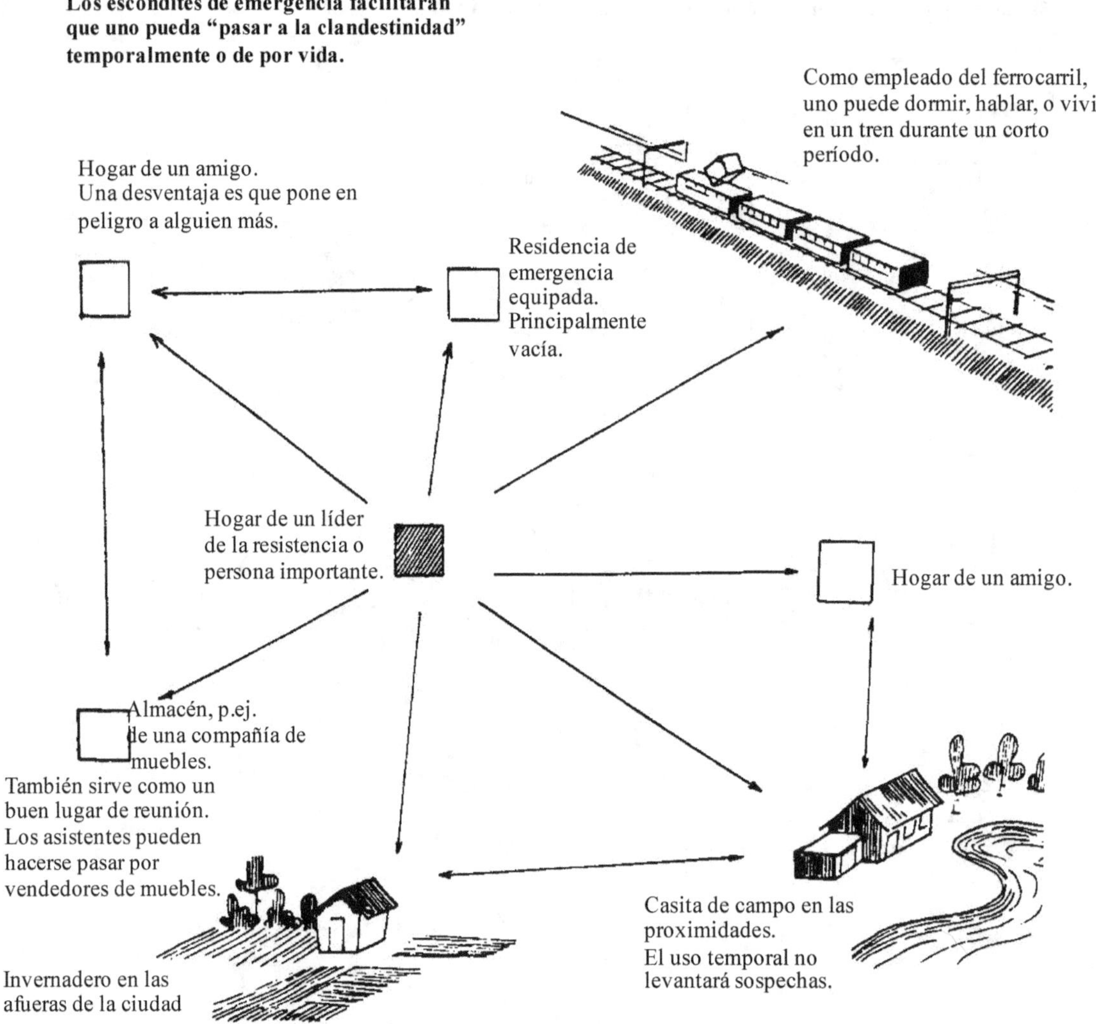

9. Seguridad de las Conferencias Clandestinas

A. Selección del lugar de reunión:

Las reuniones de los miembros de la resistencia deben ser preparadas tan cuidadosamente como una incursión, porque constituyen una operación "especial".

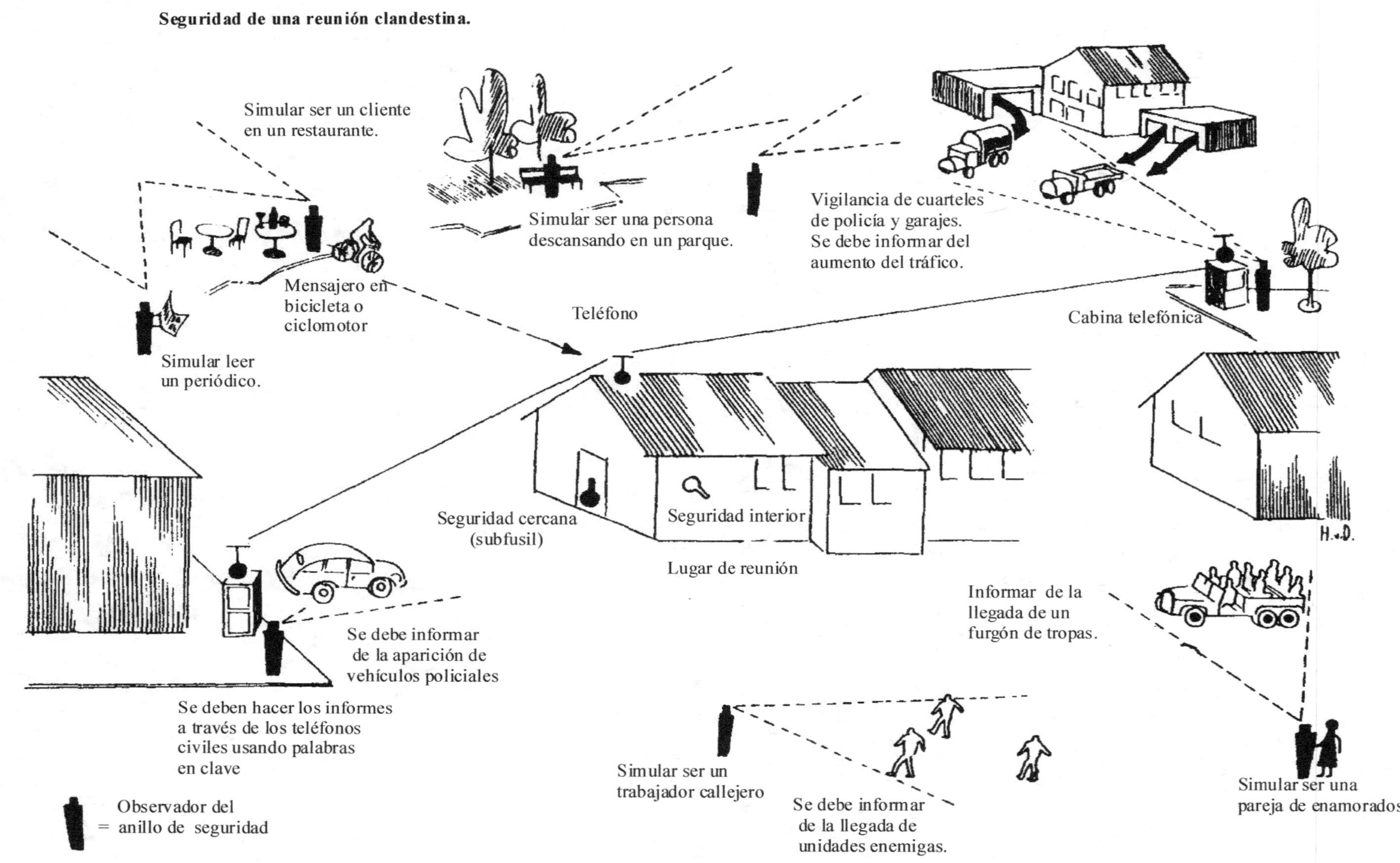

Seguridad de una reunión clandestina.

Un lugar adecuado, por ejemplo, podría estar entre unas casas alineadas dado que la búsqueda y su cerco es muy difícil y llevaría mucho tiempo. En consecuencia, tienes suficiente tiempo para escapar.

Los edificios individuales aislados son fácilmente rodeados y después asaltados. Evítalos.

B. Comportamiento de los participantes en la ida y el retorno:

Desde el momento en que abandonas tu hogar te debes considerar en "combate contra el Servicio de Seguridad del Estado" y ser más cuidadoso que un soldado en patrulla de reconocimiento. Tu clase de combate es más enervante, lleva más tiempo y es más cruel que cualquier combate del frente de una "guerra convencional".

Observa la calle antes de salir de tu hogar para ver si tu casa está siendo vigilada. Se tan discreto como sea posible una vez te encuentres en la calle. Vigila las apariciones repetidas de la misma persona que podría ser un informador o un miembro del Servicio de Seguridad del Estado siguiéndote. Las caras son difíciles de recordar; por ello presta atención a su indumentaria.

Cuando compruebes para determinar si estás siendo seguido, no te vuelvas de una forma sospechosa. En su lugar, hecha un vistazo casual hacia atrás mientras cruzas la calle, enciende un cigarrillo, despliega un papel, entra o sal de una tienda.

Usa el sistema de transporte público (tranvía), pero durante las horas punta; al estar tan abarrotados es menos probable que nadie sea capaz se seguirte.

C. Seguridad del lugar de reunión:

Distinguir entre el "anillo de seguridad" externo y el "anillo de seguridad" interno. El anillo de seguridad externo consiste en observadores apostados a cierta distancia del lugar de reunión. El anillo de seguridad interno estará en propio lugar de reunión.

Los miembros del anillo de seguridad externo observarán las rutas de acceso y alertarán de la llegada de la policía a pie o en vehículos. Los edificios y garajes de la policía deben ser vigilados para averiguar si están saliendo más vehículos de lo normal. Los avisos se pasarán mediante el teléfono civil usando palabras en clave.

La seguridad interior de la reunión consistirá en un guardia en la planta baja con una pistola o subfusil y un observador en uno de los pisos superiores que se desplazará de ventana a ventana.

D. Preparativos en caso de acción enemiga:

Antes de la convocatoria de la reunión debes determinar si vas a combatir o escapar si eres descubierto por el enemigo. Si escoges

combatir, designa quien sirve como guardia posterior y quien debe escapar y que material debe ser retirado. Designa rutas de escape predeterminadas.
Si escoges escapar con engaños, inventa una buena tapadera; determina quien se debe esconder y como.

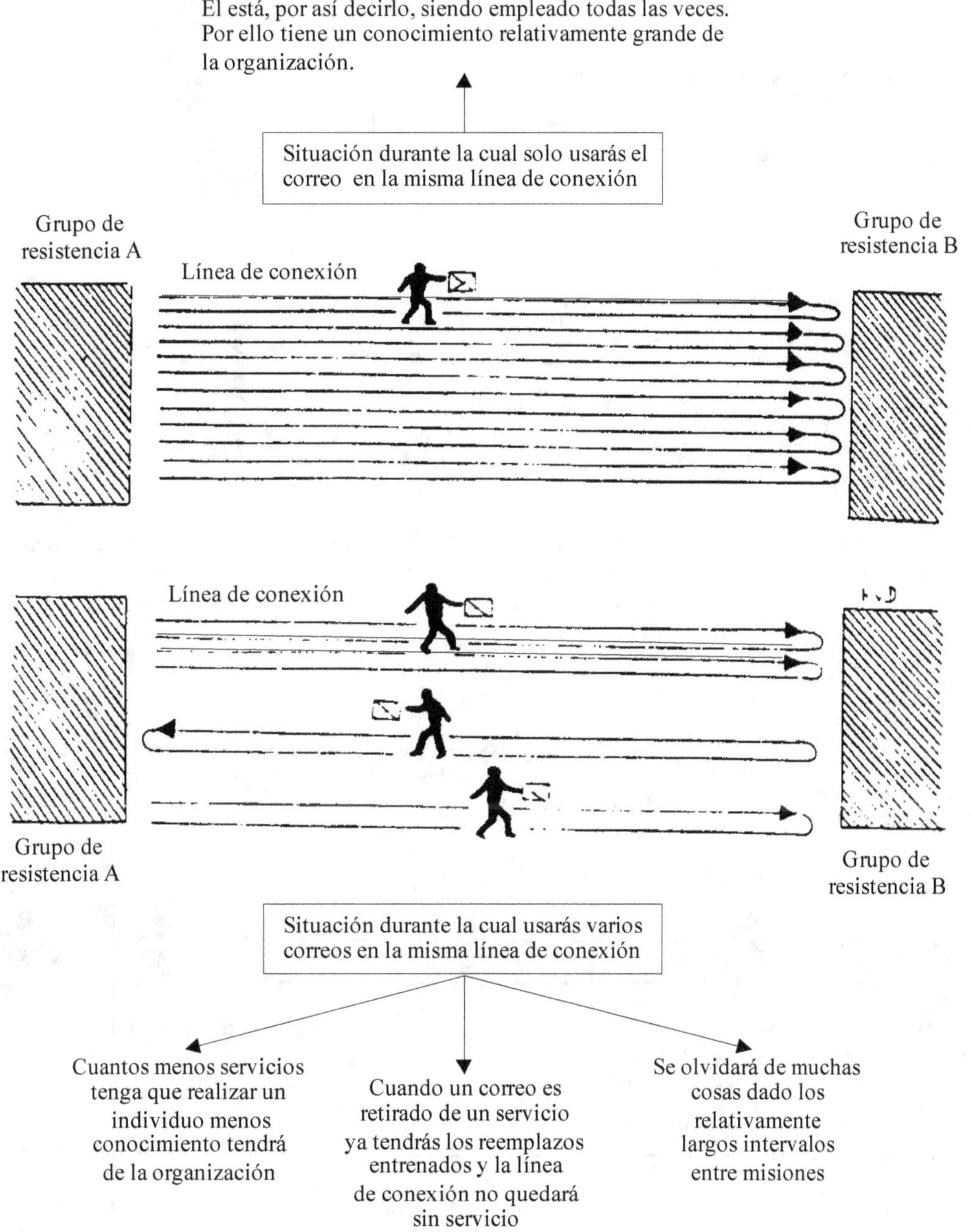

10. Servicio de Mensajería

Es imperativo desarrollar una red de comunicaciones para transmitir órdenes y directivas rápidamente así como avisos que eviten la acción policial.
Como medios de comunicación emplearás: mensajeros; el sistema telefónico público, el sistema postal público y las emisoras clandestinas.
 Debes distinguir entre:

"Mensajeros tácticos" usados para comunicaciones internas en una zona pequeña y "mensajeros operacionales" usados para comunicaciones en todo el país. También se pueden emplear para mantener el contacto con el gobierno en el exilio.

Son correos adecuados:

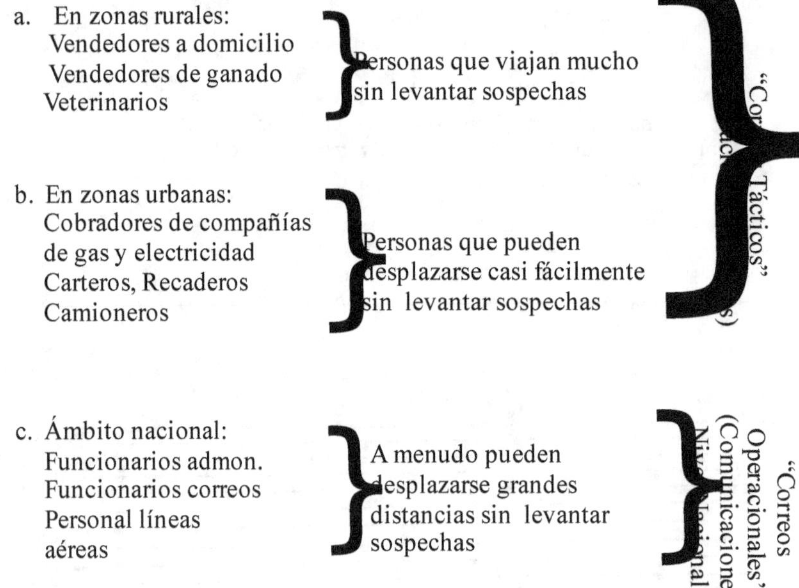

Tus mensajeros están continuamente expuestos al peligro de ser aprendidos. Como norma, no deberían saber nada sobre el emisario ni del receptor, porque estos son los jefes de la organización. Por razones de seguridad, introduce "hombre intermedios" que reciban los mensajes o los entreguen para su transmisión.

El Servicio de Correos

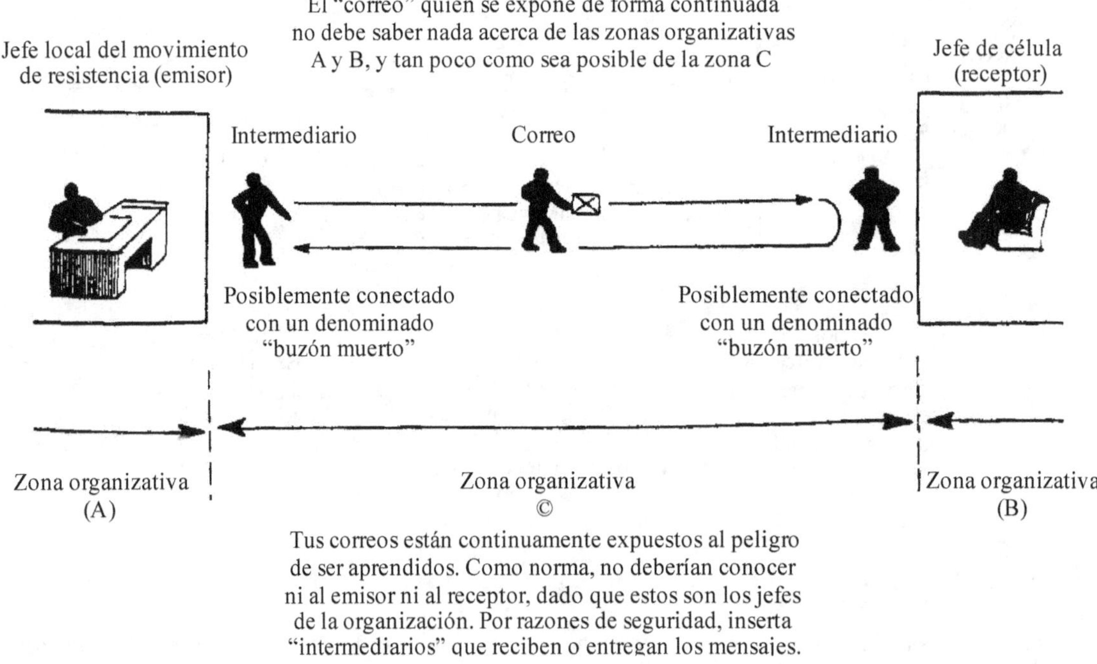

Tus correos están continuamente expuestos al peligro de ser aprendidos. Como norma, no deberían conocer ni al emisor ni al receptor, dado que estos son los jefes de la organización. Por razones de seguridad, inserta "intermediarios" que reciben o entregan los mensajes.

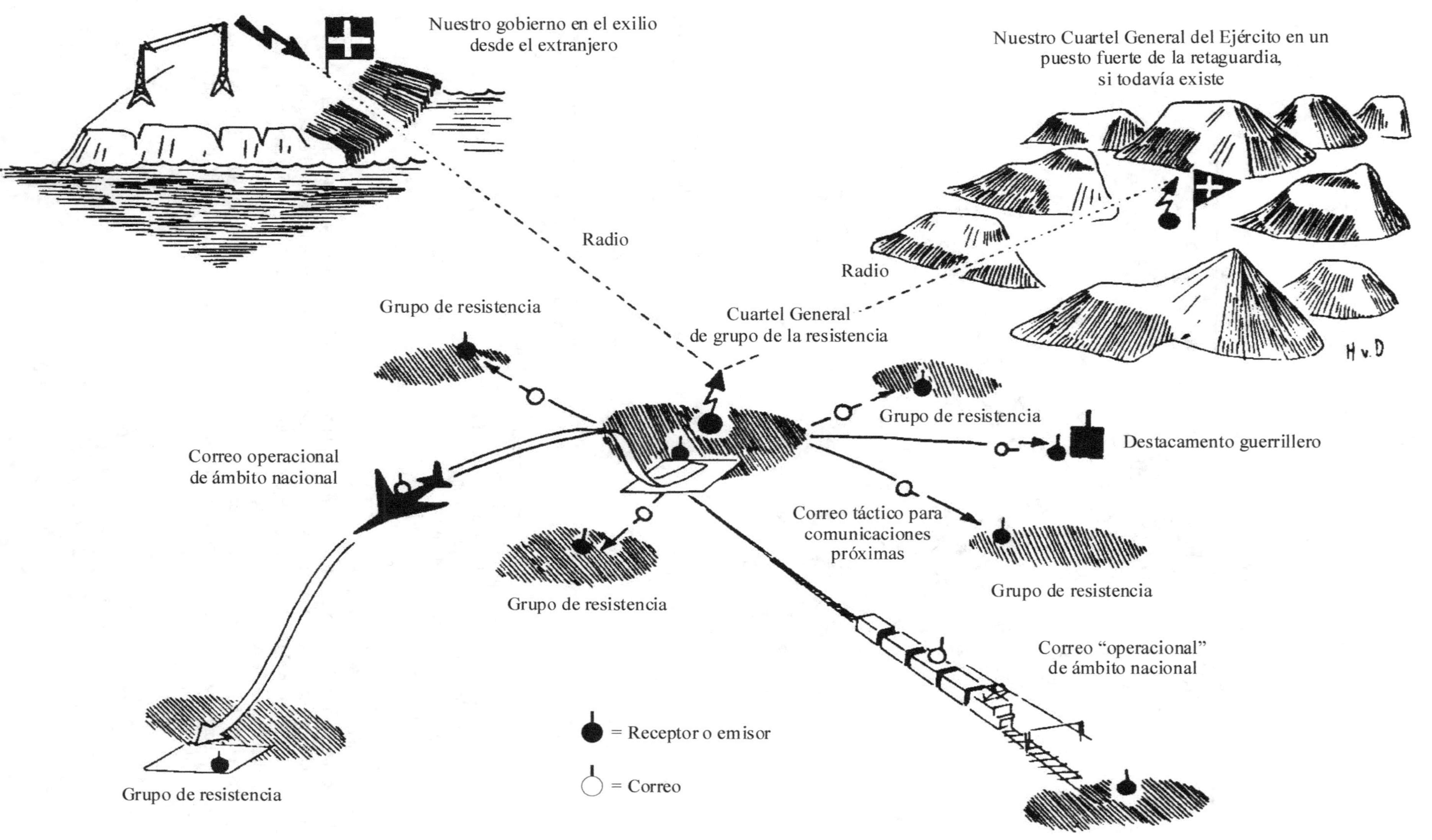

Nuestro gobierno en el exilio desde el extranjero
Nuestro Cuartel General del Ejército en un puesto fuerte de la retaguardia, si todavía existe
H v. D
Radio
Radio
Grupo de resistencia
Cuartel General de grupo de la resistencia
Grupo de resistencia
Destacamento guerrillero
Correo operacional de ámbito nacional
Correo táctico para comunicaciones próximas
Grupo de resistencia
Grupo de resistencia
Correo "operacional" de ámbito nacional
= Receptor o emisor
= Correo
Grupo de resistencia

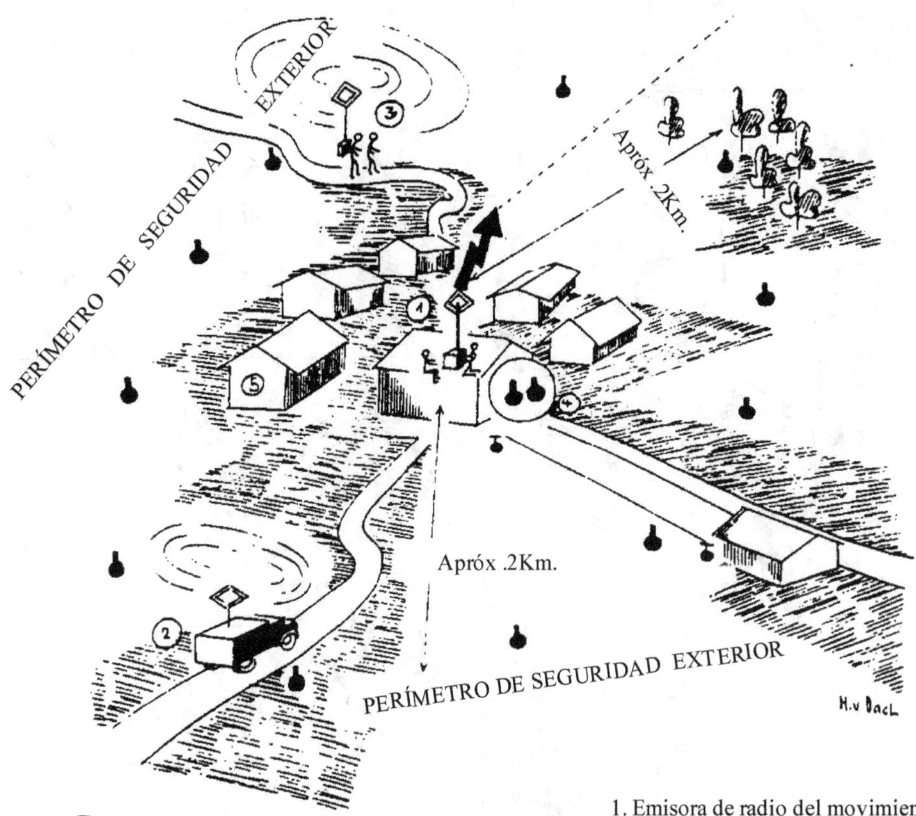

Anillo de seguridad interno
de la emisora de radio

Guardia de seguridad vestido
de paisano, simulando ser un
inofensivo trabajador del campo,
leñador, barrendero, etc.

Los guardias tienen que informar de la presencia
del enemigo con equipos de localización de
emisiones de forma que la emisora clandestina
pueda dejar de emitir mensajes a tiempo.
Los medios de informar incluyen:
teléfono civil (clave), bicicleta, motocicleta.

1. Emisora de radio del movimiento de resistencia.
2. Grupo de localización de emisiones del enemigo
   instalado en un vehículo intentando localizar las
   emisiones clandestinas.
3. Grupo de localización de emisiones del enemigo
   a pie.
4. Anillo de seguridad interior de la emisora de radio.
5. Escondite habilitado a unos 500m. de la emisora
   para poder "desaparecer" cuando comience la
   búsqueda.

Transmisión de mensajes por radio
Usar solo emisoras. El único empleo de emisoras de forma contínua debería ser para contactar con los
Cuarteles Generales superiores del movimiento de resistencia y nuestro gobierno en el exilio en países
aliados o con nuestro Cuartel General del Ejército (lo que queda del ejército en un puestos en la
retaguardia) si este todavía existe.
Merece la pena emplear mucho tiempo y esfuerzo en establecer medidas de seguridad radiofónicas. Los
mensajes deberían ser enviados codificados. La emisora de radio debería estar camuflada y guardada.
Durante situaciones tácticas

internas del movimiento de resistencia, no emplear emisoras. Aquí tienes que transmitir muchos mensajes diariamente. Como resultado, la seguridad radiofónica es difícil y el esfuerzo gastado en seguridad es demasiado grande en relación al valor de los mensajes.

No olvidar que la escucha de las transmisiones de radio y el uso de los localizadores de dirección son más fáciles para el enemigo que la interceptación de mensajeros que desaparecen entre los centenares de miles de ciudadanos. Para poner tus transmisiones de radio bajo vigilancia, solo necesita un puñado de expertos inteligentes y técnicamente bien entrenados y equipados. Para interceptar mensajeros necesitará un ejército de policías.

11. Uso de Trenes

Si es posible usa líneas secundarias. Viaja siempre en trenes de cercanías. Sube y baja del tren en estaciones secundarias o suburbanas. Las estaciones principales y los trenes grandes (expresos, internacionales) es más probable que estén sujetos a mayor vigilancia por el Servicio de Seguridad del Estado. La identificación de los pasajeros mientras el tren está en marcha es más probables en trenes grandes que en "trenes lentos".

Ejemplo: Quieres viajar de Berna a Lucerna. Ve andando o coge el bus para ir a la estación de Ostermundingen. Allí embarca en el tren local a Langnau. En Langnau transborda al siguiente "tren lento" yendo en dirección a Lucerna. Sin embargo, baja del tren en la pequeña estación de Littau, a 4 Km. Antes de llegar a Lucerna, y haz el resto del camino a pie.

12. Neutralizando Informadores

A. Objetivos del Enemigo
Usando informadores, el enemigo espera recoger información sobre tus actividades; sembrando la desconfianza; haciendo más difícil el contacto entre los miembros de la resistencia.

Nadie puede confiar ya en su vecino. Como resultado, la organización del movimiento de resistencia, especialmente en su fase inicial, llega a ser muy difícil.

Las técnicas sobre el uso de informadores pueden verse en el siguiente diagrama:

Cuartel General de Informadores del Servicio de Seguridad del Estado	
Reserva de Informadores	**Red Permanente de Informadores**
"Reserva móvil", por así llamarla	"fuerzas locales" son usadas permanentemente en cada
Usada solo ocasionalmente, por ejemplo durante manifestaciones, huelgas, disturbios, revueltas.	Manzana Taller Fábrica Colegio, etc
La "reserva de informadores" está compuesta por los individuos más entrenados y cualificados.	De este grupo se emplea el "grueso" del informador corriente

Área Operacional de Informadores 1. Clarificación de cuestiones personales	
Problemas Momentáneos	**Problemas Permanentes**
Vigilancia de personas *momentáneamente* interesantes	Vigilancia de personas *permanentemente* interesantes

| Sospechosos para
ser eclipsados y
contra quienes
se debe recoger
material | Personas consideradas
desfavorables y que
serán utilizadas más
tarde (reclutadas)
por su propio interés | *Enemigos,*
Enemigos potenciales
tales como:
Antiguos políticos
Sindicalistas
Editores
Antiguos oficiales
Antiguos policías
Funcionarios
Maestros
Sacerdotes | *"Amigos",*
Evaluación de
fiabilidad política
("lealtad a la línea
del partido)
de personalidades de
entre las propias filas,
por ejemplo:
Funcionarios clave administración
Funcionarios del partido
Funcionarios de policía
Órganos de las tropas de ocupación |

$$
\boxed{\begin{array}{c}\text{Área Operacional de Informadores}\\ \text{2. Clarificación de Cuestiones de Opinión}\\ \text{y Problemas Técnicos}\end{array}}
$$

Específicas	General
Cual es la "opinión" de su propia policía de sus propias tropas de ocupación de su propia administración en las fábricas (clase obrera) entusiasmo laboral (producción) Sabotaje/pasivo resistencia a suministrar de la población	Cual es la opinión pública de la población (masas): cual es la actitud hacia el sistema cuales son las reacciones a las varias medidas tomadas por las fuerzas de ocupación (desmantelamientos, terror, etc.)

B. Reclutando Informadores

El Servicio de Seguridad del Estado investigará intensivamente pasado y presente de aquellas personas que puedan ser informadores potenciales. Por encima de todo es esencial recoger material con el que poder chantajear a las víctimas en el momento apropiado. A este respecto no solo la opinión política sino también la vida privada son de interés.

Los siguientes son puntos de especial interés para el Servicio de Seguridad del Estado:

¿Tiene deudas?

¿Tiene otras dificultades financieras?

¿Todo marcha bien en su matrimonio o hay posibilidad de chantajear?

¿Tiene una amante?

¿Ha cometido imprudencias en el pasado que están totalmente ocultas para sus asociados actuales?

¿Es extraordinariamente ambicioso?

¿Está amargado, insatisfecho o en malas relaciones con la sociedad?

Finalmente, los siguientes son reclutados como informadores:
1. Personas incriminadas políticamente a quienes se les
   da la opción de trabajar para el Servicio de Seguridad
   del Estado o ser eliminados.
2. Familiares de oponentes políticos arrestados y presos
   o en campos de concentración. En este caso las amenazas
   y las tentaciones se emplean prometiendo la ejecución
   o torturas en caso de rehusar o aliviando las condiciones
   de los detenidos e incluso liberándolos en caso de
   cooperaci ón.

} Chantaje (un 20%)

3. Personas implicadas en evasión de impuestos, mercado
   negro, etc.
4. Criminales a quienes se les promete la libertad de la
   cárcel o no ser juzgados.
5. Desviados sexuales.
6. Alcohólicos.
7. Drogadictos.

} Más o menos voluntarios (un 60%)

8. Inmorales que harán cualquier cosa por dinero.
9. Idealistas que han sucumbido al "sistema" y están
tan ciegos ideológicamente que estarán deseosos de
hacer incluso las tareas más sucias.

} Vvoluntarios (un 20%)

C. Defensa Contra Informadores

Medidas pasivas usadas contra informadores:

Tratar temas confidenciales solo en habitaciones cerradas, nunca en un tranvía, tren o restaurante. Hablar solo con personas en quien confíes y conozcas desde hace años. Cuando terceros se aproximen cambia de tema de forma discreta. El mantenimiento de un silencio persistente en público es la mejor forma de secar a los informadores. Es más fácil recoger fragmentos de conversación en público que infiltrarse en un grupo de personas que se conozcan entre sí; en este grupo existe una atmósfera personal donde las ideas personales y el pasado son conocidos por todos.

Medidas activas usadas contra los informadores:

El lugar de reunión de un informador nunca será en los cuarteles generales del Servicio de Seguridad del Estado pero siempre en algún lugar

común, como un restaurante, donde los informadores pueden ir y venir sin ser reconocidos o llamar la atención. Las agencias de seguros, de viajes, etc., son muy adecuadas como lugares de reunión a causa del constante flujo de personas, los informadores no llamarán la atención sobre si mismos.
Localizar y observar estos puntos de reunión.
Intenta identificar a los informadores y con ello neutralízalos.
Asegúrate de que su identidad es conocida por la población mediante el empleo de carteles en paredes, folletos y rumores.

13. Como Abordar el Peligro de ser Oído por Casualidad.

Los métodos de construcción modernos, con su espesor mínimo de paredes, suelen incrementar las probabilidades de escucha. Antes de una conversación, cierra puertas y ventanas.
No hablar en aquellas habitaciones de tu casa que estén contiguas a un apartamento vecino o al hueco de las escaleras. Con ello evitarás de forma involuntaria que tu conversación sea "escuchada casualmente" pero además la "escucha" deliberada de tu vecino.
Si tienes inquilinos o solo dispones de una habitación enciende la radio. Su ruido ahogará tu conversación y evitará que seas escuchado por casualidad.
Si temes que en tu hogar haya instalados micrófonos del Servicio de Seguridad del Estado, enciende la radio antes de discusiones secretas. Sintoniza una emisora autorizada por el enemigo y ponla a pleno volumen. Cualquier micrófono solo recogerá el ruido de la radio.
Aparte de eso, no temas el peligro de los micrófonos demasiado. Los micrófonos sde suelen emplear raramente por razones obvias.

14. Comportamiento Durante los Interrogatorios

Si varios funcionarios del Servicio de Seguridad del Estado te golpean en el sótano de interrogatorios no permanezcas en el medio de ellos. De esa forma todos te pueden golpear al mismo tiempo. Intenta ponerte en una esquina

la habitación. Así solo 2 o 3 hombres podrán golpearte a la vez. Los demás solo se estorbarán unos a otros. No intentes permanecer erguido mientras sea posible. Haz el papel de "muerto" o "gravemente" herido. Tírate al suelo y encógete sobre el estómago. Tus órganos sensibles estarán en el centro de una caja protectora de costillas y huesos. El pateo y los golpes causarán menos daños. Además, mete hacia adentro tu barbilla e intenta proteger los riñones apretando los codos contra el cuerpo.
Responde siempre de forma vaga e indeterminada. La norma básica a seguir durante un interrogatorio es: "decir lo menos posible". Recuerda que la policía no puede leer tus pensamientos. Te cegarán con luces deslumbrantes mientras los funcionarios interrogadores están sentados en la oscuridad.
Niega y refuta todo incluso cuando las acusaciones puedan ser probadas. Al menos harás propaganda de esta forma. Evitar mencionar nombres. Dado que estás considerado como un "enemigo del estado", todos los que conozcas serán también sospechosos de ser enemigos potenciales.
Los gritos, amenazas y malos tratos están entre los métodos empleados por el Servicio de Seguridad del Estado. Debes darte cuenta de esto.
No te dejes engañar por la "amistad" del Servicio de Seguridad del Estado. Es solo una técnica usada para que bajes la guardia. Los funcionarios interrogadores mostrarán su auténtica cara bien pronto.
Puede esperar lo siguiente: confinamiento aislado; confinamiento en celda oscura y confinamiento en "pequeñas celdas" denominadas "ataúdes verticales" que evitan que puedas sentarte o tumbarte.
Los guardia impedirán que puedas dormir despertándote cada vez que te duermas.
Puedes esperar malos tratos generales tales como golpes, arrancar dientes, arrancar uñas de manos y pies, quemaduras con cigarrillos, etc.. Intentarán desmoralizarte con noticias horribles, hambre, frío o sed.

15. Conducta en campos de Trabajos Forzados (Campos de Concentración)

A. Organización
Por orden de la dirección del campo se suele elegir un "responsable de barracón" y a veces un "responsable de campo". Cuando no sea el caso debes hacerlo por tu cuenta dado que la creación de organización entre los prisioneros puede mejorar las condiciones de vida considerablemente.

La red que será instalada por la dirección del campo por razones técnicas (contacto con los presos) tiene que ser usada para nuestros propios fines e incluso secretamente mejorada.
Debes distinguir entre:
Red del campo (comprende todo el campo) y red de barracones (comprende los varios barracones)
En campos con poco control podrás crear ambas redes, mientras que en campos con disciplina estricta solo podrás crear la red de barracones.
En la red de barracones el jefe es el "responsable de barracones". Sus ayudantes son los prisioneros de confianza de los barracones.
En la red de campo el jefe es el "responsable de campo". Sus ayudantes son los responsables de barracones.
Los responsables de barracones o de campo son responsables del contacto entre las masas de presos y la dirección del campo (aceptan órdenes; envía peticiones; p. ej., obtener permiso para escribir cartas, recibir correo, visitas, permiso para fumar, etc.; envío de quejas y protestas sobre trato, suministro de alimentos, alojamientos, calefacción, higiene, etc.)
Asignar tantos prisioneros como sea posible a la red organizada secretamente. En virtud del hecho de que uno tiene una ocupación (misión) y debe ayudar a otros, sus propios problemas pasarán a segundo plano. Cuanta más personas sean asignadas en misiones de los barracones, son mayores la probabilidades de mantener la voluntad de resistir durante largos períodos de tiempo.

B. General
Tener cuidado con la llegada de nuevos internos. Estarán naturalmente más desmoralizados. Instruir a los nuevos sobre las condiciones generales del campo y la conducta adecuada mediante individuos especialmente seleccionados. Si son dejados solos su voluntad de resistir amenaza con sucumbir.
Entonces el enemigo habrá alcanzado su objetivo. Como prisionero veterano debes tomar medidas preventivas. Puedes mantener la voluntad de resistir y la moral mediante varios métodos:
Crear la organización antes mencionada entre los presos, con el fin de fortalecer el sentimiento de solidaridad y mejorar las condiciones de vida.
Difundir noticias reales sobre la situación del exterior para fomentar la creencia en la victoria de una causa justa. Organiza grupos de canto y debate.
Establecer "grupos de pertenencias" en los cuales cada miembro pondrá sus pertenencias a disposición de grupo. Incluso las personas más solitarias

de esa manera compartirán productos como tabaco y artículos alimentarios adicionales y quizás prendas de ropa.

Los individuos de confianza informarán a los presos sobre la situación general política y militar (siempre se filtrará alguna información); darán instrucciones sobre conducta para el futuro inmediato; darán directivas sobre que se debatirá el día siguiente con los guardias durante el trabajo (conversión política). Junto a los presos políticos serán encarcelados al mismo tiempo cierto número de criminales comunes; esto se hace para intentar interrumpir la solidaridad del campo. Tienes que localizarlos enseguida y doblegarlos. Muy a menudo suelen ser informadores.

C. Detalles sobre las redes de campo o barracones

Organización de cuidados sanitarios:

En muchos casos, los enfermos o heridos no serán admitidos en la enfermería o se les devolverá al trabajo demasiado pronto a causa de una falta de espacio maliciosa. Sin los cuidados dados por sus camaradas, la voluntad de vivir y el instinto de conservación se extinguirá rápidamente y morirán pronto. Organiza un servicio de auxilio de barracón. Por supuesto, que carecerás de medicinas, material de primeros auxilios e instrumental. Pero no es demasiado importante. El asunto es más bien un problema psicológico. Si el enfermo o herido siente que la comunidad está cuidado de él, aumentará su fortaleza interna.

Las formas posibles de ayudar a los enfermos cuando se carece de material de primeros auxilios incluyen:

En verano, darles el lugar más fresco posible; en invierno la zona más cálida del barracón.

Sofocar su sed: si es posible, darles artículos alimenticios adicionales que hayan guardado los más fuertes. Darles algo que fumar.

Enfriarlos con paños húmedos o dar mantas adicionales obtenidas de aquellos en mejores condiciones físicas.

Asignarles las tareas más livianas si los enfermos tienen que trabajar. Darles atenciones generales.

En cada sistema de barracones hay un antiguo médico, farmacéutico, estudiante de medicina, sanitario u otro individuo adecuado que puede asumir el papel de "enfermera".

Organización de Servicios Religiosos:

Cada uno alcanzará un punto de moral más baja cuando parezca desvanecerse por completo la última esperanza de vivir y una persona no sea capaz de creer en el futuro. Para hacer frente a este problema, la comunidad de la prisión

tiene que dar pasos para la creación de una organización de servicios religiosos.
Con tal propósito usará médicos, sacerdotes, predicadores seglares, miembros del ejército de salvación, etc.
No carecerás del personal cualificado esbozado arriba dado que estos son siempre objeto de campañas de odio especial por parte del régimen y son los primeros en ser enviados a prisión.

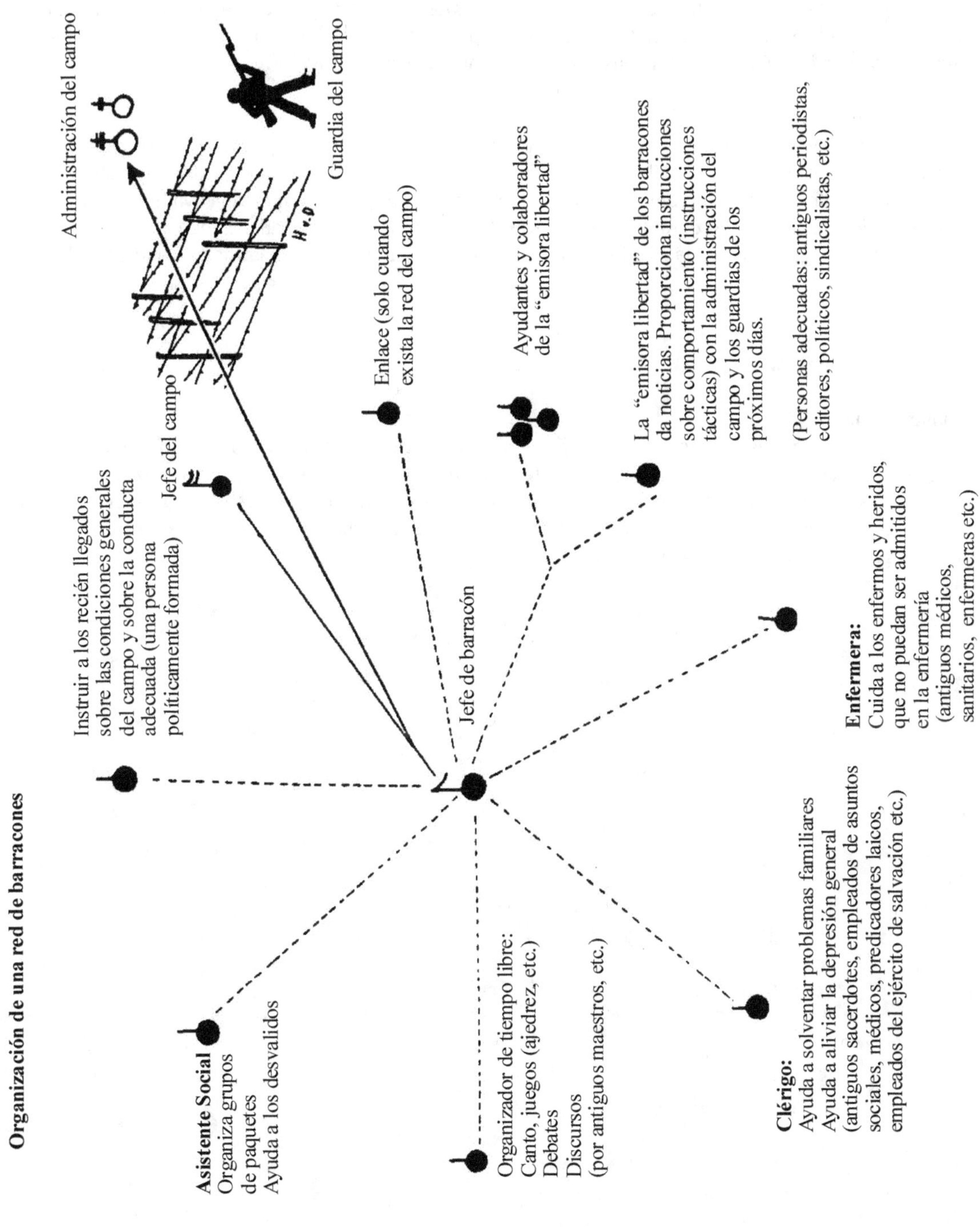

D. Relaciones con los guardias del campo

Los guardias siempre consistirán en dos clases, los sádicos y los decentes que obedecen por obligación pero que condenan cualquier acto excesivo; aún así deben guardar silencio. Debes tomar ventaja de esta situación.

Tácticas: Introduce una cuña moral entre las dos clases de guardias. Método: Descubre quien es decente. Habla con los guardias (principalmente durante el trabajo).

Se les dice machaconamente que los presos son la escoria de la humanidad. Mediante la camaradería ejemplar demostrarás y probarás a los guardias que sois personas muy decentes. Una vez que esto haya tenido éxito habrás ganado el primer asalto y al mismo tiempo, habrás perforado la creencia de los guardias de la infalibilidad del régimen.

No hablar nunca a un grupo de guardias. Los grupos son siempre más agresivos y malvados que los individuos. En un grupo, el individuos es ante todo "miembro de una organización" y solo después un "ser humano". Sin embargo, como individuo, es principalmente "un ser humano" y en segundo término "miembro de una organización". En consecuencia, siempre abordar individuos.

E. Resistencia pasiva

La resistencia pasiva y los actos de protesta son, por supuesto, muy difíciles de llevar a cabo. No obstante, incluso en este tema hay varias posibilidades. Se muestra un ejemplo:

Si un preso ha sido asesinado durante un interrogatorio, "abatido mientras intentaba evadirse o ha sido ejecutado oficialmente, cantar durante unos cuantos días "yo tenía un camarada" a menudo y abiertamente. El significado de la canción será incluso comprendido por un guardia que hable una lengua extranjera.

16. Resistencia Pasiva

Conducta general

Hay muchas clases de resistencia pasiva que pueden ser utilizadas por amas de casa, niños y parados. Si los miembros de las tropas de ocupación o colaboradores entran en un tranvía, bus o restaurante, detener todas las conversaciones, incluso las más inofensivas y dejar que las reemplace un silencio frío. Si te hablan directamente, responde con tranquilidad y tan breve como puedas. Simula tener una cita o asunto urgente para cortar la conversación y vete.

No devuelvas nunca los saludos del enemigo sino que ignóralos a propósito. Cuando quiera sujetarte la puerta o quiera ayudarte a entrar o salir de un vehículo, no aceptes.

No te sientes al lado del enemigo en un vagón de tren, permanece de pie en el pasillo. Si es necesario cambia de vagón.

Si solo hay unos cuantos peatones en la calle, cambia de acera y ve por el lado opuesto cuando se aproxime un miembro de las fuerzas de ocupación. Puedes incluso entrar en un portal durante un minuto. Esta técnica es, por supuesto, solo válida cuando no hay demasiadas personas en la calle y tu conducta es notada.

Si el enemigo está esperando en una estación de tren, de tranvía, frente a un cine o teatro, retroceder de forma que se forme un gran círculo en medio del gentío que aguarda; esto le hará sentir que está siendo objeto de un aislamiento moral.

Mujeres e hijas: Cuando se os pida bailar por parte de los miembros de las fuerzas de ocupación o por sus colaboradores, rehusar bajo pretexto de estar cansadas, de no querer bailar o estar enfermas.

En todos aquellos lugares donde haya contadores eléctricos colectivos – no tu contador privado – encender tantas bombillas como sea posible en todo momento (por ejemplo, escaleras y sótanos). Incrementar el consumo eléctrico puede provocar desabastecimiento y provocar cuellos de botella en la industria y el transporte. Dado que no puedes encender las luces de noche a causa del estricto "oscurecimiento" sin llamar la atención, hazlo durante el día. Esto tiene la ventaja adicional de que coincidirá con las horas punta de máximo consumo de la industria lo que es especialmente eficaz.

Conducta durante la obligatoriedad de alojamiento

Es muy improbable que el enemigo aloje a personal miliar individualmente entre la población. Por razones obvias, los mantendrá todos juntos donde puedan ser fácilmente controlados y protegidos.

Si, sin embargo, contrariamente a todas las expectativas, el enemigo aloja personal entre la población o tienes que alojar a un colaborador, proceder como sigue:

a. Si solo dispones de una habitación en tu casa, interrumpe su sueño poniendo la radio tan alta como sea posible. Si la radio ha sido requisada, haz que los niños hagan un alboroto infernal.

Llámalo por teléfono a cualquier hora intempestiva de la noche. Cuelga el teléfono o haz que escuche algún comentario despectivo. Moviliza a todas tus amistades para efectuar estas llamadas.

b. Cuando esté en su aposento, llama a su timbre en cualquier momento durante de día o de noche. Pulsa el timbre e incrusta en el pulsador una cerilla de forma que su palo quede clavado y el timbre suene seguido. Es muy desagradable despertar de un sueño profundo y tener que correr escaleras abajo desde un cuarto piso para eliminar la molestia.

Introduce continuamente papeles con amenazas y reproches en su buzón.

Llámalo a cualquier hora del día o de la noche. Critícalo por teléfono e intenta influir en el políticamente. Tendrá que contestar a las llamadas tanto si quiere como si no, dado que no sabrá si la llamada proviene de su oficina o del cuartel general. El oír noche tras noche que es un " elegido" y que "recibirá su pago" quebrará los nervios más templados de un traidor.

c. Como hacer su vida más difícil de otras formas:

Un cartero debería dañar su correo a propósito (cartas, mojar sus periódicos o enrollarlos y rasgarlos parcialmente; dejar caer los paquetes al barro).

El personal de la lavandería debería no lavar sus prendas ni plancharlas con esmero. Verter lejía en el agua de lavar de forma que la ropa se desgaste. Si no dispones de estos medios, deja sus ropas en la lavadora 2 o 3 ciclos de lavado mientras no la necesites.

Si eres lo suficientemente desgraciado como para ser un trabajador forzado en una de sus lavanderías, la mejor forma de hostigar al enemigo es gastando jabón y jabón en polvo en exceso. Son artículos siempre escasos y por lo tanto racionados. Un aclarado insuficiente pronto provocará daños químicos. El planchado con plancha muy caliente afectará negativamente a las prendas de lino, ¡rero ojo! demasiado calor volverá de color marrón el material y ello traicionará tus intenciones. Aquí, al igual que en cualquier otro lugar, el principal problema es que uno puede "meter la pata" solo hasta un punto en que los materiales o prendas puedan colar en caso de inspección.

Médicos, farmacéuticos, drogueros, enfermeras, etc.

Los arriba mencionados tratarán y suministrarán medicinas a las personas que se hayan pasado a la clandestinidad. Dar siempre la impresión de usar más medicinas y suministros médicos de los que son realmente necesarios. Poner a su lado el "excedente" y haz que lo transporten secretamente a las unidades de guerrilla a través del movimiento de resistencia.

Almaceneros (almacenes de alimentos, depósitos de combustible, etc.)

Distribuir artículos ubicados en los depósitos centrales. Antes de la llegada de las tropas de ocupación, distribuir alimentos y combustible a la población civil. De otra forma el enemigo tomará los depósitos y los usará para sus tropas y/o industria.

El ama de casa será capaz de esconder fácilmente la pequeña porción que le dan.
Funcionarios de la Administración
Realizar cada tarea de la forma más complicada y que emplee más tiempo posible. Incrementar el consumo de materiales de oficina. Traspapelar, esconder o destruir archivos personales.
Interrumpir frecuentemente las conversaciones telefónicas con miembros de la fuerzas de ocupación colgando el teléfono. Solo repetir las llamadas tras 5 o 10 minutos y tras excusarse profusamente, explicando que te han cortado la comunicación.
Dar directivas y ordenes de palabra ambiguas. Provoca confrontaciones sobre las competencias de los empleados.

Funcionarios de personal
Provocar la desaparición de las listas de personal. Haciendo esto harás más difícil que el enemigo puede hacer listas de personas para emplearlas en trabajos forzados y sean deportadas, o averigüen los parentescos durante los arrestos de familias y de rehenes, la ejecución o deportación de miembros de la familia, parientes o conocidos en lugar de los asaltantes o saboteadores fugitivos.

Funcionarios de administración local
Los funcionarios municipales pueden robar tarjetas de identificación en blanco. Las tarjetas de identificación fabricadas y distribuidas por el enemigo no pueden ser robadas por miles durante un momento oportuno. De otra forma correrás el riesgo de que la potencia de ocupación anule toda la partida; con lo cual tus esfuerzos y riesgos habrán sido en vano. Los funcionarios de policía y de la administración local deben, por ello, ir separando continuamente pequeñas cantidades (3 o 4 de cada vez) de forma que las pérdidas pasen desapercibidas. Mediante un enlace serán pasadas al movimiento de resistencia el cual, a su vez, los pasará a la sección de falsificación para "procesarlos".
Pasaportes, tarjetas de identificación personal de todo tipo, papeles de identificación, etc., de personas fallecidas bajo ninguna circunstancia deben ser devueltas a la oficina emisora incluso aunque sea obligatorio por norma. Si es necesario, inventar excusas. Por ejemplo, no lo has visto nunca o el muerto nunca había mencionado la existencia de tal documento. El enemigo puede ser incapaz de comprobar estas afirmaciones; el muerto está callado para siempre.
Pasa todos estos documentos al movimiento de resistencia el cual los empleará como base para nuevos documentos (cambiando nombres, fechas, sellos, fotos y descripciones por la sección de falsificación).

La necesidad de falsificar documentos es enorme para proporcionar "cobertura" ha aquellos que se hayan pasado a la clandestinidad.

Funcionarios de ferrocarriles uniformados
Dar uno de sus uniformes al movimiento de resistencia. Les permitirá llevar a cabo sabotajes más discretamente si están uniformados como empleados del ferrocarril (más facilidad para aproximarse a los objetivos, mejores oportunidades de reconocimiento). Marcar los vagones de mercancías erróneamente. Enviar los vagones de mercancías a estaciones equivocadas. Cargar y descargar vagones lentamente. "Olvidar" donde se encuentran los vagones.

Funcionarios postales, de telégrafos y teléfonos (por ejemplo, carteros).
Dar uno de los uniformes al movimiento de resistencia. Disfrazados de carteros serán capaces de distribuir periódicos, panfletos, etc., clandestinos en buzones de clientes sin levantar sospechas. Además, la gente disfrazada de uniformes tiene más facilidad para aproximarse a conmutadores telefónicos, etc., para realizar sabotajes.

Empleados postales
Los empleados postales pueden "perder" el correo oficial, enviar el correo oficial a direcciones equivocadas o de forma intencionada retrasar o cambiar la dirección del correo oficial.

Empleados de banca
Los empleados de banca puede extender el rumor de una reforma inminente sobre cambio de moneda. La ola sobrevenida de adquisiciones y las molestias que las acompañan de todo tipo serán una gran molestia para el enemigo.

Operadoras de teléfono en tableros conmutadores (centralitas)
No atender llamadas de las oficinas de la tropas de ocupación. Hacer malas conexiones de forma que solo puedan ser restablecidas con esfuerzo lo que provocará molestias generales. Soltar las conexiones en medio de conversaciones. Si es necesario siempre puedes inventar alguna excusa ("problemas técnicos").

Funcionarios de policía general (búsqueda de personal y policía uniformada)
El enemigo intentará hacerse cargo totalmente de la policía local existente y usarla para sus fines. Principalmente, la policía local se encargará de: regular el tráfico como antes; combatir el crimen (criminales comunes, no "criminales "políticos"); continuar la administración de instituciones penales que alojen criminales.

Independientes de las fuerza de policía local, la potencia ocupante instituirá su propio aparato policial para el sector político organizando el servicio de Seguridad del Estado y una red de informadores.

El enemigo establecerá prisiones y campos de concentración para presos políticos ("Enemigos del Estado", "Terroristas", "Enemigos del Pueblo" "incorformistas incorregibles", así son floridamente descritos por su terminología).

Sin embargo, los Cuarteles Generales superiores de la policía siempre emplearán a la policía local para ciertas misiones y como apoyo – dependiendo de su estimación sobre el grado de fiabilidad de las fuerzas de policía local. Esto sucederá principalmente en el campo criminalístico dado que el Servicio de Seguridad del Estado solo posee unas capacidades limitadas y está compuesto más por sádicos que por criminólogos.

Durante esta cooperación forzada y repetitiva de nuestra antigua fuerza de policía de seguridad y de inventigación criminal con las del enemigo exiten una serie de posibilidades para el sabotaje.

Posibilidades para el sabotaje:

a. Para policías uniformados

Como miembros de un cuerpo escogido, conocedores del manejo de armas y bien entrenados físicamente, deberías pertenecer a un destacamento de guerrilla donde puedes ofrecer buenos servicios. Si por razones especiales no has sido capaz de unirte a uno de estos destacamentos, actua de la siguiente manera:

(1) Alerta a las personas que vas a arrestar o de cuyo arresto inminente tengas conocimiento.

(2) Da uno de tus uniformes al movimiento de resistencia. Un falso policía, disfrazado de uniforme, puede acceder al interior de una prisión, por ejemplo, y sacar a combatientes de la resistencia arrestados "legalmente".

(3) Durante los tiroteos con saboteadores o prisioneros políticos fugitivos, tu arma se escasquillará o serás incapaz de herir a nadie. Puedes afirmar que siempre has sido un mal tirador.

También puedes agotar tu munición rápidamente. Oculta la mayoría de la munición que llevas.

En un momento oportuno durante los tiroteos, dispara por la espalda de la policía enemiga o militares con los que estás cooperando. Más adelante, el enemigo tendrá dificultades para saber las balas de quien han matado a su personal. Con su consabida crueldad, es poco probable que su propia gente los valore.

Durante un enfrentamiento, dispara contra tus vehículos estacionados – coche patrulla, furgón celular y emisora del coche. Es imposible demostrar que fueron tus balas y no las del enemigo.

Sabotea, por ejemplo, zonas acordonadas fingiendo que no prestas atención lo que permite la huida de combatientes de la resistencia cercados.

Recoge munición en cualquier momento de forma que tengas un gran suministro privado cuando te unas al destacamento de guerrilla.

Posibilidades:

Cuando vayas de patrulla dispara a saboteadores imaginarios. Pero dispara solo 2 o 3 cartuchos para hacer que el arma se ensucie; tras lo cual limpiarás el arma en la comisaría mientras te lamentas. Guarda 5 o 6 cartuchos como "gastados" y escóndelos. Tu compañero de patrulla puede confirmar el tiroteo. Además, se oirán los disparos.

Durante enfrentamientos más largos en los que participes, no gastes casi munición y guárdala así como granadas de mano. También intenta esconder armas.

En cooperación con médicos haz que te extiendan certificados falsos de accidentes de forma que combatientes heridos de la resistencia puedan ser legalmente admitidos en hospitales y tratados como falsas "victimas de tráfico".

b. Conductores de vehículos policiales

Como conductor de vehículos policiales harás que tu vehículo esté temporalmente a disposición para el movimiento de resistencia. Un coche de policía es ideal para transportar armas, munición, explosivos, panfletos, periódicos clandestinos, radios, etc. No hay mejor tapadera que un coche de policía.

Las personas en peligro que no ya pueden mostrarse en público pueden ser discretamente transportadas a la seguridad y de forma relativamente segura transportándolos como presos.

Habrá muchas veces cuando estés solo en el coche y, en consecuencia, serás capaz de usarlo para ayudar al movimiento de resistencia. Tus esfuerzos serán facilitados si tus colegas y superiores ignoran tus actividades.

Si tienes que conducir tu coche patrulla con un destacamento sencillo en una operación contra los clandestinos, sabotea la operación mediante varios medios. Finge tener dificultades para arrancar el motor. Da un rodeo hacia el objetivo o piérdete. Puedes afirmar que conducir a oscuras te ha confundido. Ten un pequeño accidente chocando contra una farola o poste telefónico, o boca de incendio. El "apagón" servirá de nuevo como excusa.

c. Celadores de Prisiones

Permite la fuga de prisioneros políticos cuando se pueda hacer sin llamar la atención.

Si te das cuenta que hay personas que poseen pases, tarjetas de identificación y ordenes falsas en manos de presos políticos, mira hacia otro lado.

En un período posterior puedes estimar que es necesario unirse a un destacamento de guerrilla o pasar completamente a la "clandestinidad" con el movimiento de resistencia para evitar ser arrestado. Antes de partir, permitir la fuga de presos políticos.

Haz una impresión de cera de las llaves, pero no te las lleves porque sino el enemigo cambiará las cerraduras. El movimiento de resistencia estará agradecido con las impresiones en cera. Llévate tantas armas, munición y uniformes como puedas.

d. Operadores de emisoras policiales

Informar al movimiento de resistencia de cualquier cosa de interés para ellos que puedas escuchar.

Si, en algún momento, tienes que pasar a la "clandestinidad", intenta llevar equipo contigo. Si es necesario, ayuda a preparar una incursión de miembros del movimiento de resistencia que se disfrazarán de policías. Los policías verdaderos solo fingirán que se resisten.

e. Personal de investigación criminal

Elimina evidencias incriminatorias de la escena de actos de sabotaje o intentos de asesinato.

Desinforma a miembros del Servicio de Seguridad del Estado. Por ejemplo, acusa del incidente a un traidor que será neutralizado. Desinforma, roba y destruye cualquier evidencia. Avisa a las personas que lleguen a ser sospechosas.

Sacerdotes

Destruye u oculta todos los listados de grupos y asociaciones religiosas en tu poder; de otra forma serán usados para formar listas de individuos para ser tomados como rehenes y deportados.

Si actividades tales como servicios religiosos, bautismos, comuniones, confirmaciones, etc., están prohibidas por los nuevos dictadores – lo que ocurrirá tarde o temprano – adopta una "profesión ficticia". La tapadera más deseable sería una que te permitiera viajar por motivos profesionales tal como mozo de recados – lector del contador de las compañías de gas y eléctricas, recaudador para cualquier organización, agente de seguros, etc.

Debes ser capaz de continuar con tu ministerio "secreto" simplemente visitando a las personas individualmente en vez de que tengan que acudir a la iglesia. También te alimentarán y apoyarán a tu familia de forma que serás capaz de elegir la "profesión ficticia" basada en las normas arriba mencionadas sin tener en cuenta el salario.

Niñeras de guarderías, profesores

Sin duda tendréis la tarea más difícil. Por un lado

por un lado el material escolar tal como los nuevos libros de texto y horarios estarán estrictamente regulados y supervisados por la potencia ocupante, y por otro lado estáis en una posición clave desde la cual podréis sabotear los esfuerzos del enemigo mejor que nadie. Esta es una lucha por la mente de la juventud. Puedo daros pocos consejos en este momento.

Los esfuerzos enemigos se concentrarán principalmente en las siguientes áreas:

(1) Los niños serán instruidos para informar sobre cualquier comentario hostil sobre el régimen. El objetivo final es tener un informador (el niño) en cada familia de forma que padres, hermanos y hermanas serán vigilados. Posibles contra-medidas: Enfatizar y cultivar lo sentimientos familiares de lealtad entre miembros.

(2) Se harán intentos para distorsionar y cambiar la historia.

(3) Se harán esfuerzos para degradar y neutralizar a todas las instituciones y principios democráticos.

(4) El enemigo suplantará la enseñanza ciudadana con su ideología y doctrina de partido.

(5) Todas las enseñanzas tales como lectura, escritura, aritmética, historia, geografía, etc., serán sistemáticamente saturadas con política. Las primeras palabras que el joven estudiante deletreará o escribirá serán lemas del partido del enemigo.

(6) Palabras tales como paz, libertad, democracia serán tan retorcidas y distorsionadas que las generaciones más jóvenes desconocerán su verdadero significado.

(7) La potencia ocupante obligará a los estudiantes a estudiar su lengua.

(8) La religión será ridiculizada. Se harán esfuerzos para refutar las creencias religiosas mediante la presentación fraudulenta de hechos científicos.

(9) El culto a la personalidad será desarrollado y cultivado.

Combatir estas medidas cultivando la capacidad de juzgar críticamente y enfatizando los valores humanos, tales como la lealtad, amistad, solidaridad.

Soy plenamente consciente de que no puedo ofrecer muchas soluciones concretas. Sin embargo, con meras frases generales no ofreces ninguna ayuda. Como mencioné antes, este es el problema más difícil y casi el más importante. Por ello hay que estar de acuerdo que debéis pensar sobre estas cuestiones a fondo y discutirlas con vuestros colegas. Quizás encontréis las soluciones que soy incapaz de ofrecer aquí. Normalmente un grupo suele encontrar una solución más fácilmente que un individuo en solitario.

Ingenieros y Técnicos en plantas industriales

Cometer errores durante la construcción. Introducir cambios a comienzos de la producción en masa. Administrar mal el suministro de piezas de repuesto.

Empleados en fábricas y talleres

Trabajar despacio. Fabricar artículos de baja calidad y producir mucho material inaceptable. Hacer pausas a menudo. Tratar la maquinaria, instalaciones y motores descuidadamente. Generar desechos en exceso. Usar cantidades excesivas de agua, energía, combustible y grasa. Coger bajas por enfermedad excesivas.

Ingenieros, arquitectos y constructores

Haz estimaciones elevadas de necesidad de materiales que estén escasos tal como cemento, varillas redondas de acero de armar, etc. Cargar los precios más altos posibles. Dilatar los períodos de construcción tanto como sea posible. Cooperar con los colegas en este esfuerzo.

Trabajadores de la construcción

Si tenéis que construir fortificaciones, obstáculos, barracones, carreteras, etc., para el enemigo, podréis ser capaces de mezclar mucho más cemento del que se necesitaría siguiendo los cálculos exactos. El cemento será siempre escaso y un gran incremento sistemático de consumo inevitablemente provocará escasez. Por otro lado, puedes reducir la calidad del producto añadiendo muy poco cemento.

Cuando se pongan cantidades insuficientes de cemento para hacer hormigón para debilitar la estructura, deshacerse del cemento sobrante para dar la impresión de que se consumido lo previsto y evitar una reducción del cemento asignado al proyecto. Trabajar de forma tan negligente, lenta y mediocre que se pueda.

Taxistas

Dar siempre rodeos para llegar al destino para provocar la mayor perdida de tiempo al enemigo y el coste más elevado posible. Fingir no conocer la ruta.

Cuando el personal enemigo indique que tiene prisa por tomar un tren o asistir a una reunión, simular una avería y hacer que llegue tarde.

Conductores de tranvías y autobús

Cerrar las puertas en las narices del personal de ocupación y sus seguidores cuando intenten subir. Ignorar al personal enemigo que espera en las paradas. Seguir conduciendo. Ignorar las señales del enemigo para detener el tranvía o bus cuando quieran bajar. Tus compañeros ciudadanos gustosamente darán media vuelta o aguardarán al siguiente bus o tranvía si así se puede hostigar al enemigo.

Mecánicos de vehículos

Hay muchas formas en las cuales podéis dañar la eficacia de los vehículos del enemigo. Regular el motor para incrementar el consumo de gasolina. Al hacer cambios de aceite, llenar el carter con aceite usado. Llenar el radiador con una cantidad insuficiente de anticongelante. Marcar los cambios de aceite y los engrases incorrectamente de forma que se incrementen sus consumos o el desgaste del vehículo. Engrasar el vehículo de forma deficiente o no hacerlo en absoluto.

Empleados de gasolineras

Introducir azúcar en los depósitos de combustible lo que provocará su avería, la búsqueda de la causa de dicha avería y su reparación es un trabajo de reparación desagradable.

Cuando se rellenen bidones o latas de combustible a granel, verter gasoil en vehículos que funcionen con gasolina y viceversa. Esto provocará averías de reparación desagradable. Como excusa, puedes decir que has confundido los bidones. Al comprobar los neumáticos, poner demasiada o muy poca presión de aire. En un caso se incrementará el desgaste de los neumáticos, en el otro sufrirá demasiado la suspensión.

Artesanos

Cuando se os requiera para hacer una reparación, fingir tener demasiado trabajo y retardar el trabajo tanto como sea posible. Usar materiales de baja calidad. Cobrar precios exorbitantes.

Propietarios de tiendas de radios y emisoras

Todas las radios serán confiscadas antes o después. En consecuencia, debes guardar un stock de piezas de repuesto que será necesario para el movimiento de resistencia y las unidades de guerrilla.

Esconder todas las radios portátiles; esto es fácil de hacer dado su tamaño. También almacenar pilas con el mismo objetivo.

Dependientas de fruterías

No atender de forma intencionada a los miembros de las fuerzas de ocupación y colaboradores para provocar que se quejen para ser atendidos. Si tienes que responder por tu actitud, presenta muchas excusas para repetir la misma táctica con el siguiente.

Asegúrate de darles lo peor de cada clase, tal como fruta parcialmente podrida, vegetales, ensaladas y las piezas más pequeñas de carne, pan, etc.

Dañar de forma intencionada cualquier artículo que pidan. Oprimir la fruta antes de empaquetarla. Pon la bolsa de papel bruscamente sobre la báscula, de forma que la fruta se machaque y se eche a perder rápidamente.

Dependientas de grandes almacenes

Véndeles artículos inútiles tales como recuerdos, relojes, joyas, ropa, calzado, etc. Vender artículos dañados o defectuosos. Dañar los artículos u objetos que adquieran antes de empaquetarlos. Por ejemplo cortar un trozo de tela, manchar con grasa o pintura. Afirmar que ciertos artículos que deseen están agotados. Si demuestra lo contrario, indicar que sientes haber cometido un error.

Negocios de restauración

(1) Camareros y camareras en hoteles, restaurantes

Ignora al enemigo de forma que tenga que quejarse para ser atendido. Coge sus pedidos sin prestar atención, de la forma más lenta e indiferente posible. Dales siempre lo peor de cada clase tal como el peor vino al precio más alto, etc.

(2) Propietarios

Anima a los empleados a actuar según se describe arriba ignorando las quejas del enemigo. Da al personal militar extranjero o traidores las peores habitaciones que puedas.

Hay problemas y peligros para los artesanos y propietarios de tiendas, carniceros, panaderos, grandes almacenes, sastres, zapateros, talleres, que hostiguen al enemigo de esa forma.

Todos los procedimientos anteriores de resistencia pasiva solo tendrán éxito cuando todos los propietarios de tiendas y artesanos cooperen de forma que el enemigo o sus seguidores no puedan sencillamente ir a la competencia.

Debéis presentar un frente unido. Quien no acceda a cooperar con este frente por la codicia debe ser considerado un colaborador y se le pedirán cuentas de sus actos tras la liberación.

La tentación, para ciertos individuos, de beneficiarse enormemente por esta "eliminación voluntaria" de la competencia y ser el único en efectuar un negocio lucrativo es muy grande.

El movimiento de resistencia debe explicar claramente a estos egoístas que tales actividades son traición y que nada será olvidado ni perdonado.

Agricultores

En la zona "ocupada", se impondrá muy rápidamente una cuota de entrega. Las entregas de grano, patatas, fruta, productos lácteos, cerdos y ganado se pueden estimar con precisión lo que evitará que puedas esconder casi nada. Sin embargo, produce en exceso tanto como puedas en otros sectores tales como huertos, ovejas, cabras, pollos y conejos.

Usa esos productos excedentes para las unidades de guerrilla así como para las personas que han pasado a la "clandestinidad". La sección financiera del movimiento de resistencia así como los cuarteles generales de las unidades de guerrilla te pagarán lo que puedan dentro de sus posibilidades.

En las zonas temporalmente "liberadas" entrega toda la cosecha voluntariamente a los destacamentos de guerrilla. Es mejor que esté en manos de nuestra propia gente a que se beneficie el enemigo. Si no lo haces, todo será confiscado por el enemigo bajo el pretexto de "haber ayudado a los partisanos" una vez que las unidades de guerrilla se vean obligadas a abandonar la zona y esta llegue a ser territorio ocupado por el enemigo de nuevo.

Guarda solo lo que necesites para ti (suministro propio, semillas para el próximo año.) Puede afirmar que la cosecha te ha sido arrebatada por la fuerza por los partisanos.

La época de cosecha es también momento para una "gran ofensiva" de las unidades de guerrilla para liberar un zona tan grande y rica como sea posible para evitar que el enemigo se haga con la cosecha y al mismo tiempo aumentar su propio suministro para el próximo invierno.

Es obvio, por supuesto, que debes colaborar con estos esfuerzos.

Si tu zona está bajo ocupación enemiga, retarda la cosecha con la esperanza de que las unidades de guerrilla lleguen a tiempo para coger el grano o beneficiará al enemigo.

Acelera la cosecha si estás en una zona "liberada" de forma que pueda ser almacenada y el excedente pueda ser dado a las unidades de guerrilla de forma que lo puedan ocultar antes de que el enemigo comience una contra-ofensiva.

Usa tus propios medios de transporte disponibles - caballos, tractores, carretillas – para transportar los excedentes de la cosecha a los escondites y depósitos de la guerrilla.

"Infiltración" de Organizaciones Armadas del Partido

El enemigo pronto creará una milicia armada de factoría en plantas industriales importantes, el sistema de transportes y la administración.

En su esfuerzo por crear una "organización masiva" y para halagar al dictador y amo extranjero con números impresionantes, la nueva potencia será incapaz de encontrar miembros suficientes realmente fieles a la línea del partido. En consecuencia, se verán obligados a llenar sus exiguas filas con otros menos dedicados y políticamente fiables.

Aquí encontrarás grandes oportunidades para infiltrarte en la organización enemiga.

Las posiciones directivas, así como las dotaciones de las armas que exijan a varias personas estarán, según pasadas experiencias, siempre ocupadas por personal absolutamente

miembros del partido, mientras que los poco fiables serán asignados a misiones menos importantes tal como portadores de munición, fusileros, etc.

Mediante la infiltración de miembros del movimiento de resistencia en estas organizaciones armadas del partido, será capaz de hacer lo siguiente en un momento decisivo:

(1) Disponer de armas y municiones;

(2) Reducir la fuerza de combate de estas unidades mediante una cooperación mediocre;

(3) Ser informado de sus medidas y de esa forma revelarlas y combatirlas;

(4) Disparar por la espalda a los "fanáticos del partido" en un momento oportuno y después unirse a la población.

Comentarios finales

Durante la resistencia pasiva el grano individual es inútil como tal. Sin embargo, miles de grano juntos crearán condiciones insoportables para el enemigo. El factor decisivo es unir a los ciudadanos y mantener la resistencia durante un largo período.

Cada vez que seas capaz de llevar a cabo una operación de molestia sentirás un pequeño triunfo y te darás cuenta de que después de todo no estás tan indefenso. Estas pequeñas victorias personales incrementarán tu espíritu de combate y la voluntad de resistir.

No olvidar la regla primera y más importante: "Busca contactos y apoyo de personas que piensen lo mismo que tu". Quien permanece solo y aislado perderá la creencia en sus propias fuerzas y en la victoria de una causa justa".

El enemigo hará, por supuesto, que la resistencia pasiva sea más difícil mediante un control incrementado. Sin embargo, será incapaz de eliminarla por completo. Solo cuando un supervisor sea puesto detrás de cada trabajador el enemigo será capaz de anticiparse a esta resistencia. E incluso así tendrás éxito.

17. Sabotaje

Durante el sabotaje es importante ser capaz de atacar al corazón de la instalación. La forma más simple de hacer esto es conseguir un trabajo adecuado. A veces serás capaz de influir en los trabajadores para llevar a cabo el sabotaje, otras veces tendrás que infiltrar miembros del movimiento de resistencia dentro de la zona del objetivo.

Los individuos con puestos administrativos y de mando tienen la mejor capacidad para impedir los esfuerzos enemigos mediante una campaña de "reducción del ritmo". Esta es relativamente segura. El ritmo del trabajo es simplemente reducido drásticamente provocando de forma automática una reducción de la producción.

En plantas industriales muy automatizadas donde el pulso y el tempo de la producción lo marca la máquina, por así decirlo, las tácticas retardadoras son de difícil aplicación. Por otro lado, encontrarás muchas oportunidades para sabotear la maquinaria y el instrumental.

Una pequeña avería provocará que todo el complicado proceso de producción sufra una parada.

Posibilidades de sabotaje general

Accionar las sirenas de ataque aéreo a modo de sabotaje. La falsa alarma provocará que todo el mundo vaya corriendo a los refugios subterráneos y paralizará toda la vida pública durante horas. Una vez que hayan cesado las alarmas, volveréis lentamente a los puestos de trabajo para perder tanto tiempo como sea posible.

Aprovecha el caos resultante tras las incursiones aéreas. Tras una incursión aérea será capaz de destruir maquinaria y accesorios importantes los cuales

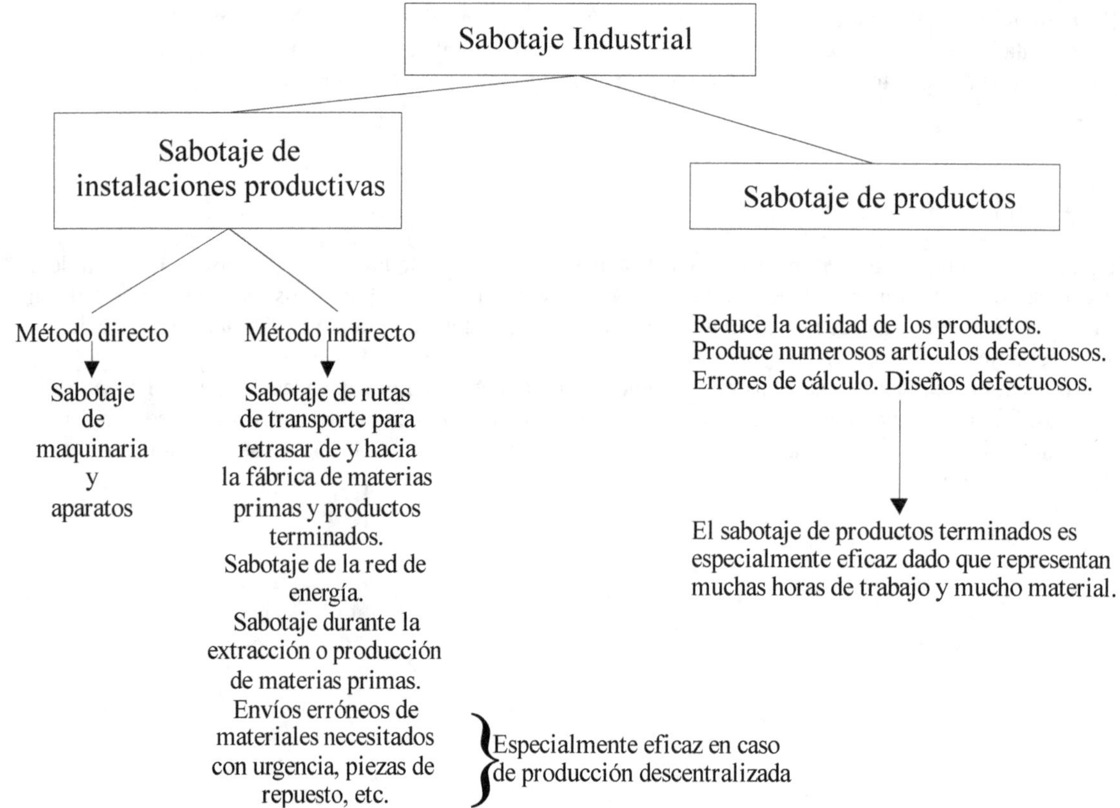

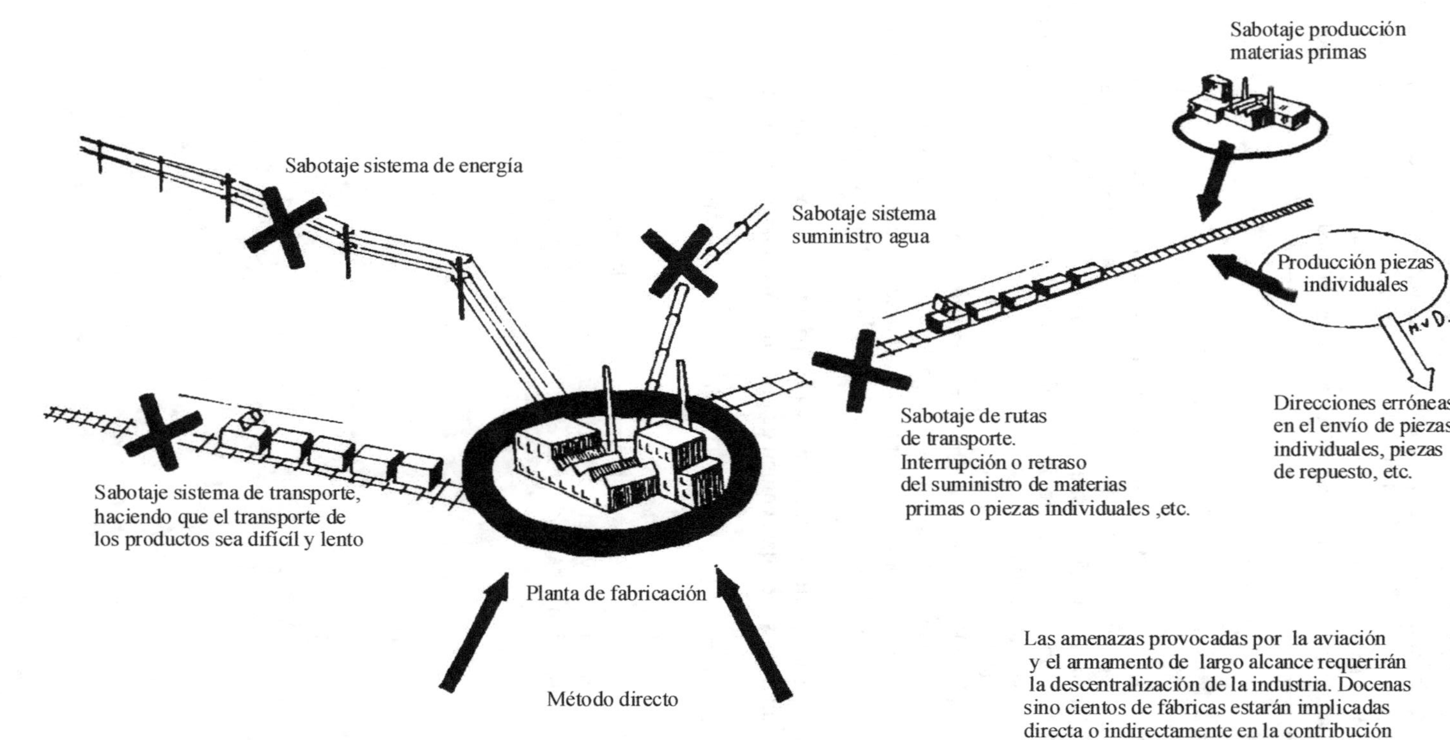

Las amenazas provocadas por la aviación y el armamento de largo alcance requerirán la descentralización de la industria. Docenas sino cientos de fábricas estarán implicadas directa o indirectamente en la contribución de la producción de un único artículo.
Si solo una de ellas es inutilizada todo el proceso de fabricación se verá retrasado.
La proliferación del armamento nuclear obligará a una descentralización en zonas de la retaguardia y con ello haciendo que la producción sea más vulnerable al sabotaje. Incluso en está parcela secundaria, las armas modernas incrementan la eficacia de la guerra de guerrilla, aunque pueda parecer paradójico. Las armas nucleares incrementan el valor de los partisanos y los combatientes de la resistencia.

hayan sobrevivido al ataque. Puedes hacer esto durante la confusión general bajo la tapadera de intentar prestar ayuda. Así serás capaz de lograr objetivos importantes los cuales normalmente están fuera de tu alcance. El personal de demoliciones y de lucha contra el fuego del movimiento de resistencia serán capaces de llevar a cabo misiones de destrucción durante y tras fuertes bombardeos nocturnos.
Pueden disfrazarse con uniformes o monos de los bomberos y de la organización de defensa aérea civil. Estas misiones pasarán inadvertidas y por ello no tendrán castigo en el caos general. Se pueden realizar incursiones y ataques en estos momentos favorables.
Las prisiones que hayan sido dañadas pueden ser atacadas por patrullas de incursión del movimiento de resistencia para liberar a los presos.

18. Incursiones dirigidas por el Movimiento de Resistencia Civil.

En ciertos casos excepcionales el movimiento de resistencia tendrá que recurrir a incursiones. Puede ser necesario para liberar combatientes del movimiento de resistencia presos en comisarías, sótanos de interrogación y si es necesario, incluso en prisiones si existe el peligro de que puedan revelar hechos importantes bajo tortura. Puede ser también necesario liberar rehenes, archivos capturados o destruir instalaciones industriales y de transporte claves.
Organización de la incursión: Fase Una: Preparación
Dado que el Servicio de Seguridad del Estado buscará a los participantes de la incursión, todos deben tener una coartada para permanecer fuera de su puesto de trabajo sin llamar la atención o levantar sospechas. Fingir estar enfermo es la mejor forma. Los síntomas del malestar comentados al encargado de la planta por los compañeros deben coincidir con los del informe médico elaborado por un médico del movimiento clandestino.
En grandes ciudades el sistema de alcantarillado tendrá que ser preparado como escondite si las cosas sales mal. Se deben almacenar alimentos, bebidas, equipo de primeros auxilios, ropa extra, munición, mapas, etc.
Se debe realizar un reconocimiento detallado de la zona del objetivo. Se deben designar y preparar rutas de retirada.
Fase Dos:
El personal que proporcione fuego de apoyo debe tomar posiciones sobre los edificios vecinos al objetivo. Para este fin se pueden alquilar apartamentos y tiendas. Si es necesario, esas personas pueden ocupar estos lugares con varios días de antelación y hacer vida en ellos hasta la incursión.

Armas desmontadas tales como subfusiles, ametralladoras ligeras, fusiles de asalto, pistolas y granadas de mano y munición se pueden transportar hasta las posiciones elegidas en maletines, cajas de herramientas o maletas.

Se debe organizar un servicio de correos; mujeres, chicos y chicas están especialmente indicados para esta tarea.

El grupo de incursión que lleva a cabo la operación se puede beneficiar del apagón. Cualquiera que esté todavía en las calles tras el toque de queda, será considerado automaticamente un enemigo. El grupo incursor llevará calzado con suelas de goma, ropa oscura y cara y manos ennegrecidas.

En virtud del hecho de que la población tiene que permanecer en casa tras el toque de queda, puedes usar tus armas más despiadadamente que durante el día, dado que no habrá personas inocentes en las calles.

Durante el día, la mejor opción es que el grupo incursor sea transportado en un camión camuflado y llevado directamente frente al objetivo. Cuando el grupo incursor se apee del camión, será la señal automática para que los elementos de fuego de apoyo abran fuego desde sus posiciones preparadas.

Métodos posibles para sellar las rutas de acceso a la zona del objetivo:

Los miembros de la resistencia simulan ser barrenderos. Los "barrenderos" pueden ser empleados de forma excelente como guardias de seguridad; ocultarán sus subfusiles y granadas de mano en sus carritos; o también puedes emplear "mecánicos" llevando sus armas en las cajas de herramienta.

Bloquear las rutas de acceso simulando accidentes de tráfico. El conductor implicado puede escapar en la confusión creada de esa forma. El "accidente", que tendrá lugar cuando el grupo incursor haya abierto fuego, evitará que la policía llegue demasiado pronto. Si el conductor resulta capturado, puede explicar que se asustó y por ello provocó el accidente.

Fase Tres: Retirada

Los planes tendrán que incluir medidas para la retirada tras una una operación exitosa o tras abortar la operación si no se puede alcanzar el objetivo. Personal oculto con subfusiles, minas y barricadas en carreteras preparadas se emplearán para mantener las rutas de retirada abiertas. Puede ser necesario desaparecer en el sistema de alcantarillado y esperar hasta que la operación de busqueda, que puede durar varios días, haya terminado.

Métodos de cubrir la retirada:

Si empleas vehículos de motor, debes instalar blindaje en la parte posterior del asiento del conductor para evitar que este sea alcanzado por las balas de los vehículos persecutorios. Dado que solo se emplearán armas ligeras, p.ej., pistolas, subfusiles y quizás fusiles automáticos y no se emplearán balas perforadoras de blindaje, una plancha de acero de unos 10 mm de espesor debería bastar.

apilar varios sacos terreros o quizás una plancha de acero baja adicional de 10 mm. de espesor y de 50 a 60 cm. de alto en la balda trasera del camión para proteger al personal tendido en el piso del camión. Los elementos perseguidores pueden ser disuadidos con granadas de mano y subfusiles. Puedes establecer barricadas en carreteras a lo largo de las rutas de aproximación planeadas. Los miembros del movimiento de resistencia en las barricadas, pueden emplear varios métodos para detener a tus perseguidores.

Incursión efectuada por un grupo del movimiento de resistencia

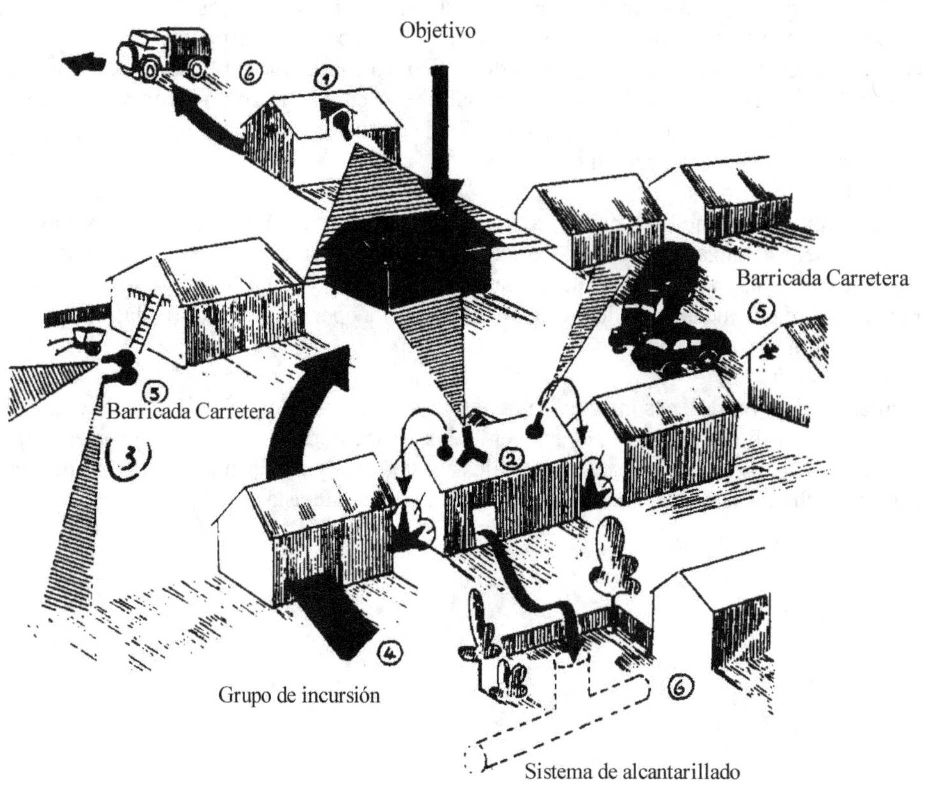

1. Fuego de apoyo proporcionado por tiradores en los tejados que han tomado posición días o semanas antes alquilando una habitación ubicada bajo el tejado.
2. Sección de ametralladoras ligeras o subfusiles proporciona fuego de apoyo desde apartamentos alquilados, al mismo tiempo pueden sellar rutas de acceso secundarias con granadas de mano y mantener las barricadas de carretera bajo fuego.
3. Las barricadas pueden crearse simulando trabajos de reparación tales como la instalación de letreros para una tienda o efectuar algún otro trabajo ordinario.
4. Los miembros de asalto se infiltrarán individualmente en sus posiciones de asalto o pueden valerosamente ir a bordo de un camión camuflado hasta el frente del objetivo.
5. Las barricadas se pueden hacer con accidentes de tráfico simulados.
6. Las rutas de retirada, determinadas mediante un reconocimiento previo de cada sección individual, dirigirán a través de las casas y patios traseros y empleando el sistema de alcantarillado o en vehículos.

Cubriendo la retirada tras la incursión

1. Establecer barricadas de carretera volando un árbol
2. Instalar en las barricadas tableros con minas cruzando la carretera
3. Un vehículo cargado o carrito se coloca en medio de la carretera

4. Colocar cables trampa a minas de estaca cruzando la carretera
5. Lanzar granadas de mano y disparar con subfusiles desde el vehículo
6. Blindaje improvisado en la parte posterior del asiento del conductor
y sacos terreros o blindaje frente al portón posterior protege al personal
del fuego enemigo.

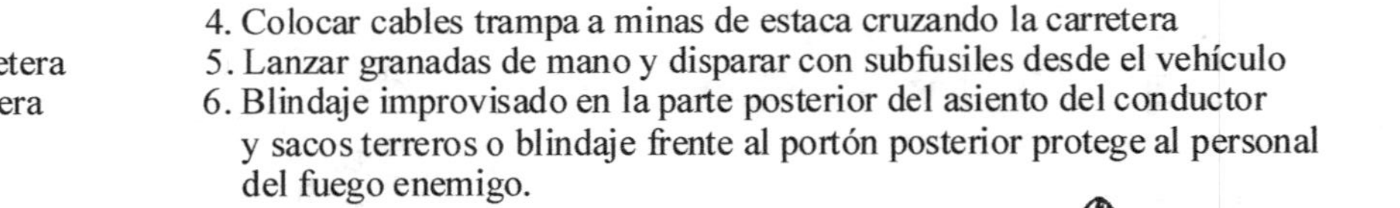

7. Es necesario establecer una señal de
reconocimiento para los elementos que
cubren la retirada de forma que no activen
las barricadas hasta que hayas pasado.

Una vez que hayas pasado, pueden tender un cable de acero a través de la calle, atravesar un carrito en la carretera o abrir fuego y después desaparecer. Se pueden activar minas tendidas y camufladas el día anterior.

Se pueden derribar árboles para atravesar la carretera. Volar árboles a través de las calles.

Para hacer que las personas de estas barricadas sean capaces de distinguir tu vehículo de noche de los del enemigo, debéis convenir una señal, p. ej., una linterna roja brillando en el asiento del conductor, etc.

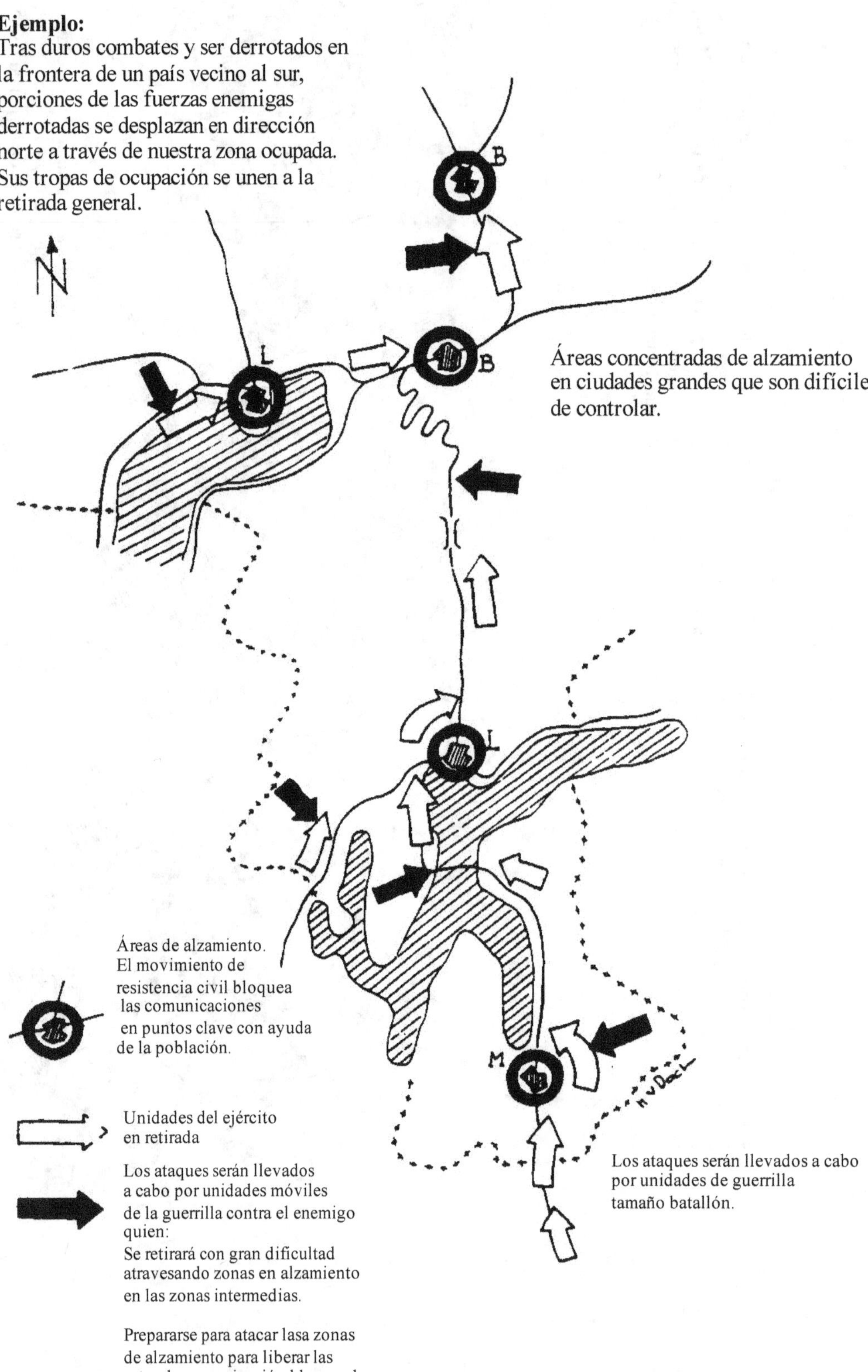

Ejemplo:
Tras duros combates y ser derrotados en la frontera de un país vecino al sur, porciones de las fuerzas enemigas derrotadas se desplazan en dirección norte a través de nuestra zona ocupada. Sus tropas de ocupación se unen a la retirada general.

Colocando trampas explosivas en la barricada provocarás perdidas enemigas, asumiendo que puedan pararse a tiempo para limpiar la barricada. Sufrirán más bajas de lo normal causadas por las trampas explosivas dado que tendrán prisa y querrán limpiar las calles rápidamente y serán más descuidados.

19. La Última fase del la Resistencia: Alzamiento General.

La insurrección del maquis en Francia (especialmente en París) con la aproximación de los aliados y de las fuerzas clandestinas polacas dirigidas por el General Bor en Varsovia son buenos ejemplos históricos de un alzamiento masivo.
Un alzamiento general acelerará el colapso del enemigo.
El éxito depende de la elección del momento adecuado. Si inicias el ataque demasiado pronto, el alzamiento fallará. Si actúas demasiado tarde habrás perdido la oportunidad.
El momento para el alzamiento general llega cuando el enemigo haya sido puesto a la defensiva por eventos lejanos. Tus esfuerzos serán asistidos por los ejércitos aliados que se aproximan que pueden asistirte, por el enemigo que envíe algunas unidades de ocupación a otra parte o por la retirada voluntaria de tu zona.
Además de las ventajas de una naturaleza puramente técnica, tal como evitar una destrucción a gran escala, desmantelado de industrias, etc., los alzamiento abiertos te proporcionarán otras ventajas que no debería subestimarse. Por ejemplo, el respeto de tu posición respecto a la situación política mundial y la probabilidad de mantener la soberanía de tu país serán mucho mayores tras la guerra si eres capaz de reconquistar grandes zonas de tu país por tu cuenta, en lugar de aguardar pasivamente a la liberación y salvación por países extranjeros.
Con un poco de suerte serás capaz de conseguir con la ayuda indirecta durante la campaña de liberación tal como suministro aéreo, suministro de armas y municiones, etc., proporcionado por los ejércitos aliados y de esa forma puedes no necesitar la ayuda de fuerzas de tierra. De esta forma puedes evitar que tu país sea ocupado de nuevo incluso aunque sea por fuerzas amigas. Las experiencias pasadas muestran que incluso los "aliados" y "liberadores" no se van tan fácilmente. Como mínimo, es más difícil hacer que se salgan que entren.
Y finalmente, al final de la guerra, dispondrás inmediatamente de tu propio ejército de nuevo, incluso aunque primitivo, el cual será la base de uno nuevo y mejor.
Durante la fase de "alzamiento abierto" el movimiento de resistencia civil servirá como tropa local estacionaria de las poblaciones especialmente

para instalaciones de tráfico claves, mientras que las unidades de guerrilla servirán como fuerzas de combate móviles.

La idea es bloquear las rutas de comunicación y retirada internas del enemigo mediante la insurrección abierta de la población para aplastar la retirada del enemigo en las zonas intermedias o conseguir liberar las rutas de comunicación bloqueadas con las unidades de guerrilla móviles.

Es obvio, por supuesto, que se debe hacer un uso máximo del terreno. Los alzamientos concentrados en grandes poblaciones y ciudades serán más difíciles de suprimir. Las unidades de guerrilla móviles de la zona intermedia atacarán siguiendo las condiciones de terreno favorable tales como desfiladeros, de forma que el enemigo será incapaz de emplear sus fuerzas superiores o como mínimo no será capaz de emplearlas al mismo tiempo. Las unidades móviles deberían realizar ataques con unos efectivos tamaño batallón como mínimo.

Incluso combatiendo en terreno desfavorable, el enemigo estará bajo ataque de dos frentes. Por ejemplo, si intenta suprimir una insurrección en una ciudad, las unidades de guerrilla deberían atacar sus flancos o la retaguardia.

Tácticas de alzamiento

a. Preparativos:

Adquiere gran cantidad de callejeros de la ciudad para ti y tus líderes subordinados. Durante el combate en la ciudad tendrán el mismo papel que los mapas en operaciones en campo abierto.

En los puntos de importancia táctica debes alquilar apartamentos, tiendas o incluso casas donde puedes tomar posiciones con mucha anticipación, p. ej., en puentes, cruces, estaciones de FFCC, centrales telefónicas, vías de salida, etc.

Haz un reconocimiento desde campanarios de iglesias y edificios altos que pueden ser empleados como puestos de observación. Prepáralos y camúflalos. Por ejemplo instala líneas telefónicas que solo requieran conectarlas en la hora decisiva.

En puntos clave puedes preparar ventanas de sótanos, etc., como posiciones de ametralladora y anticarro y camúflalas. Por ejemplo, instala armazones para armas a la altura adecuada para apoyarlas. Consigue sacos terreros para estabilizar los trípodes o bípodes o para reforzar paredes. En el último momento todo lo que tienes que hacer es emplazar el arma en posición.

De esta forma ya tendrá algunos triunfos en las manos cuando estalle el alzamiento.

b. Ocupación de poblaciones:

Se emplearán procedimientos similares a los mencionados en el capítulo sobre

"Tácticas de Unidades de Guerrilla". Sin embargo, aquí la diferencia es que los participantes en este caso son miembros de "grupos combatientes" del movimiento del resistencia civil y no de unidades de guerrilla. Además, también serán ocupados almacenes, fabricas de armas y municiones.

c. Defensa de Poblaciones:

Debes principalmente anticipar los contra ataques de carros de combate. Las unidades de reserva móvil de las fuerzas de ocupación consisten principalmente en regimientos de policía mecanizados reforzados con algunos carros de combate .

Sellar por completo las comunicaciones dentro de la población. El enemigo de esta forma solo será capaz de emplear sus medios superiores- artillería, carros de combate, aviones – solo a pequeña escala.

Tus fuerzas serán tales – incluso con la plena colaboración de toda la población – que serás incapaz de ocupar todos los edificios. Militarmente hablando esto no es necesario. Establece puntos fuertes en lo cruces de tráfico más importantes, puentes, estaciones de FFCC, cruces de las carreteras principales, etc. La zona entre los puntos fuertes individuales será patrullada por patrullas de combate.

Efectuar reconocimientos a gran escala en toda la población en todo momento empleando a la población civil especialmente a las mujeres, chicos y chicas jóvenes. Como resultado, nunca serás sorprendido por el enemigo.

Crea una reserva principal y motorízala con camiones y transporte de personal acorazados capturados.

Distribución de las fuerzas disponibles:

Personal (combatientes armados) ; ¼ en los puntos fuertes, ¼ en grupos de incursión, 1/2 en la reserva principal.

Munición y armamento:

1. En puestos fuertes:

Concentra todas las ametralladoras, francotiradores, cócteles molotov, explosivo y minas para la defensa anticarro, aproximadamente 1/5 de la munición disponible, aproximadamente 1/5 de las granadas de mano.

2. Grupos de incursión:

Deberían poseer la mayoría de los subfusiles y armas anticarro, aproximadamente 1/5 de la munición disponible, aproximadamente 3/5 de las granadas de mano y todas las armas anticarro o fusiles lanzagranadas.

3. Reserva principal:

La reserva principal debería poseer todos los transportes de personal acorazados y carros de combate capturados, todas las ametralladoras ligeras y lanzacohetes, aproximadamente 3/5 de la munición disponible y aproximadamente 1/5 de las granadas de mano disponibles.

Si el enemigo sobrepasa estos puntos fuertes y desvía el tráfico a través de calles secundarias a través de la población, actúa de la siguiente manera:

Instala francotiradores individuales bien camuflados en tejados, terrazas y habitaciones altas.

Prácticamente invisibles y fuera del alcance, pueden molestar el tráfico desviado con fuego bien dirigido.

Lleva a cabo reconocimientos con la ayuda de la población. Infíltrate a través de estas brecha con grupos de incursión para atacar a los "desviados".

Consolidación de los puntos fuertes:

Usa a la población para que te ayude. Tu mayor triunfo es el empleo masivo de las masas humanas desesperadas por dar lo último que poseen. Con su ayuda será capaz de convertir tus puntos fuertes en fortalezas en unas horas en vez de en días.

Se deben determinar hasta el mínimo detalle antes del alzamiento los planes de trabajo, listados de materiales, ordenes de prioridad para proyectos varios y personal de supervisión para las fuerzas trabajadoras.

Las masas de población que no pertenezcan a grupos de combate activos del movimiento de resistencia deben llenar sacos terreros. Pueden emplear sacos de yute y rellenarlos de tierra, arena, etc.

Instalar mallas de alambre en ventanas de sótanos y primeros pisos de casas, que sean usadas como puntos fuertes, contra las granadas de mano.

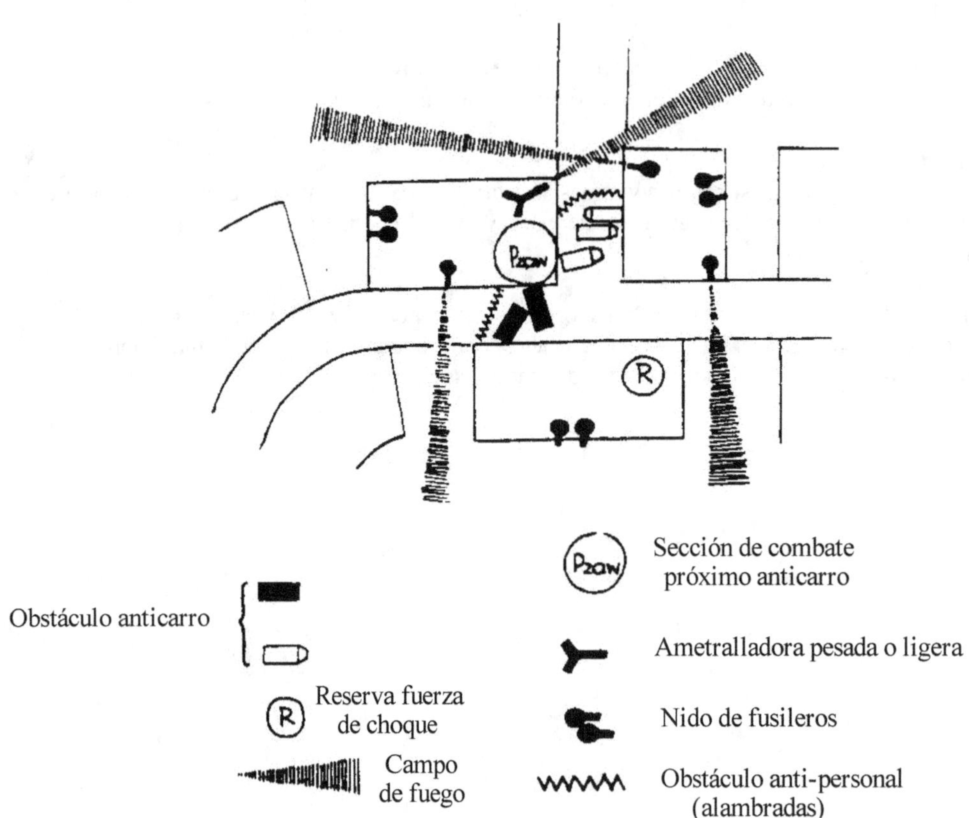

Obstáculo anticarro

Reserva fuerza de choque

Campo de fuego

Sección de combate próximo anticarro

Ametralladora pesada o ligera

Nido de fusileros

Obstáculo anti-personal (alambradas)

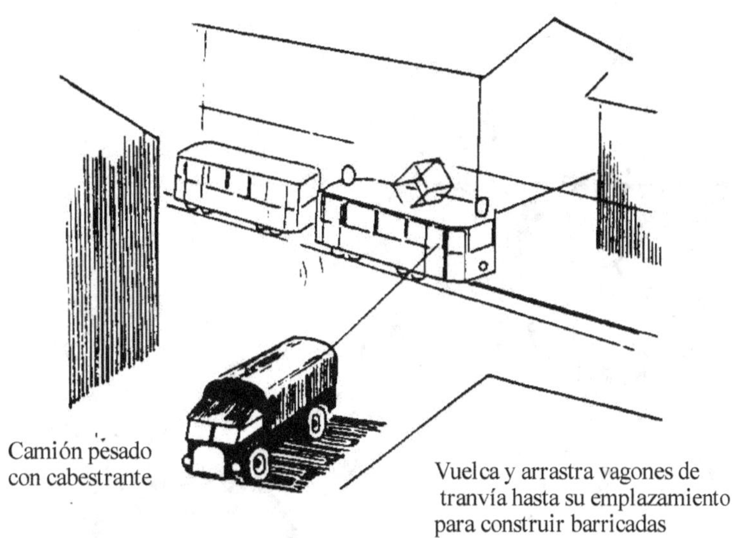

1. Personal con granadas de mano y subfusiles defienden los obstáculos anticarro y anti-personal co   ntra la infantería y los ingenieros montados sobre el carro enemigo.
2. El personal lanza cócteles Molotov y quizás artilleros contra-carro combaten contra carros y cañ   ones de asalto deberían ser lo suficientemente "valerosos" e "imprudentes" lo suficiente como para llegar hast   a el obstáculo.
3. Los francotiradores vigilan desde los tejados y muros cercanos.
4. Sección de combate próximo antic arro.

El obstáculo anticarro consiste en vagones de tranvía volcados o vehículos apiñados unos contra   otros se erigirá tras una esquina de una casa de forma tal que esté fuera del alcance de los cañones de   los carros enemigos desde gran distancia, por ello, el enemigo se verá obligado a retirar el obstáculo usa   ndo infantería tanto si quiere como si no.

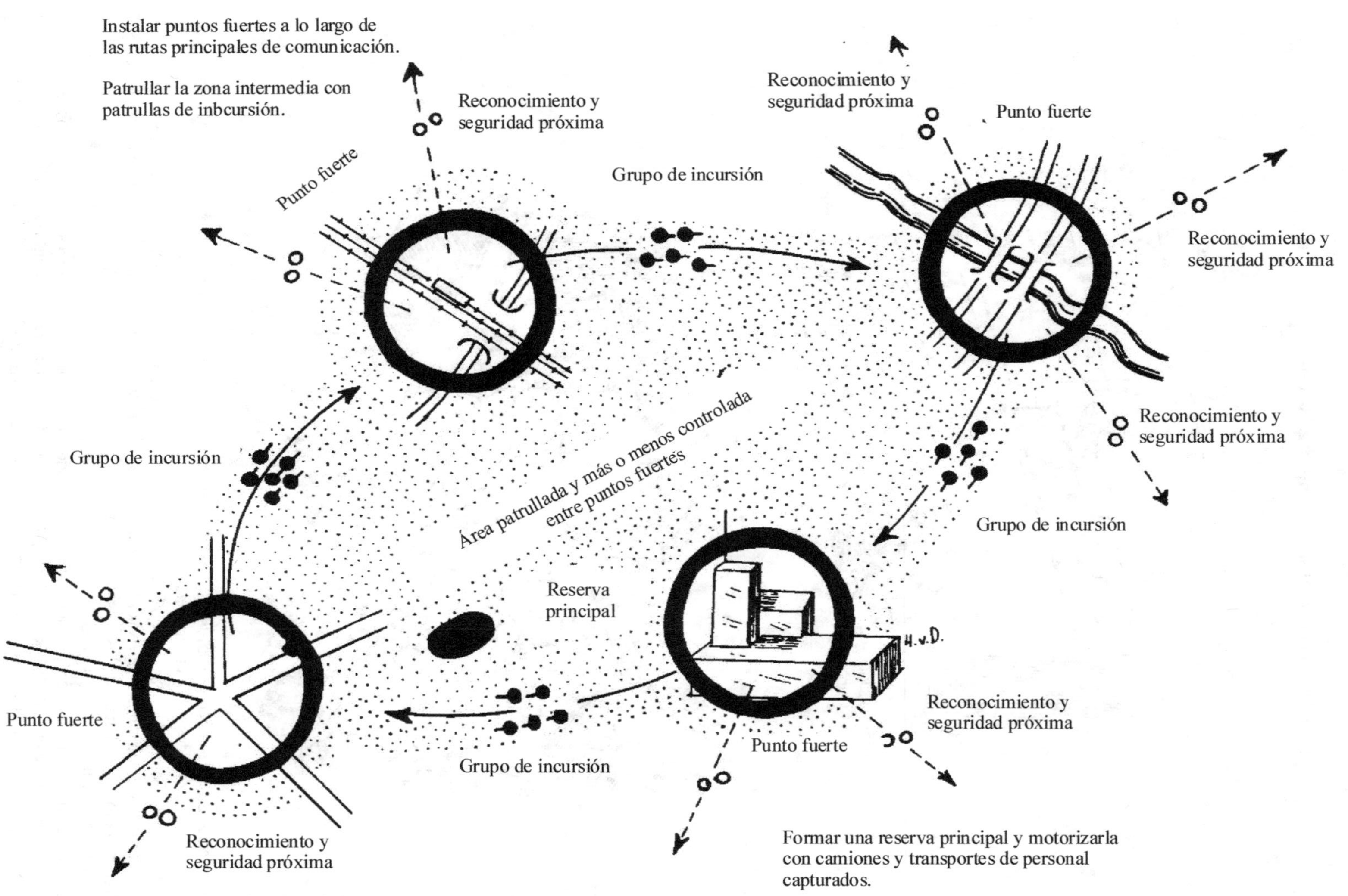

Instalar puntos fuertes a lo largo de las rutas principales de comunicación.
Patrullar la zona intermedia con patrullas de inbcursión.
Punto fuerte
Reconocimiento y seguridad próxima
Grupo de incursión
Reconocimiento y seguridad próxima
Punto fuerte
Reconocimiento y seguridad próxima
Reconocimiento y seguridad próxima
Grupo de incursión
Grupo de incursión
Área patrullada y más o menos controlada entre puntos fuertes
Reserva principal
Reconocimiento y seguridad próxima
Grupo de incursión
Punto fuerte
Reconocimiento y seguridad próxima
Punto fuerte
Formar una reserva principal y motorizarla con camiones y transportes de personal capturados.
Llevar a cabo reconocimiento por toda la ciudad en cada momento con empleo a gran escala de la población, especialmente mujeres, chicos y chicas.
H. v. D.

Levanta obstáculos anticarro empleando tranvías, vehículos pesados, tubos de hormigón, martillos neumáticos, excavadoras. Requisa grúas de empresas de construcción para levantar el pavimento y hacer barricadas de escombros.

Levanta obstáculos antipersonal hechos de vallas y alambre de espino. El material se puede obtener de empresas de construcción y grandes almacenes.

Aprovisiona de munición y alimentos los puntos fuertes. Prepara cócteles molotov.

Organización interna de los puntos fuertes:

Cada punto fuerte consistirá en 2 o 3 edificios unidos.

Ocupa solo edificios de construcción sólida tales como colegios, edificios oficiales, fábricas, etc. Evita los edificios modernos de ladrillo. Las estructuras de acero reforzado o de las casas antiguas (el autor se refiere a las casas de piedra comunes de Suiza) soportan mejor los impactos de los carros de combate.

Los varios edificios que componen el punto fuerte deben ser capaces de dar a los otros fuego de apoyo y juntos controlar un punto importante tal como un puente, cruce de carreteras o plaza.

El obstáculo anticarro debe ser instalado de tal forma que pueda ser cubierto desde todo en punto fuerte.

Tu campo de fuego debe ser tal que como mínimo dos lados de cada edificio ocupado puedan ser cubiertos por el fuego del edificio vecino.

Debe montarse una pequeña fuerza de reserva de 4 a 5 personas en cada punto fuerte.

20. Técnicas de Combate Empleadas por un Enemigo Superior mientras Suprime Alzamientos.

Entrando en poblaciones en la zona del alzamiento

El enemigo elegirá principalmente las primeras horas de la mañana entre las 2 a.m. y las 4 a.m. Los últimos "juerguistas nocturnos" se habrán ido a la cama y aquellos que tienen relevarlos aún no se habrán levantado. Pueblos y aldeas serán, por así decirlo, sorprendidos "en la cama".

Si por alguna razón no pueden aprovechar las horas de la mañana, por ejemplo, por dificultades de transporte, elegirán las horas finales de la mañana (10 a.m. – 11 a.m.) cuando las masas estén trabajando.

Mientras entren, el sistema de telefonía civil será interrumpido para evitar que informes de su fuerza, organización y dirección de avance a tu movimiento clandestino.

Asedio-Ley Marcial

Inmediatamente tras entrar en la zona revuelta el enemigo declarará al ley marcial. Debes saber algo acerca de esto y no serás sorprendido ni impresionado demasiado.

a. Tomando el gobierno:

Un gobierno militar reemplazará a la administración civil de ocupación o la "administración títere" e instituirá lo siguiente:

b. Medidas individuales:

Los restaurantes y clubes serán obligados a cerrar antes del ocaso.

Toque de queda nocturno. Por sus propios intereses el enemigo tendrá que distribuir "pases" válidos para las horas de toque de queda a médicos así como a los empleados más necesarios de las instalaciones públicas tales como instalaciones de gas, suministro eléctrico, suministro de agua, hospitales, etc. Mediante hábiles falsificaciones serás capaz de hacerte con dichos pases y por ello poder circular más o menos libremente como miembro del movimiento de resistencia. Aquí hay un campo muy amplio para las actividades de la sección de falsificación.

Las reuniones de más de 10 personas serán prohibidas. Los clubes y asociaciones serán prohibidos. Se iniciarán cortes marciales y juicios sumarios. Se anunciará públicamente que cualquiera detenido con un arma será ejecutado en el acto.

Todos los propietarios de pisos y porteros serán responsables de que las puertas de casas, sótanos y áticos estén cerradas en todo momento. Los extraños solo podrán acceder tras verificar su identidad. El propietario de la casa y el portero serán responsables de cualquier acto hostil cometido por estos extraños contra las fuerzas de ocupación desde sus casas (norma básica: cada uno debe vigilar y seguir a los demás por miedo y auto-conservación).

Todas las contraventanas y persianas que den a la calle deben ser abiertas. Sin embargo, todas las ventanas deben ser cerradas. Las patrullas abrirán fuego contra las ventanas abiertas sin previo aviso.

c. Proclamación del sitio:

Un estado de sitio será anunciado mediante carteles, altavoces, camiones, radios y panfletos lanzados desde aviones.

Reconocimiento antes del ataque

Las fuerzas de ocupación llevarán a cabo un reconocimiento antes de limpiar una zona de sublevación o aplastar un alzamiento. Este reconocimiento no solo implicará al aparato militar sino también al político. Debes combatir este reconocimiento enemigo. Sin embargo, tu misión será más difícil por el hecho de que el personal de reconocimiento vestirá ropas civiles.

Estará compuesto por policía política (Servicio de Seguridad del Estado), oficiales del ejército de ocupación, seguidores y colaboradores.

El enemigo, por supuesto, no irá en patrullas sino que irán solos la mayor parte del tiempo.

El reconocimiento se hace para aclarar los siguientes puntos:

a. Situación política:

¿Que simpatías, que apoyo y que cooperación práctica tiene los insurgentes activos ante las masas de población?

¿Cuál es la actitud de su propio gobierno civil, p. ej., administración títere, compuesto por antiguos miembros del quinta columna? Es todavía "firme" o han alcanzado la opinión de que ha llegado el "momento" de "cambiar de bando"?

b. Situación militar:

Evaluar el número de armas y municiones disponibles por los insurgentes. Determinar si disponen de armas de infantería pesadas tales como ametralladoras y morteros y armas anticarro tales como minas, lanzacohetes y fusiles anticarro.

¿Dan la impresión de que su organización es buena y consistente o si es improvisada e incontrolada? ¿Son dirigidos de forma inteligente según los principios militares lo que indicaría de que cuentan al frente con antiguos oficiales y suboficiales o actúan como aficionados?

¿Levantan barricadas? ¿Ocupan posiciones? ¿Hay buenas carreteras de acceso para entrar en la población? ¿Cuál es la estimación a groso modo (límites) de la zona sublevada?

Descubrir aproximadamente en que zona de la ciudad se ubican los Cuarteles Generales.

Verás de inmediato por encima de que el reconocimiento de la situación política casi precede al reconocimiento militar; y como mínimo es de igual importancia. En consecuencia, los elementos de reconocimiento enemigo deberían ser capaces de juzgar a las actitudes humanas y la opiniones de su delicada misión estarán basadas en hechos. Dado que son fanáticos de partido, sin embargo, lo verán todo bajo un prisma diferente. Casi carecen de la capacidad de hacer juicios críticos dado que han sido educados de acuerdo a una estricta doctrina. Como resultado, el reconocimiento flaqueará algo en el aspecto político lo cual es una ventaja para ti, p. ej., pobre estima de los líderes enemigos.

Además de los reconocimientos el enemigo intentará hacerse con los planos o mapas de la ciudad. Estos les darán buen servicio durante los combates urbanos dado su carencia de conocimiento de la zona e intentarán conseguirlos en gran cantidad. Debes retirarlos. La recogida sistemática de estos planos es una de las primeras misiones de una cuidadosa preparación del alzamiento. Mediante secciones especialmente designadas habrás retirado estos planos de los siguientes lugares: oficina urbanística local (construcciones de superficie y subterráneas), librerías, tiendas de gasolineras, y almacenes oficiales de venta de planos. El hacerse con los planos del sistema de alcantarillado también es parte de esta operación. (Ver también el folleto titulado "Técnicas de Combate" Vol. II, pág. 32-35, con ilustraciones y directivas sobre el combate en el sistema de alcantarillado, publicado por el Secretariado Central de la Asociación Suiza de Suboficiales, Biel).

Basado en los resultados del reconocimiento, las fuerzas de ocupación establecerán un plan (plan de operaciones). Básicamente hay dos posibilidades:

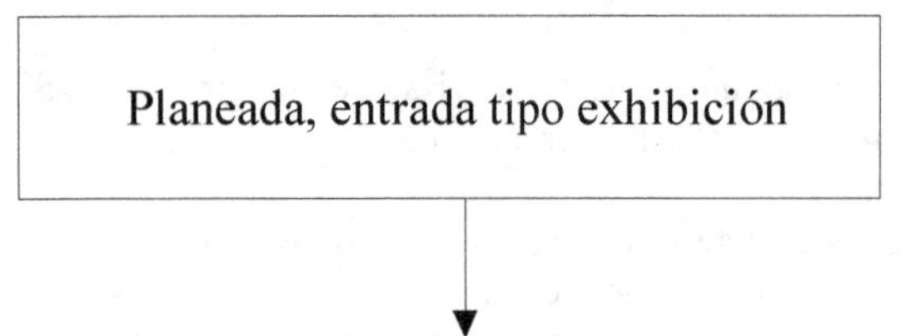

Esta sirve para que la población sea consciente. Principalmente usada cuando el descontento va en aumento.
Te dará tiempo para tomar contra-medidas.

No te dará tiempo para tomar contra-medidas. Principalmente usada durante alzamientos débiles. Las fuerzas de ocupación deben improvisar y arriesgarse al peligro de las repercusiones.

El enemigo recurrirá a un contingente de tropas tan grande como pueda para no sufrir una derrota dado que tal evento podría realzar enormemente el movimiento insurgente y poner a disposición de los combatientes activos a muchos indecisos y personas cautelosas.

Sellado de una zona sublevada por las fuerzas de ocupación

a. General

Tropas acorazadas y mecanizadas cercarán la ciudad cerrando las principales arterias de comunicación, para evitar una fuga de insurgentes y evitar que llegue ayuda y suministros desde el exterior.

Grupos acorazados individuales de incursión atacarán siguiendo las vías principales en dirección al centro de la ciudad para ocupar, individualmente, puntos clave y dividir a los insurgentes en varios grupos de combate aislados.

La mayoría de la infantería peinará los barrios de la ciudad, barricadas y edificios de forma lenta y sistemática.

Se mantendrá una reserva principal motorizada lista en las afueras de la ciudad para hacer frente a los intentos de romper el cerco, relevar a las unidades agotadas, reemplazar

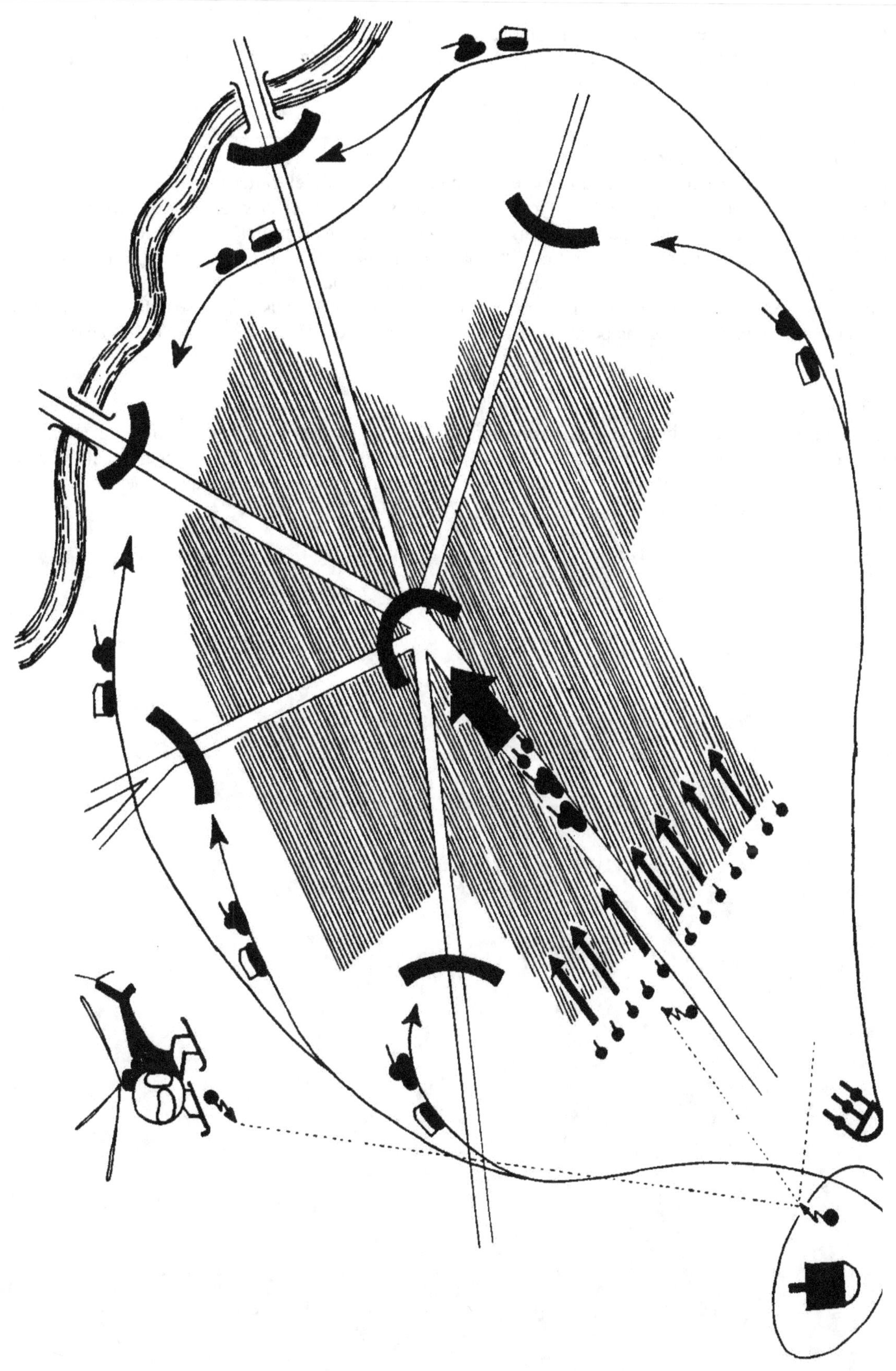

las bajas, refuerzos, si es necesario, la unidades de vanguardia y para eliminar a los últimos bolsillos de resistencia defendidos de forma especialmente tenaz. La coordinación y dirección de la operación será facilitada por el empleo de emisoras, helicópteros y aviones ligeros.
b. Organización detallada
La potencia ocupante organizará sus unidades básicamente como sigue: "fuerzas de sellado"; perímetro externo; perímetro interno o "fuerzas de limpieza".
Todas las fuerzas (militares, milicia del partido, fuerzas de policía regular, Servicio de Seguridad del Estado) estarán bajo un único mando.

"Fuerza del perímetro externo":
Evitará el tráfico no autorizado en la zona del alzamiento (desviando el tráfico). Protegerá a las fuerzas de limpieza contra operaciones desde el exterior, p. ej. ataques de unidades de guerrilla que apoye a los insurgentes. El elemento principal de la fuerza de sellado externo es la milicia del partido apoyada por policías individuales que regulan el tráfico y "criban" a personas y vehículos que pasan. La fuerza de reserva lista para el combate estará compuesta por carros de combate individuales y elementos de infantería. La "fuerza de sellado externa" solo bloquea las principales vías de acceso del perímetro de la zona del alzamiento. Esta es una pequeña red tupida que puede ser evitada fácilmente usando carreteras secundarias.

"Fuerza de perímetro interno":
Evitará la evasión de los insurgentes. Por ello será tan tupida y cerrada como sea posible. El elemento táctico principal es la infantería. Las zonas con amplios campos de fuego (parques, canales, calles largas, plazas abiertas) se eligen para ahorrar personal para la operación de sellado dado que el peinado de la zona requiere mucho personal.

"Fuerzas de limpieza":
Elementos incursores de infantería y transportes de personal acorazados atacarán las bolsas de resistencia.
Los elementos de fuego de apoyo asistirán el avance de los elementos incursores, p. ej.., cañones
autopropulsado, carros de combate, morteros, ametralladoras. Los destacamentos de búsqueda estarán
compuestos por infantería, así como por especialistas de Servicio de seguridad del Estado. Las reservas
apoyarán el ataque así como vigilarán y transportarán a los prisioneros.

Zona de reunión del enemigo
El enemigo prefiere usar zonas abiertas fácilmente controlables (patios de maniobra del FFCC, grandes
parques unidos, etc.) como zonas de reunión. Será capaz de hacerlo dado que careces de armas pesadas
(artillería, aviones, morteros) para aplastar las zonas conocidas de reunión y concentración de tropas. La
reunión en una zona abierta y fácilmente controlada hará para el enemigo más fácil el reunir y organizar
sus unidades, informar a los comandantes de unidades inferiores sobre el terreno y el emplazamiento de
armas pesadas

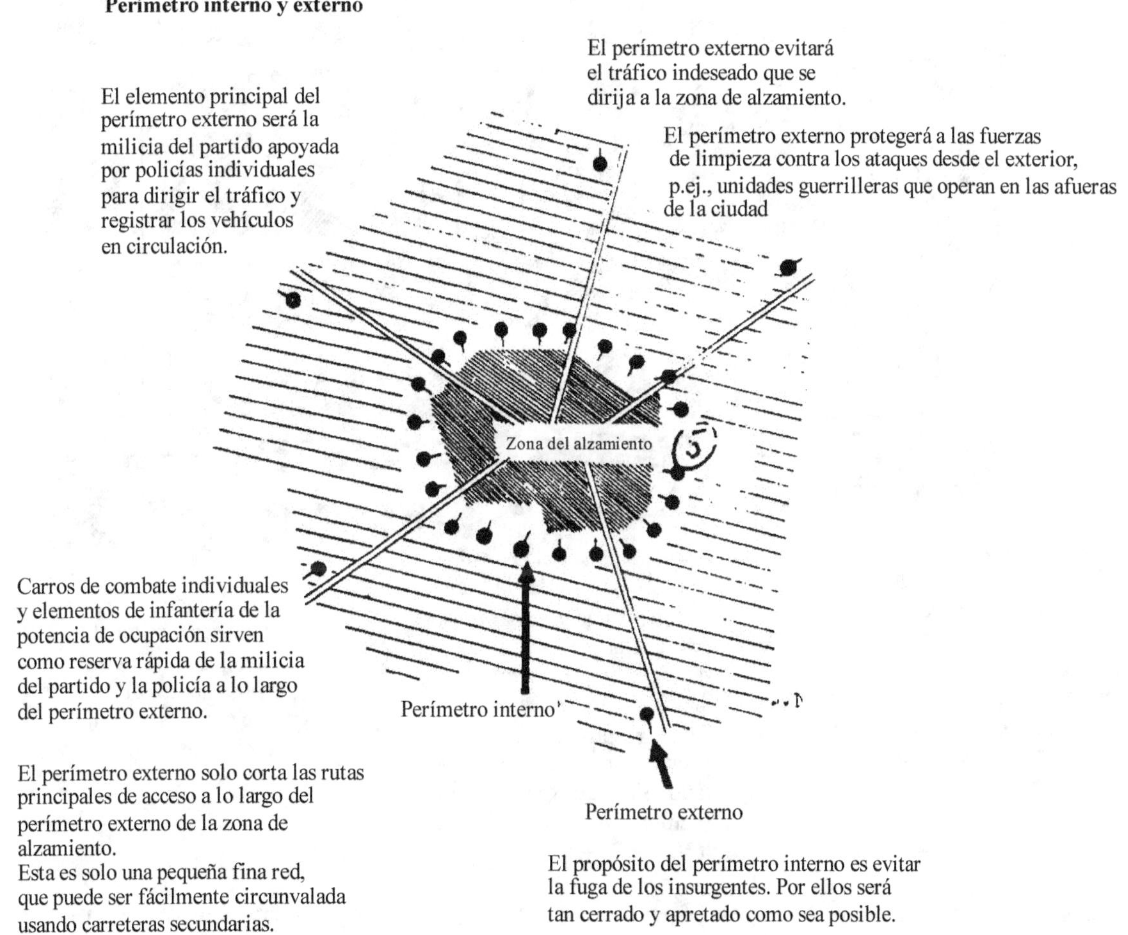

Esquema del perímetro interno.
Es difícil para el enemigo dado que la zona le es
desconocida el marcar con precisión los límites
en el complejo y confuso laberinto de casas.
Se ceñirá a las características del terreno obvias
y de fácil identificación tales como canales,
avenidas, vías del ferrocarril y zonas
abiertas de intercomunicación.

El perímetro interno sirve para evitar la fuga
de los insurgentes.
Para conservar personal, se eligen elementos
del paisaje claramente visibles, p. Ej., Canales,
parques, avenidas, vías de ferrocarril etc.

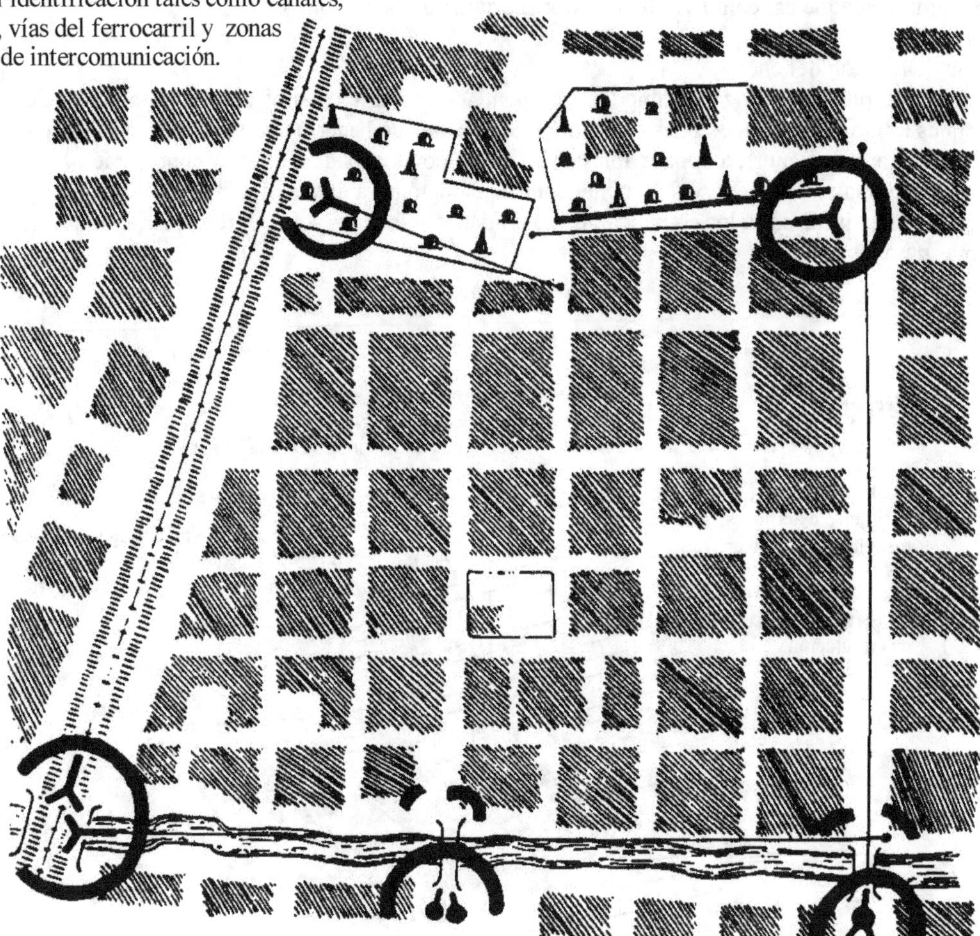

Las vías de ferrocarril
elevadas proporcionan
amplios campos de
fuego de forma que la
trayectoria de
ametralladoras ligeras
o pesadas que las guarden
tendrán plena eficacia.

Los puentes serán ocupados
siempre para evitar la fuga
de los insurgentes; para
más adelante facilitar el
rápido y fácil movimiento
hacia la zona cercada.
Como resultado, no es suficiente
ocupar el puente solo de nuestro
lado. Si no que es necesario
incluir la zona alrededor de
los pilares de la orilla opuesta.

Las calles largas y rectas,
pueden ser fácilmente
controladas y ofrecen
buenos campos de
fuego para las armas
automáticas.

De apoyo (cañones, morteros) los cuales a pesar de "elevado ángulo de tiro" no serán capaces de ser
eficaces desde calles estrechas.

Por ello recuerda: Las zonas abiertas grandes cercanas a tu frente defensivo son peligrosas. Mientras
tengas libertad de movimiento debes situarte de forma que tales zonas (parques, espacios abiertos, vías de
FFCC) – queden a tu espalda. Cuando seas incapaz de hacer esto, tus pocos morteros deben ser capaces
de concentrarse en esos puntos.

Punto de penetración enemigo

La regla táctica de la lucha urbana es elegir el punto de penetración de tal forma que la profundidad de la zona penetrada sea tan corta como sea posible.

Debes anotar continuamente en el mapa cualquier informe sobre puntos de sellado recien instalados por el enemigo. Con el paso del tiempo obtendrás una excelente imagen del desarrollo del perímetro interno. Ahora puedes ver la zona ocupada por ti que tenga la menor profundidad. Debes asumir con bastante certeza de que el enemigo atacará este punto. Consecuentemente haz tus preparativos incrementando la observación de este punto, recolocando las reservas, etc.

Avance en las calles

El enemigo normalmente empleará una compañía reforzada en cada calle principal.

Probablemente dos pelotones avanzarán juntos el uno al otro; uno por la calle, el otro a través de jardines y patios traseros. El enemigo elegirá el lado de la calle que ofrezca mejor cobertura. Un tercer pelotón seguirá como reserva, sellando y explorando la zona.

En la calle principal, una escuadra avanzará en fila de izquierda a derecha siguiendo las casas. Una escuadra la seguirá como reserva del lado que ofrezca mejor cobertura. Unos o dos carros de combate o cañones de asalto avanzarán con la infantería para proporcionar fuego de apoyo.

Al menos una escuadra del pelotón de reserva será enviada a ambos lados para explorar las casas sobrepasadas por el pelotón de vanguardia para evitar un ataque repentino por la retaguardia. También serán asignados oficiales individuales del Servicio de Seguridad del Estado al pelotón de reserva como especialistas. Dado que la exploración de las casas requiere más tiempo que el avance del elemento de vanguardia, el pelotón de reserva dictará la velocidad del avance. Cuando el elemento de vanguardia se enzarce en un combate, el personal restante de la parte posterior de la columna retrocederá y se introducirá en las casas para evitar más bajas.

El avance se detendrá en cada cruce de calles que corte la dirección del avance y la unidad se reagrupará. Puedes darte cuenta de que el avance enemigo será muy difícil, y por encima de todo, les llevará mucho tiempo.

Eliminación de barricadas

El enemigo intentará destruir las barricadas desde gran distancia usando sus armas pesadas, p. ej., carros de combate, cañones de asalto, fuego directo de artillería.

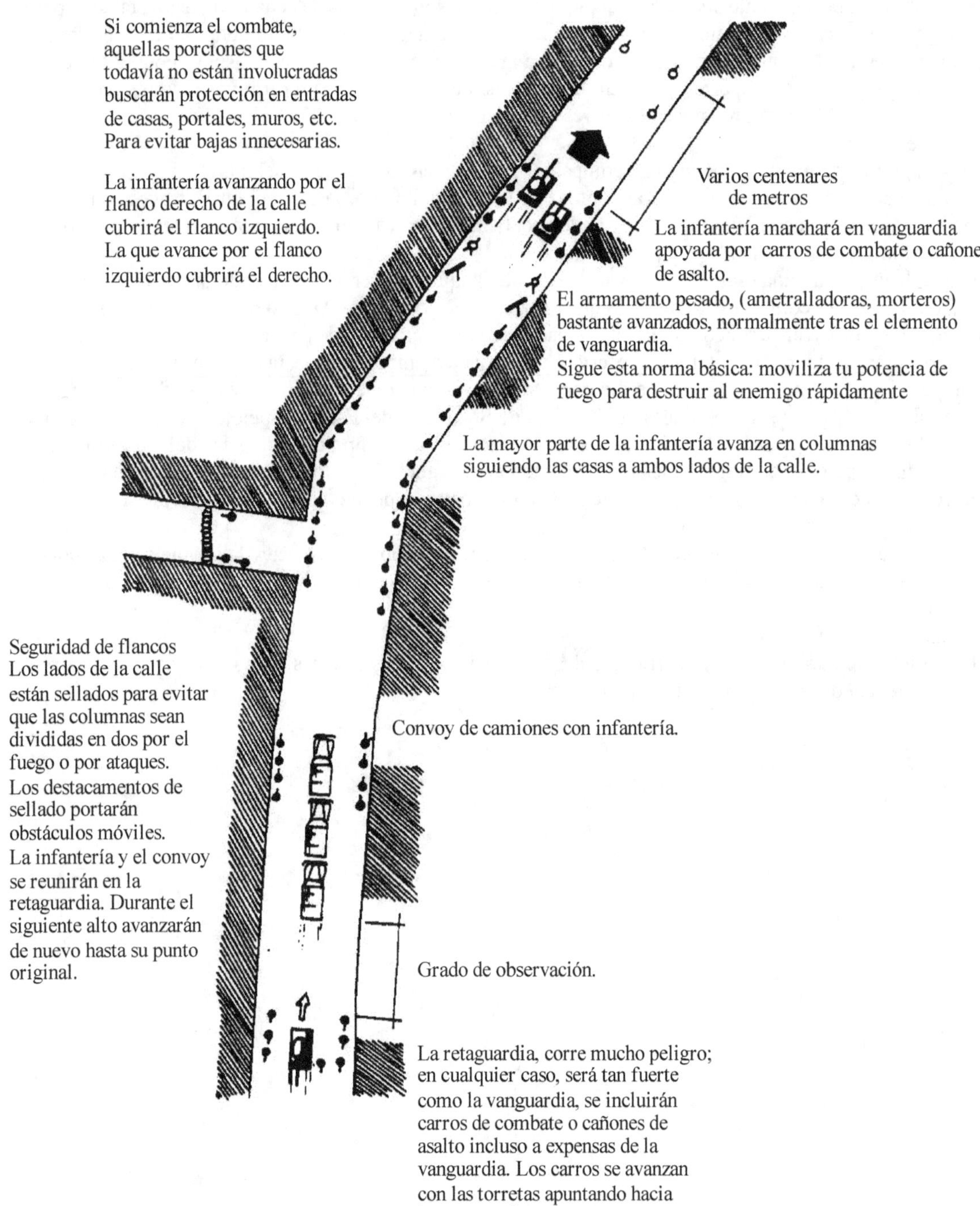

Marcha de formación

Si comienza el combate,
aquellas porciones que
todavía no están involucradas
buscarán protección en entradas
de casas, portales, muros, etc.
Para evitar bajas innecesarias.

La infantería avanzando por el
flanco derecho de la calle
cubrirá el flanco izquierdo.
La que avance por el flanco
izquierdo cubrirá el derecho.

La infantería marchará en vanguardia
apoyada por carros de combate o cañones
de asalto.
El armamento pesado, (ametralladoras, morteros)
bastante avanzados, normalmente tras el elemento
de vanguardia.
Sigue esta norma básica: moviliza tu potencia de
fuego para destruir al enemigo rápidamente

La mayor parte de la infantería avanza en columnas
siguiendo las casas a ambos lados de la calle.

Seguridad de flancos
Los lados de la calle
están sellados para evitar
que las columnas sean
divididas en dos por el
fuego o por ataques.
Los destacamentos de
sellado portarán
obstáculos móviles.
La infantería y el convoy
se reunirán en la
retaguardia. Durante el
siguiente alto avanzarán
de nuevo hasta su punto
original.

Convoy de camiones con infantería.

Grado de observación.

La retaguardia, corre mucho peligro;
en cualquier caso, será tan fuerte
como la vanguardia, se incluirán
carros de combate o cañones de
asalto incluso a expensas de la
vanguardia. Los carros se avanzan
con las torretas apuntando hacia
la retaguardia.

Cuando tengas que levantar barricadas hazlo de tal forma que evites esto, el enemigo nunca atacará una barricada frontalmente sino que avanzará por la derecha y por la izquierda a través de las casas con infantería (grupos de incursión). La barricada entonces caerá casi por si misma.

Limpieza de grandes edificios por las fuerzas de ocupación

Toda la zona implicada será rodeada. Las rutas de acceso serán cortadas con alambras (alambre de espino) y soldados con subfusiles. Los carros de combate avanzarán y apuntarán sus cañones y ametralladoras a los edificios implicados. Se emplazarán armas automáticas delante y en los edificios vecinos para controlar los tejados de la zona del objetivo.

Eliminación de barricadas y barricadas en carreteras

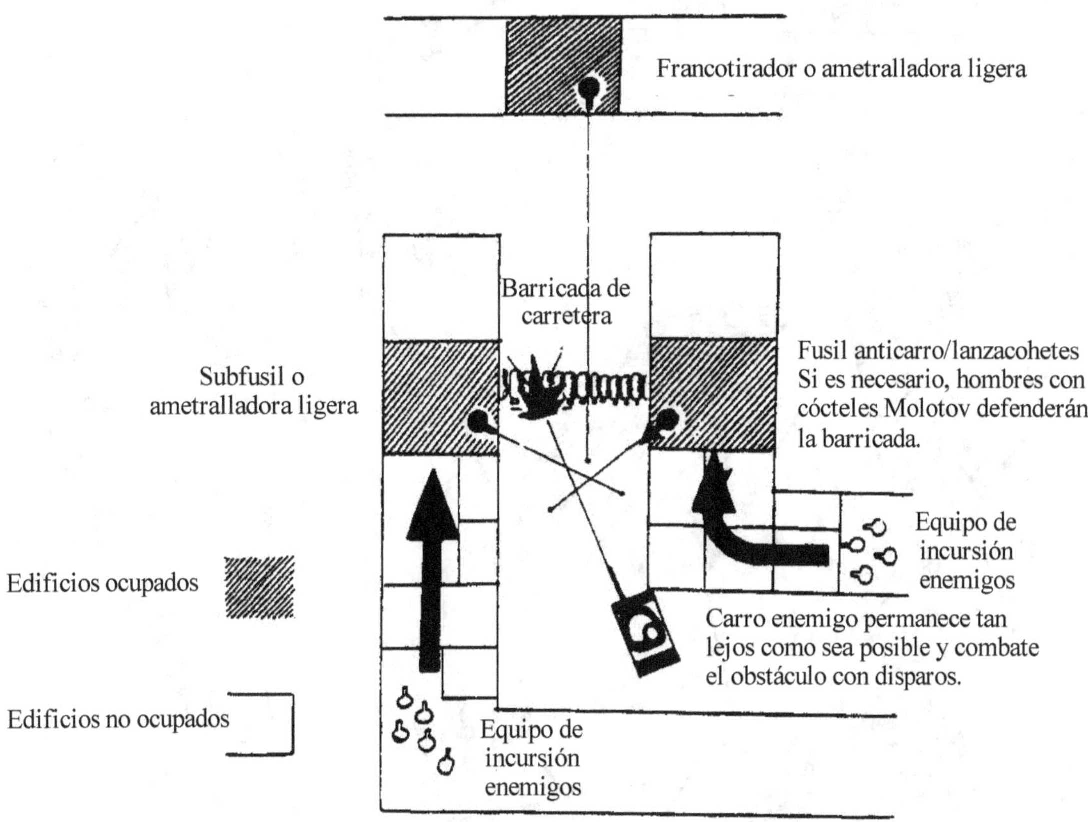

Un grupo de asalto, p. ej.; elementos del Servicio de Seguridad del Estado, penetrará en el edificio, lo explorará y limpiará sistemáticamente. Las personas sospechosas y los prisioneros serán sacados inmediatamente. Camiones y funcionarios del Servicio de Seguridad del Estado se harán cargo inmediato del transporte de los prisioneros. Un elemento de reserva aguardará a cubierto para manejar a los detenidos o reforzar al grupo de asalto. Se colocarán altavoces para emitir anuncios y solicitudes al "enemigo". Se colocarán focos proyectores para ayudar en las operaciones nocturnas, si es necesario.

Operaciones de un enemigo superior en la supresión de alzamientos.

Los carros de combate avanzan y vigilan el edificio en cuestión.

Las rutas de acceso serán cerradas con alambre de espino y puestos.

Los elementos de asalto penetran y limpian los edificios.

Las reservas están preparadas.

Altavoces y proyectores son colocados en posición.

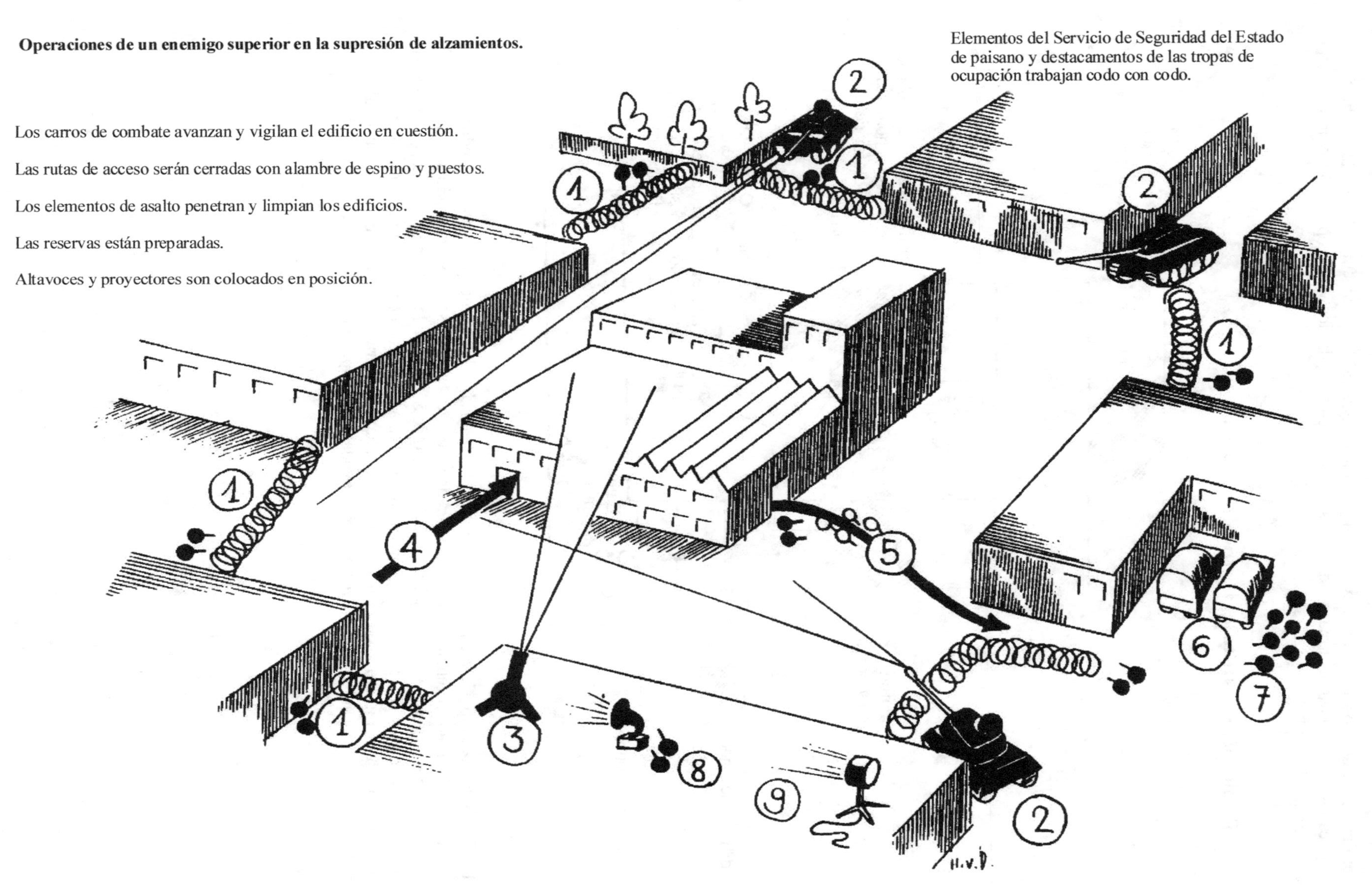

Elementos del Servicio de Seguridad del Estado de paisano y destacamentos de las tropas de ocupación trabajan codo con codo.

Método de limpieza enemiga de una zona abierta

Para dispersar demostraciones masivas de la población desesperada frente a edificios del gobierno, del partido y sedes administrativas, monumentos, etc.; el enemigo hará lo siguiente:

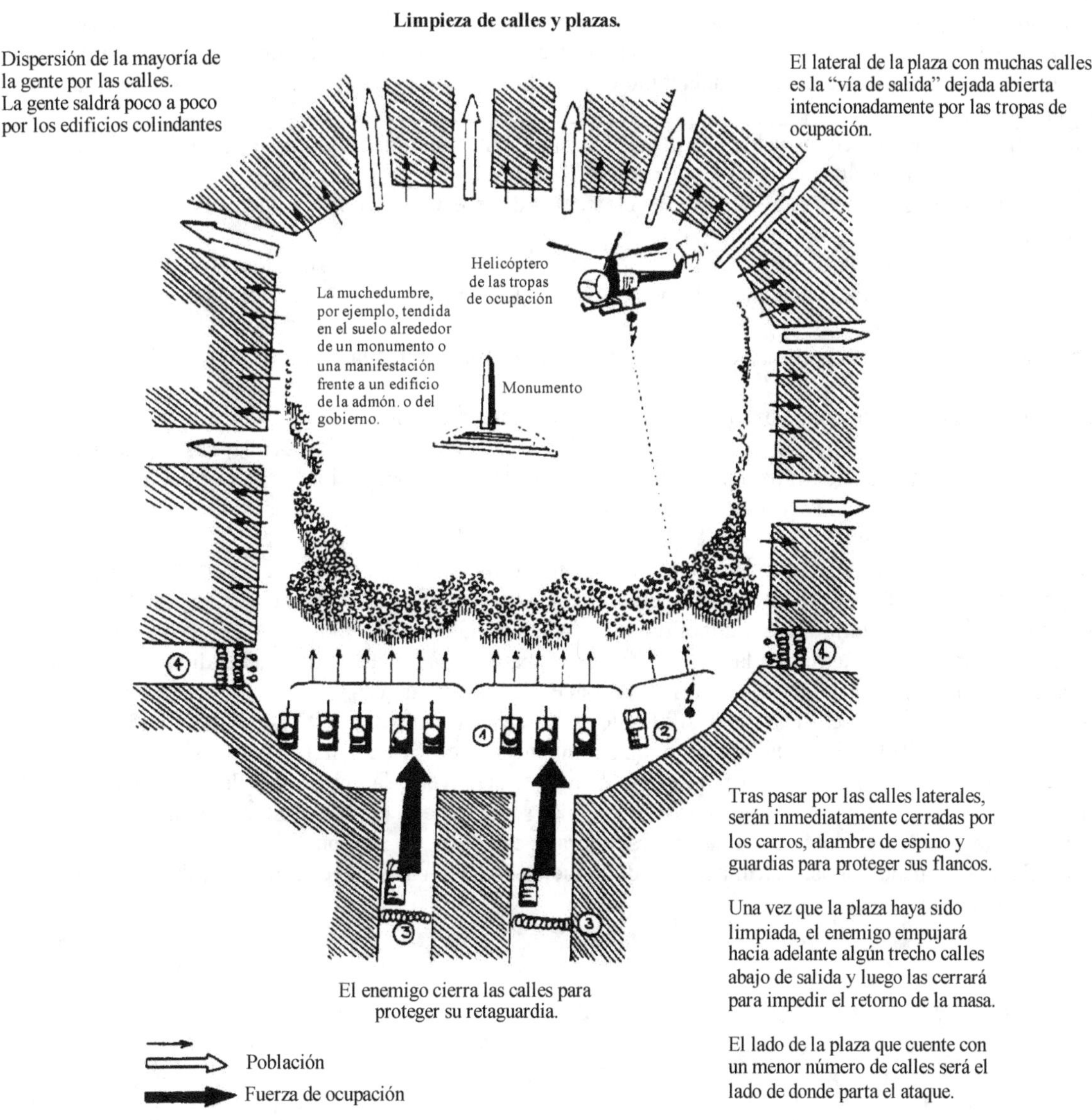

a. Dará órdenes a través de camiones con altavoces para hacer que las puertas de los edificios próximos sean abiertas, pero dará orden de cerrar las ventanas que den a la plaza, con ello permitiendo que una parte considerable de la muchedumbre se disperse dentro de las casas pero al mismo tiempo hara difícil que los evadidos puedan disparar a través de las ventanas cerradas contra las tropas y la policía.

b. Mantener muchas calles abiertas con el fin de proporcionar a la muchedumbre vías de escape.

c. Limpiar la plaza solo desde un lado, eligiendo el lado desde el cual desemboquen menos calles en la plaza.

Para poder limpiar la plaza, el enemigo usará principalmente carros de combate, vehículos de transporte de personal acorazado o como mínimo camiones. Avanzarán lentamente en un línea a paso uniforme – a menudo con un flanco ligeramente adelantado que facilite la observación – y empujará hacia atrás a la muchedumbre.

La infantería irá subida en los vehículos para evitar que la muchedumbre arranque antenas, herramientas, banderas, etc., de los vehículos o les lance cócteles Molotov.

Detrás de los carros de combate seguirán los elementos de reserva a alguna distancia con camiones. Tienen la misión de:

Cerrar inmediatamente las calles laterales traspasadas por los carros con obstáculos móviles de alambre de espino y guardias que eviten que porciones de la muchedumbre regresen y ataque la retaguardia de los elementos de limpieza.

Para hacerse cargo de las personas detenidas y transportarlos a la retaguardia.

Ocupación de una ciudad una vez que el alzamiento ha sido aplastado

Una vez que las operaciones de entrada y limpieza han concluido, se establecerán "zonas restringidas" para apoyar a las tropas de ocupación. En estas zonas las tropas de ocupación serán estrictamente separadas de la población. De esta forma las tropas pueden ser protegidas y sacadas de la influencia política de la población.

Las zonas adyacentes a las "zonas restringidas" serán patrulladas por la infantería y carros de combate. Si es posible, las patrullas de infantería irán ocultas dentro de vehículos de transporte de personal acorazados, o como mínimo en camiones dotados de ametralladoras.

Se establecerán puntos fuertes en las zonas adyacentes para apoyar a las patrullas. Tendrán una dotación escasa para no dispersar la fuerzas, pero serán capaces de resistir ataques.

Se instalarán siempre en edificaciones sólidas de fácil defensa. A menudo estarán situados en lugares que tienen que ser vigilados de todas formas, p. ej. , compañías eléctricas, arsenales, puentes, etc.

Las patrullas estarán dirigidas por oficiales. Solo en la zona de vecindad inmediata de lasas zonas restringidas (a varios cientos de metros) estas patrullas serán tamaño escuadra. En otros lugares, serán como mínimo tamaño pelotón con una ametralladora instalada en un camión.

Los oficiales al mando de las patrullas serán de lo mejor con que cuente el enemigo (a saber: "los más crueles" y de "gatillo fácil").

Los oficiales, por encima de todo, evitarán todo contacto entre población y tropa para asegurarse que estas últimas no son desarmadas por esta. No se contendrán de abrir fuego incluso en presencia de mujeres y niños.

Las patrullas son especialmente peligrosas dado que abrirán fuego rápidamente por el miedo; de cualquier forma, antes que una unidad de mayor tamaño. Cuanto menor sea la patrulla y más lejos esté de la zona restringida, antes harán uso de sus armas.

Zona de ciudad extendida

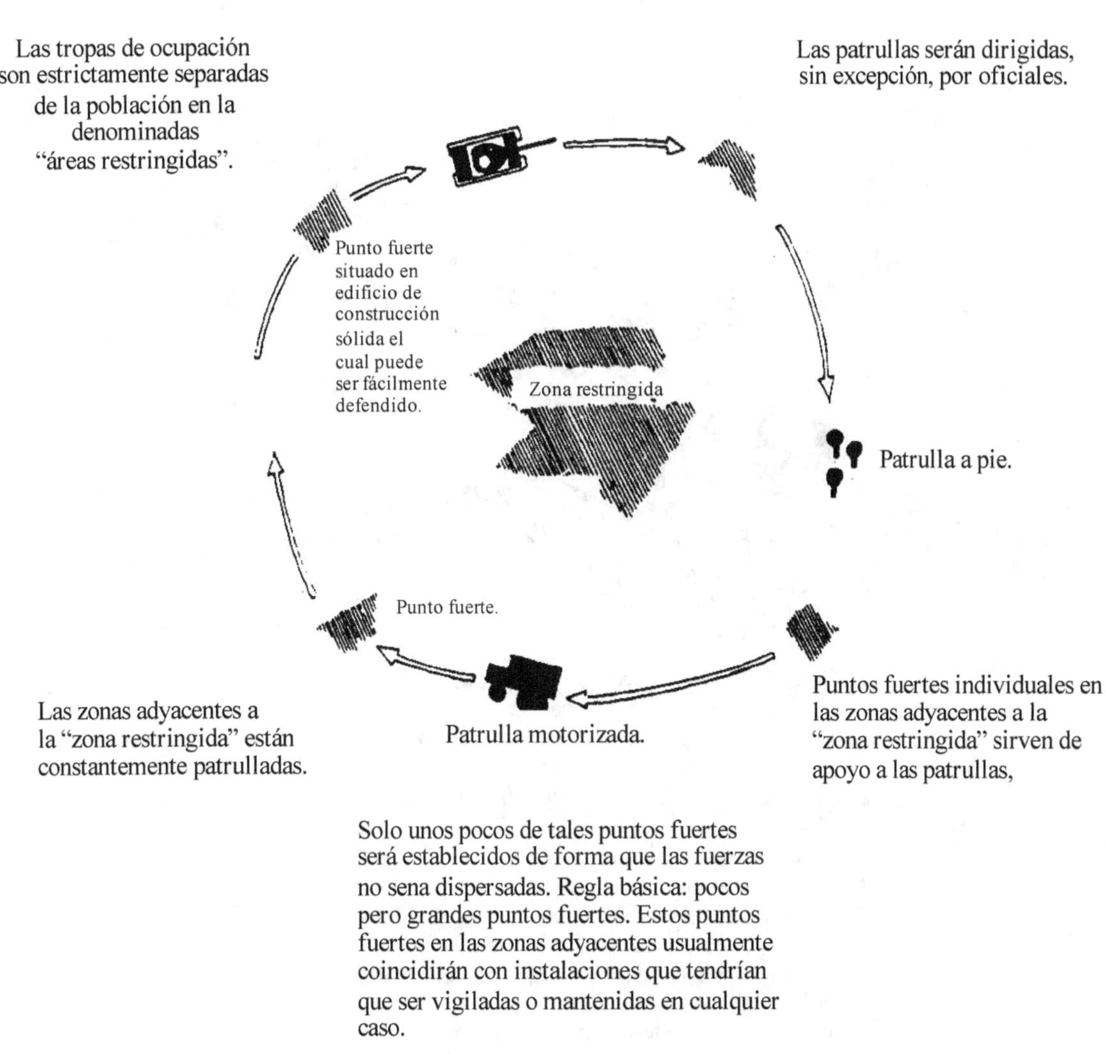

Los guardias individuales a lo largo del perímetro de la "zona restringida" serán reemplazados lo más pronto posible por obstáculos de alambre de espino. Esto ahorrará personal y serán incluso más eficaces.

Los guardias individuales estarán siempre situados como mínimo a unos 30 m. por detrás de los obstáculos de alambre de espino para evitar que hablen con la población. Si tienen que gritar para comunicarse con la población pararán pronto. Es más, dado que sus camaradas y superiores pueden ser capaces de oír lo que dicen. Como resultado los guardias serán automáticamente sacados de la influencia política y distracción de la población. Con ellos la brecha ideológica es una vez más garantizada.

Normalmente una señal avisará contra traspasar más allá del obstáculo de alambre de espino. Cualquiera que intente cruzar la línea será abatido sin piedad ni previo aviso.

Desarme

Se establecerá una moratoria para entregar armas, munición, explosivo y granadas de mano; hasta que la gente esté segura de que no será castigada si entrega las armas. Esta garantía se cumplirá, al menos inicialmente para no asustar a nadie.

Patrulla

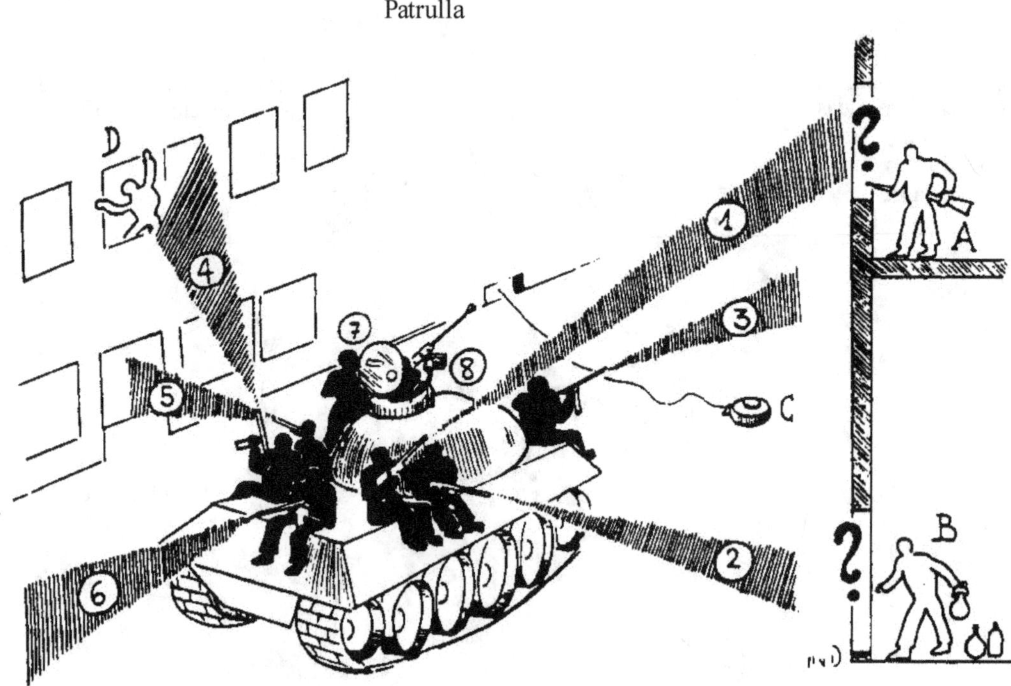

1. Observadores a la derecha y arriba buscan en
   tejados y ventanas francotiradores.
2. Observadores a la derecha y abajo buscan
   individuos con cócteles Molotov.
3. Observadores al frente y abajo buscan minas.
4. Observadores a la izquierda y arriba.
5. Observadores a la izquierda y abajo.
6. Observadores de la retaguardia.
7. Comandante de patrulla, normalmente un oficial,
   trabaja junto al comandante del carro en la torreta.
8. El comandante del carro maneja la ametralladora
   anti-áerea y observa al frente y arriba.
A. Francotirador en tejado o ventana.
B. Hombre con cóctel Molotov.
C. Minas.
D. Curiosos.
Cualquier puerta o ventana abierta será tiroteada sir previo aviso.
Cuanto más lejos estén las patrullas de su punto fuerte y más débiles
sean serán más peligrosas dado que abrirán fuego rápidamente a
causa del miedo y del nerviosismo.

Si eres tan confiado y das la vuelta a tus armas serás puesto en una "lista negra" a pesar de todo. El enemigo siempre necesitará trabajadores forzados más adelante (léase: esclavos) y estarán encantados de emplear las "listas negras". Verás una vez más que no puedes escapar de su red y que habría sido mejor caer luchando.
Tras las fecha tope, se llevarán cabo incursiones junto con búsquedas en casas y comprobaciones de identidad en la calle.

Durante un control callejero, ciertas calles serán cerradas súbitamente y se cacheará a los peatones en busca de armas. Se inspeccionará los vehículos y su carga.

Hay varias formas de deshacerse de material incriminatorio cuando se es sorprendido en un control callejero. Si llevas una pistola, explosivos, granada de mano, periódico clandestino o panfletos encima, debes actuar rápidamente. Durante los primeros minutos una vez que la calle ha sido cerrada, reinará la confusión general; debes aprovechar esto. Unos 10 minutos después, el enemigo empezará a agrupar a todos los peatones "atrapados en la red" y los alineará en formación (filas, columna de a dos) para ser capaz de vigilarlos mejor. Una vez dentro de la formación, te será muy difícil deshacerte del material incriminatorio. Tu tarea será incluso más difícil dado que el enemigo habrá enviado previamente agentes e informadores del Servicio de Seguridad del estado a la zona para que mezclen con las personas y ser detenidos como "peatones inocentes" y poder vigilar discretamente a la muchedumbre.

Si llevas el material en un maletín, maleta pequeña o en una caja de herramientas déjala en el suelo como si fueras demasiado vago para seguirla llevando. Permanece cerca luchando contra el aburrimiento durante un rato e intenta alejarte como si la olvidaras. Si estás acompañado por un amigo, puede ayudarte creando una diversión. Por ejemplo puede mirar frenéticamente a un tejado, señalar y gritar : "¡Allí!" "¡Alguien estaba haciendo gimnasia allí! ¡Ya no está!" En la confusión te habrás alejado del contenedor para "poder ver mejor".

Los objetos más pequeños tales como pistolas, granadas de mano, manojos de panfletos, periódico suelto, se pueden deshacer de la siguiente manera. Siéntate en un bordillo cerca de un sumidero. Varios amigos a tu alrededor te pueden cubrir e intentar dirigir la atención a otro lado. Desliza el objeto incriminatorio dentro de la alcantarilla.

La valla de un jardín es también muy adecuada. Recuéstate en ella como si estuvieras aburrido. Saca un paquete de cigarrillos y enciende uno. Pon el mechero en el bolsillo donde tengas el material. Cuando saques la mano del bolsillo, saca el objeto al mismo tiempo, pon las manos a la espalda y dejar caer el objeto al jardín a través de la valla. Incluso aquí los amigos te pueden ayudar dando cobertura.

Intenta después recuperar el objeto lanzado – especialmente en el caso de armas. Deja al menos que transcurran tres días. El enemigo puede haber tendido una trampa.

Si eres un transeúnte inocente y observas que hay personas

intentando esconder objetos, es tu obligación ayudarles tanto como puedas ignorando sus acciones, o contribuyendo a sus intentos desviando la atención sobre ellos.

Búsqueda en manzanas de edificios

La noche antes o durante la noche, un explorador vestido de civil (funcionario del Servicio de Seguridad del Estado, militar, etc.) efectuará un reconocimiento para determinar buenas rutas de aproximación, barricadas de carretera necesarias, personal necesario.

La aproximación, cerco y bloqueo de la zona será al alba. El enemigo realizará esta operación lo más rápidamente posible para evitar que tomes contra medidas tales como organizar la resistencia, esconderte, escapar, etc.

Búsqueda casa-por-casa

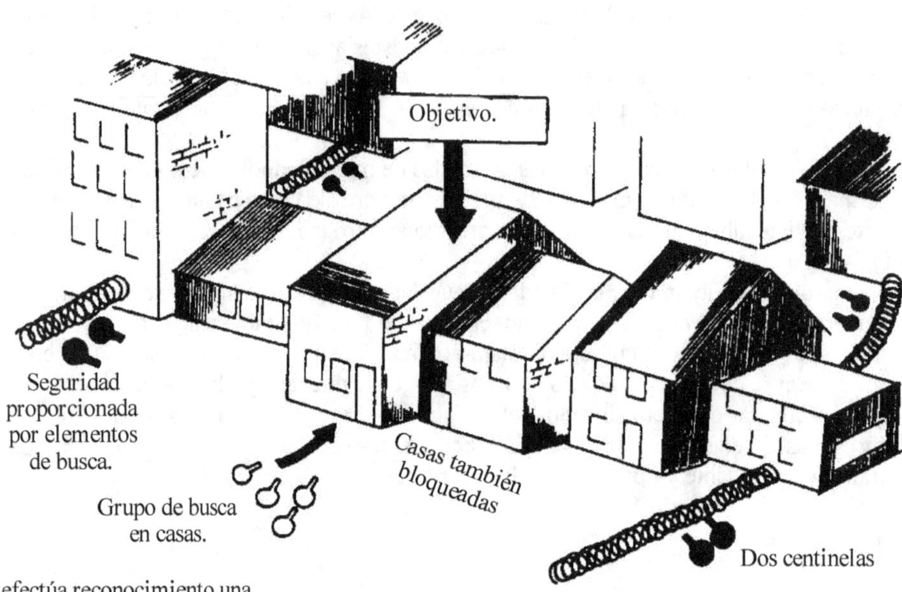

El enemigo efectúa reconocimiento una noche antes o durante la noche.

Los edificios aislados son fácilmente bloqueables. En manzanas de casas es más difícil. Varias casas a ambos lados tienen que ser bloqueadas.

La aproximación, el cerco y el bloqueo tiene lugar al amanecer. La busca comienza a la luz del día.

Barreras rápidamente instaladas (el alambre de espino ahorra personal y bloquea de forma eficaz la zona).

La búsqueda en las casas comenzará de día antes de que la gente vaya a trabajar (de madrugada). Donde sea posible, se emplearán barreras móviles (alambre de espino) para ahorrar personal. La barrera se usa para evitar las idas y venidas de personas de un lado y otro. Al mismo tiempo el enemigo proporcionará seguridad a sus elementos de búsqueda usando barreras.

Los edificios aislados (villas, etc.) no ofrecen dificultades particulares. Las filas de casas, sin embargo, son más complicadas.

Aquí tiene que cerrar al mismo tiempo varios edificios a ambos lados del "objetivo".
Normalmente, una escuadra de infantería de 10 a 12 hombres estará acompañada de 1 o 2 miembros del
Servicio de Seguridad del Estado. Se estacionarán 2 centinelas inmediatamente en el ático para evitar las
fugas por los tejados. Se apostará un guardia en el descanso de las escaleras de cada piso; vigilará las
puertas. Tres hombres permanecerán en la planta inferior. Uno vigilará la entrada delantera y otro la
posterior, mientras que el tercero vigilará la entrada del sótano.

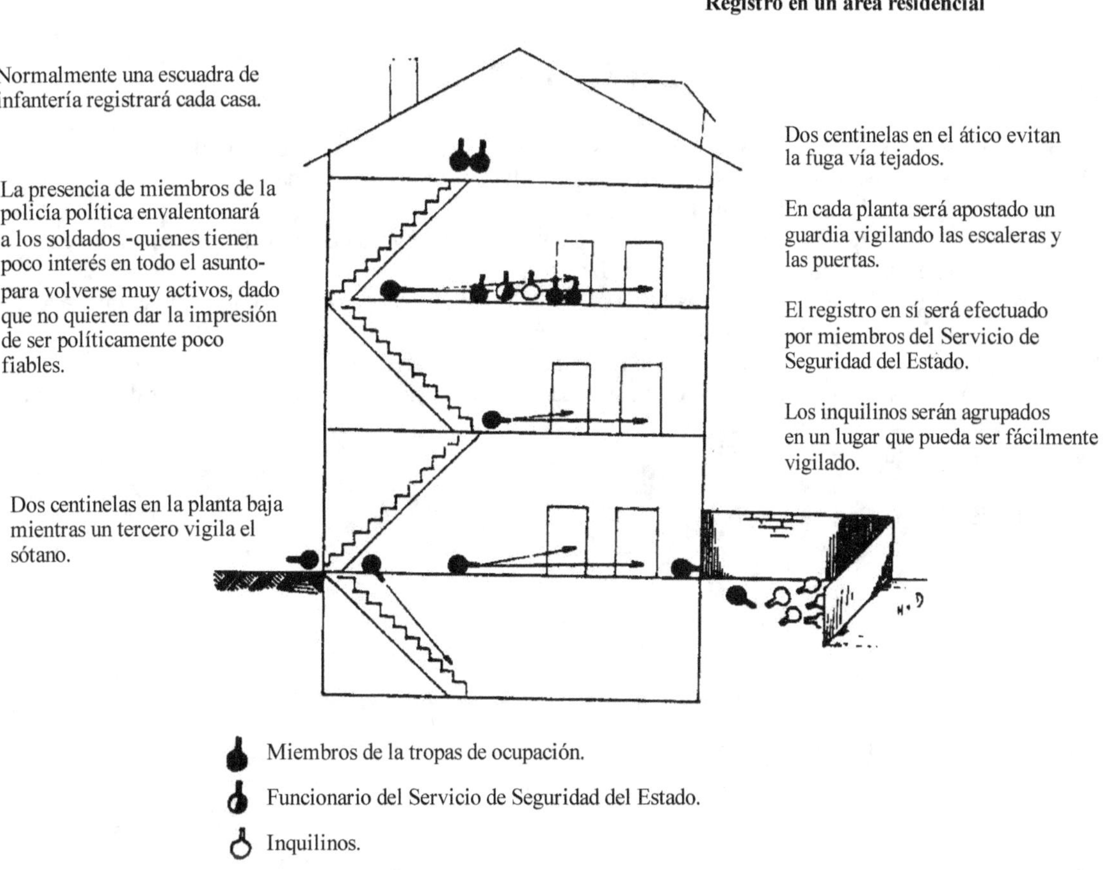

Como norma todos los moradores serán agrupados juntos en un lugar que se pueda vigilar fácilmente
(patio, esquina de pared). El propietario o el portero debe indicar si están todos presentes, quien falta y no
quien no vive allí.
Después los moradores serán llamados individualmente cuando llegue el turno de buscar en su
apartamento. Las puertas que no se puedan abrir serán derribadas. La búsqueda sistemática requiere
muchísimo tiempo. En este caso los especialistas del Servicio de Seguridad del Estado prestarán buenos
servicios en varios aspectos.

La sola presencia del temido y odiado órgano de la policía política tendrá un efecto paralizante e intimidatorio sobre los moradores.

El soldado individual, internamente totalmente desinteresado de toda la operación, se ve obligado a mostrar una intensa actividad y dureza por la presencia de los representantes del régimen si no quiere correr el riesgo de ser considerado políticamente tibio.

Lo siguiente será inspeccionado cuidadosamente: pequeñas cisternas de agua de los váteres, armarios, maletas, cajas, cocinas, tubos de salida de gases (escondites de armas), chimeneas (escondites de personas), camas, etc. Además, inspeccionarán los suelos para ver si han sido manipulados.

Los restos de escombros, desperdicios, pilas de madera o carbón en sótanos y patios serán comprobados

Comentarios Finales

Si dos enemigos luchan entre sí hasta el fin – y este es siempre el caso cuando está implicada una ideología (la religión es parte de ella) la guerra de guerrillas y el movimiento de resistencia civil inevitablemente surgirán en la fase final.

Los expertos militares que desestiman o incluso pasan por alto la guerra de guerrillas comenten un error dado que no tienen en cuenta la fuerza del corazón.

La última, y reconocidamente, batalla más cruel será luchada por civiles. Será dirigida bajo el miedo a la deportación, la ejecución y los campos de concentración.

Debemos y venceremos esta batalla dado que en lo más profundo del corazón cada suizo y suiza creen, incluso si son demasiado tímidos y sobrios en su vida cotidiana para admitir o incluso habar de ello, en el antiguo pero todavía actual adagio que dice:

"¡Mejor la muerte que la esclavitud!"

Berna, 17 de Marzo, 1958   El Autor